トルネード　キャズムを越え、「超」成長を手に入れるマーケティング戦略

INSIDE THE TORNADO
by Geoffrey A. Moore

著者からのメッセージ

私がコンピュータ業界に身を置いて、かれこれ二五年が経つ。いまやコンピュータは私たちの生活の隅々にまで浸透し、かつて世界経済のほんの一端にすぎなかったこの業界が一兆ドル規模を超えている。これほど短期間に、これほど大きな変革がなぜ可能だったのだろうか。

その答えは、マーケットの発展段階における特殊な現象にある。それを本書では「トルネード(竜巻)」と呼ぶ。トルネードの期間中、マーケットは、ごく短いあいだに「超成長」を遂げて、三ケタの成長率を記録し、その猛威にあおられながら、新しい製品カテゴリーが急速に広まっていく。このトルネード現象は、いったいなぜ、どのように起こるのか、渦に便乗するにはどうすればいいのか——それが、本書のテーマである。

本書の初版を執筆した一九九〇年代なかばといえば、メインフレーム、ミニコンピュータ、パソコン、LAN、レーザー・プリンタ、リレーショナル・データベースといったトルネードが巻き起こって、すでに終息したころだった。その一方、ウィンドウズ、インクジェット・プリンタ、クライアント・サーバーが新たなトルネードの真っ只中にあり、携帯電話とインターネットのトルネードが、まさに始まりつつあった。あたかも世界中が一つの巨大なトルネードに巻き込まれたかのように。そして、バブルの時代が訪れた。

すなわち、トルネードという現象をようやく理解した金融マーケットが、IT業界の将来に値づけして、さまざまな有価証券に変えたわけだ。それに伴い、IT業界は一時、「ドット・コム」と呼ばれてもてはやされ、数年後、「ドット・ボム（爆弾）」と揶揄《やゆ》されるはめになった。本書の執筆時点ではまだ、バブルがはじけたことによる失望感が、世間に漂いつづけていた。そのせいで、「トルネードとやら自体、もうあれっきりなのではないか」と懐疑的な声も聞かれた。しかし、断言しよう。トルネードは、今後も間違いなく繰り返し出現する。

というのも、本書を読み進んでいただけばわかるとおり、トルネードは、マーケット発展のまごうかたないダイナミズム、いわゆる「テクノロジー・ライフサイクル」に、しっかりと根ざしているからだ。

わかりやすい具体例を挙げよう。いつも実利主義的な判断を下す人物が、何らかのリスクの高い商品を購入すべきか迷ったとする。さて、その人物はどんな行動をとるだろうか。基本的には、身のまわりにいる同じ実利主義者を眺めて、みんなが購入したかどうかを手がかりにするだろう。仲間が下したのと同じ結論に従うわけだ。

この「右へならえ」の決断スタイルは、二つの対照的な結果を生む。

まず、ライフサイクルの初期には、登場したてのテクノロジーをほとんど誰も採用していないいため、実利主義者の大集団は、買い控えを決め込む。その結果、マーケットの発展段階に「キャズム（深淵）」と呼ばれる現象が起こる。私の最初の著書 *Crossing the Chasm*（『キャズム』翔泳社）は、この停滞状況からマーケットをふたたび動かすために、ベンダー＝製造販売会社はどんな戦略をとればいいのかを解説した本だ。

ところが、新しいテクノロジーを採用した人々の数がいったんあるレベルを超えると、今度はシーソーが逆に傾きはじめて、「バスに乗り遅れるな」とばかり、みんながいっせいに製品を注文しはじめる。これが、トルネードの発生である。本書は、先の『キャズム』と対をなすといっていい。

私がこれら二冊にしるしたマーケットのダイナミズムは、執筆当時もいまも、何ら違いがない。もちろん、このあいだに大きく様変わりした要素もある。とくに際だつのは二点。

まず第一に、多くの企業がしだいにトルネードの存在に気づき、戦略プランニングに織り込みはじめたこと。顧客側は、トルネードを支配するマーケット・リーダーがあまりにも巨大なパワーを持つことに神経をとがらせ、不用意に加担しないように気をつけるようになった。したがって、企業のマーケティング担当者は、従来とは別次元の創造力を発揮しないかぎり、この絶好のチャンスを活かすことができない。

第二は、過去の幾度かのトルネードが、たんまりと遺産を残してあることだ。テクノロジーのインフラが大量に蓄積している。となると、新しいパラダイムでは、従来資産をいかに組み込むかという問題が課せられる。まったく手つかずの領域を開拓できる可能性は、小さくなってきている。これからひと旗揚げようとすれば、すでにマーケット・リーダーとなった企業が、競争相手として立ちはだかる。そのような重鎮が特等席に構えているため、その後の流れはいっそう複雑さを増す。画期的な製品を出しても、大物がすばやく追撃してくる危険性がある。

要するに、ハイテク・マーケティングは、地球上の万物と同様、進化の波にさらされているわけだ。至上命令は、「イノベーションを生み出せ。さもなくば死」(もう少し穏やかに表現するなら、「イノベーションができなければ、コモディティ化に甘んじるしかなく、労苦の見返りがじわじわと減りつづける」)。

ただしありがたいことに、本書に挙げた例でも明らかなとおり、テクノロジー・ライフサイクルは、イノベーションの可能性を無限に生み出してくれる。だから、打席が回ってこないという心配はない。あなたに残された課題はただ一つ。いかにして確実にヒットを打つか――できれば、ホームランを放つか――だ。

健闘を祈る。

二〇〇四年六月　カリフォルニア州サンマテオにて。

ジェフリー・ムーア

トルネード　キャズムを越え、「超」成長を手に入れるマーケティング戦略●目次

著者からのメッセージ……003
読者の方々へ……010

第一部 市場を知りつくして、「超成長」を遂げるとき

第1章 トルネードとは何か……014
第2章 キャズム――飛翔の前の試練を越える……026
第3章 ボウリング・レーン――「ニッチ」で連鎖反応を……045
第4章 トルネード――ひたすら売って勝利せよ……093

第5章 メイン・ストリート――「勝者の壁」を攻略する……147
第6章 自分の立ち位置を正確につかむために……189

第二部 最強の戦略を練り上げ、夢を現実にする

第7章 戦略的パートナーシップの意義と問題点……218
第8章 優位に立つための必須条件……248
第9章 間違いだらけのポジショニング……285
第10章 実行のための社内体制強化法……308

読者の方々へ

本書の初版を刊行してから約四年が経った。

初版（『トルネード経営』東洋経済新報社）に対する反響については、おおいに満足している。ハイテク業界、とくに米国企業は、私が提示したコンセプトをすんなりと受け入れ、いまや、新興市場の成熟度やベンダー（製造販売会社）の立場を言い表す際、本書の核をなすメタファーがごく日常的に使用されるようになった。

また、本書にもとづいて実践的なサービスを提供するコンサルティング業界団体「キャズム・グループ」が設立され、加盟企業も三社から六社に増えて、さらなる賛同を呼びかけている段階だ。本書の翻訳版が、日本、中国、韓国、フランス、ドイツ、ポルトガルなどで刊行されたせいもあって、同団体の活動の場は急速に世界各国に広がり、賛同企業は三つの大陸、顧客は六つの大陸に及んでいる。

本書を教科書として採用してくれた教育機関も多い。スタンフォード大学、ハーバード大学、マサチューセッツ工科大学、ノースウェスタン大学をはじめ、さまざまな経営大学院や工科大学院の授業で使われている。おそらく、次世代の起業家たちは、本書の内容を十分に踏まえたうえで市場へ参入するだろう。著者である私にとって、このうえない光栄であり、喜びに堪えない。

ただ、現時点で早急に加筆しておかなければならないのが、インターネットの普及と電子商取引の興隆についてだ。

本書でインターネットに詳しく言及しているのは、じつは三カ所しかない。史上最大のトルネードとも言われるインターネットにたった三回しか触れずに、どうやって本を仕上げたのか。私は天才……かもしれない。

いや弁解しておくと、本書の原稿の締切は一九九五年六月だった。ネットスケープ社が「ナビゲーター1・0」をリリースする半年も前である。当時すでにインターネットが「次なる大物」だろうという感触はあったものの、どのくらいのスピードと規模で発展するのか、私には想像がつかなかった。しかし、いまではインターネットと無縁でいられる分野は一つも存在しない。

私が代表を務める「キャズム・グループ」も、方向転換せざるをえなくなっている。インターネットという大波に揉まれながら前進していくためには、製品分野とサービス分野の切り替えが非常に重要であり、どの企業も、反対側の分野へ転身できるだけの柔軟性を保っていなければならない。おおざっぱに言えば、この点こそが、本書の初版を執筆したころとの最大の違いである。本文中にはそこが加味されていないので、読者のみなさん自身で補っていただきたい。

みなさんの健闘と、新たなイノベーションの創出を期待している。

本書に出てくる社名等は、すべて原書刊行時のものです。

第一部

市場を知りつくして、「超成長」を遂げるとき

第1章 トルネードとは何か

トルネードはどのように発生するか

映画『オズの魔法使い』の冒頭シーンで、主人公のドロシーとトトは、竜巻《トルネード》にさらわれて空高く舞い上がり、カンザス州の日常生活を離れて、オズが支配する不思議の世界へ運ばれる。現実の株式市場でも、まるで竜巻に巻き上げられたかのように、株価が驚くべき急上昇をみせることがある。

過去のそんな実例を振り返ってみよう。

- **コンパックコンピュータ**は、五年足らずでまったくのゼロから一〇億ドル企業に成長し、IBMを抜いてインテルPC市場の首位に立った。
- ハードディスクメーカーの**コナー・ペリフェラル**は、低価格ドライブ「ウィンチェスター」をコンパックに供給して、その躍進に乗じたほか、コンパックのライバル各社にも製品を提供した。
- 一九七七〜八二年までの六年間、**アタリ**の家庭用ゲーム事業は前年比二倍の成長を維持しつづけ、同社の収益は五〇〇〇万ドルから一六億ドルに急増した。

●一九八〇年代なかば、**メンター・グラフィックス**の売上高は、二〇〇万ドルから二五〇〇万ドルへ、さらに八五〇〇万ドル、一億三五〇〇万ドル、二億ドルへと、年々増加の一途をたどった。

●一九八〇年代の一〇年間、**オラクル**の売上高は、毎年一〇〇パーセントの成長率を誇った。

●さらに一九九〇年代に入り、どこからともなく現れた**シスコ・システムズ**と**ベイ・ネットワークス**が突如、一〇億ドル企業にのしあがり、それぞれネットワーク・ルータ市場とネットワーク・ハブ市場で業界首位に立った。その少し前まで、世間の人々は「ルータ」や「ハブ」とは何なのかさえ知らなかったのに、短期間のうちに状況が激変した。

●**ソニー**のCD－ROMプレーヤーの販売台数は、一九九二年に一〇〇〇万台に達するまで七年かかったが、そのあと一気に加速し、たったの七カ月間で累計二〇〇〇万台、つづく五カ月間で三〇〇〇万台を突破した。

●**ヒューレット・パッカード**のプリンタ事業部門は、最初の製品を出荷してからわずか一〇年後の一九九四年、一〇〇億ドルの規模に成長した。

●最後に、**マイクロソフト**は、BASIC言語を主力製品とする小規模なソフトウエア開発会社だったが、一五年も経たないあいだに、世界で最も資金潤沢かつ強大なソフトウェア企業に変貌を遂げた。

こういったマーケットの大きな変化の原因は、「不連続的なイノベーション」、言い換えれば「パラダイム・シフト」にある。

まったく新しいカテゴリーの製品が登場し、画期的な技術によってそれまで不可能だったことを可能にし、急激な変化のきっかけをつくる。たちまち「従来の基盤を根底から変えるかもしれない」と注目され、いち早くとり入れる人々や、新しい時代の到来を熱っぽく説く人々が現れる。

ただし、マーケットというものは元来、保守的にできていて、変化を嫌がり現状を維持したがる。そのため、長いあいだ、新しいパラダイムについてさかんに論じらるわりには、経済に重大な影響をもたらすにいたるケースは数少ない。それどころか、ときに、斬新なテクノロジーは、まるきり世間に受け入れられずに終わり、起業家の見果てぬ夢がさまよう「原始スープ」の海へ戻っていく。一九八〇年代の人工知能や九〇年代初めのペン入力コンピューティングがその代表例だろう。

しかし場合によっては、ある時点で突然、パラダイム・シフトが現実のものになる。価格対性能比の向上を追求しつづけなければいけない宿命にたまりかね、マーケット全体が旧来の基盤に見切りをつけて、新しいインフラへ一大転換するわけだ。

こうして突然、需要がつむじ風のように巻き起こる。インフラというものは広く統一されていなければ意味がないから、新基盤への移行がいったんはじまると、マーケットは、できるだけ早く移行過程を完了しようと急ぐ。それまで関心を抑え込まれていた反動もあって、一気に購入意欲が爆発し、需要が供給を圧倒的に上回る状態がつづく。数十億ドル規模の市場がにわかに出現して、関連企業が「超成長」を遂げる。

このような推移は、いままで何度となく繰り返されてきた。たとえば、通信分野をみてみよう。

一世紀ほどにわたって、世間の人々は、手紙、電報、電話だけで事をすませていたのに、ここ数十年間で暮らしが急変して、プッシュホン、長距離市外電話、宅配便、留守番電話、ファックス、ボイスメール、電子メール、さらにはホームページやブログなどを、当たり前のように生活のなかにとり入れている。どの通信手段も、利用者がある一定数に達するまでは、あまり魅力的ではなかったが、一定数を超えたとたん、誰もが利用せずにはいられなくなった。

私たちの行動様式は、動物の群れに似ている。だらだらと同じ場所をうろつきまわっていたかと思うと、突如いっせいに同じ方向へ全速力で走りはじめる。これが、トルネードを引き起こすのだ。

過去三〇年に関して言えば、トルネードが最も多く発生したのはコンピュータ・エレクトロニクス業界だ。企業向けのコンピュータ市場では、まず、IBMのメインフレームが急速に普及し、コンピューティング基盤として初めて標準規格の座を勝ちとった。その後、七〇年代後半から一〇年と経たないうちに、ミニコンピュータ、パーソナルコンピュータ、高性能ワークステーションという三つのアーキテクチャが登場して、IBMメインフレームのパラダイムにとって代わった。と同時に、DEC、ヒューレット・パッカード、サン、アポロ、コンパック、インテル、マイクロソフトなどの新興企業が世界に名を馳せた。

これら三つのアーキテクチャの台頭と時を同じくして、通信ネットワークの分野でもパラダイム・シフトが起こり、メインフレームのまわりにハブとスポークを配した中央集中型のネットワークから、ローカル・エリア・ネットワーク（LAN）がワイド・エリア・ネットワーク（WAN）を介して相互につながる分散型の構造へ大きく転換し、スリーコム、ノベル、シスコ、ベイ・ネットワークなどの企業が頭角を現した。

さらに、これら二つのシフトと並行して、土台となるオペレーティング・システムから、データベース、アプリケーション、アプリケーション開発ツールにいたるまで、ほぼあらゆるソフトウェアの勢力図が何度も塗り替えられ、オラクル、サイベース、ロータス、アシュトン・テート、ワードパーフェクトといった企業が広く知られるようになった。

しかし同じ時期、ほかの業界に目を向けると、状況が違う。あいかわらず多くの人々が、ゼネラル・モーターズ、フォード、クライスラーから車を買い、ユナイテッド航空、アメリカン航空、デルタ航空を利用し、コカ・コーラ、ペプシ、ドクター・ペッパーを飲みつづけていた。

ある分野では、まったく新しい業界がどこからともなく生まれ、旗揚げしたばかりの無名の企業が市場の上位を占めたのに対し、べつの分野では、おなじみの企業が好調を維持していたことになる。後者の分野には、インフラにパラダイム・シフトが生じなかったせいだ。

たとえば、あなたがいま運転している車は、四〇年前の車と本質的には違いがない。航空業界やソフトドリンク業界にも同じことが言える。ところが、ハイテク業界では、ひどくコストがかさむにもかかわらず、インフラ全体が繰り返し一新され、少なからぬ企業がいまなお大胆な変革に挑んでいる。そうせざるをえないダイナミックな力が、業界全体にみなぎっているからだ。

コンピュータというものはすべて、半導体を組み込んだ集積回路が基盤だが、この部品の価格対性能比は、世界経済の歴史上、前例のない急速な勢いで進化している。七〇年代には、一〇年間で価格対性能比が一〇倍にもなった。八〇年代に入るとさらに加速して七年ごと、九〇年代なかばには三年半ごとに一〇倍というペースに達した。技術革新の勢いは以後もしばらく衰えそうにない。

このように進化が速いせいで、ハイテク業界ではあらゆる領域がきわめて流動的だ。もともとハードウェアは、ソフトウェアを稼働できてこそ価値があり、ソフトウェアのほうは、現在あるいは近い将来に出回るハードウェアの能力の制約を意識してつくられる。しかし、ほんの数年経つと、ハードウェアの性能が別次元に到達して、それまでの制約は消えてなくなる。そして、新たなレベルの処理能力を秘めた新型ハードウェアに合わせて、従来の壁を打ち破ったソフトウェアが開発される。両者の組み合わせが、いままでにない可能性を切りひらき、あらゆるビジネス・ユーザーを刺激する。たとえば、従来より円滑なコミュニケーションをとる、市場投入のタイミングを早める、取引処理を効率化する、顧客についての理解を深める、流行をすばやく察知するなど、じつにさまざまな競争上の利点が得られるからだ。

当然ながら、既存のパラダイムで成功してきた者は、変化を歓迎しない。また、ハイテク製品の入れ替わりがあまりにもめまぐるしいので、たまにはひと息つきたいと考えている。だが、そんな私たちの気持ちなどおかまいなしに、半導体の進化はとどまるところを知らない。性能の大幅な向上がある程度の段階まで達すると、採用を渋っていた人々も、重い腰を上げざるをえなくなって、また新たなトルネードが発生する。

トルネードのたびに、私たちは多額の支出を迫られる。まるで、たくさんの都市を造っては壊し、壊しては造るという作業を延々と繰り返しているかのようだ。この支出ラッシュのなか、激しい経済競争が展開される。非常に短期間で勝負が決するせいもあって、競争は熾烈をきわめる。その末に、ほぼ毎回、無名だった新興企業のいくつかが一気に躍進して、旧来のリーダーにとって代わり、市場の様相を一変させて、業界内に新しい力関係をもたらす。

どのような業界に役立つか

現在では、従来とはまったく異なるルールでビジネスが進行していることは、誰の目にも明らかだろう。前向きにとらえるなら、新しい可能性がありあまるほど存在する。しかし同時に、暗い一面も看過するわけにはいかない。

「情報ハイウェイ」の道端には、トルネードの爪痕《つめあと》がそこかしこに残っている。倒産した企業、レイオフされた従業員、廃墟と化した建物、時代遅れの製品、落ちこぼれた顧客、失敗した投資家……。どうやら、トルネードによって私たちが運ばれてきた場所は、オズの魔法の国のイージーストリートではなく、OK牧場のあるトゥームストーンか、あるいは、無法者が群れるドッジシティか、いずれにしろ、金と権力の奪い合いに明け暮れる世界らしい。決闘に負けて葬り去られることだけは、なんとしても避けなければいけない。

トルネードの影響がきわめて大きくかつ深刻であること、ハイテク市場のるつぼのなかでの出来事が地上における富の分配や再分配に深くかかわっていることなども考え合わせると、トルネードの原動力について十分に知っておく必要がある。

まず、ハイテク業界で働いている人々や、ハイテク企業に投資する人々は、以下の質問に答えを用意しておかなければいけない。

●トルネードが吹き荒れているあいだ、自分のチャンスを最大限に活かすには、どうすればいいか。
●トルネードがいつ来るかをどう予測して、どのように備えればいいか。
●トルネードがいつ終わるかをどう察知し、どんな対策をとればいいか。
●さらに、今後を見すえて、トルネード型の市場変化にうまく対応するためには、戦略管理コンセプトをどのように構築し直せばいいのか。

本書の目的は、こういった課題に答えを提示することにある。実例を引き合いに出しながら、具体的に検討していきたい。

ハイテク業界ではなくても、大規模なパラダイム・シフトに直面して、インフラの構造転換を迫られている企業幹部がいるだろう。以上のようなテーマを探究しておけば、利益につなげられるはずだ。たとえば、次のような業界が該当する。

●**金融サービス業界**　関係者がたびたび苦杯をなめて身に染みているとおり、デリバティブなどの新手の金融商品への投資に関しては、いままでとはまったく違うパラダイムが発生している。
●**保険業界**　目新しい金融商品を打ち出したライバル業界に少しずつ顧客を奪われているばかりか、保険料や収益性に対する監視の目が厳しくなり、営業活動のいきすぎが裁判に持ち込まれるケースも少なくないなど、保険業界では構造転換が緊急の課題となっている。

●医療業界　この業界が直面する問題点は「キャピテーション」、すなわち、「診療行為の内容にかかわらず、患者の人数に応じて固定給を支給する」という医療費制度が支持されつつあることだ。医療機関サイドにとっては、いかにしてキャピテーションを免れるかが新たな目標になっている。

●航空機・軍事業界　冷戦終了後の軍縮や、国防政策の見直しのあおりを受けて、この業界は、旧来の業務を構造転換するとともに、一部の事業を商業分野へ転換せざるをえなくなり、大がかりなパラダイム・シフトを余儀なくされている。

●電力業界　一九八〇年代の航空会社は、規制緩和によって重大な変革を迫られたが、九〇年代には電力会社が似たような立場に立たされている。今後、トルネードが巻き起こるなか、チャンスをつかむ企業・破滅する企業が出てくるだろう。

●製薬業界　「キャピテーション」による医療費の削減に直面しているうえ、新薬の開発はバイオテクノロジーという不連続的なイノベーションに依存しているせいで、この業界もいま大きな転機を迎えつつある。

●小売業界　コンピュータ技術により、物流管理その他を一括して処理するインフラができあがったおかげで、小売サプライチェーンでは、かつてなくきめ細かいネットワーク化が進んでいる。その結果、相互のつながりを合理化したり、市場行動を分析するためのデータ送信端末を大量に配備したりする必要に迫られている。

●出版業界　かつては紙に文字を印刷するだけだったこの業界も、大きな変革期に入った。あらためて述べるまでもない。

●**放送業界**　放送、電話通信、コンピュータ・ソフトウェア、出版、娯楽といった境界線が消え、膨大なデジタル画像の海に統合されたため、今後ルールが一新されていくだろう。

本書でとりあげる具体的な事例は、おもに、私や同僚がコンサルティング業務をおこなうなかで出合ったものであり、ハイテク分野にかなり偏っている。しかし、右に挙げた各業界に携わる読者のみなさんも、似たような例が身近にあると感じるだろう。適宜、参考になる部分を拾い出して、自分自身の業界が抱える問題点に置き換え、新たなアプローチを模索していただきたい。なんといってもハイテク業界は、業界そのものが興味深いばかりか、まったく新しい種類のビジネス戦略が誕生する「るつぼ」ともいうべき領域なのだから。

「魔法の国」の地図を読み解く

本書では、まず、新しい世界の地図を描き出し、ついで、それがビジネス戦略の策定にどんな影響を及ぼすかを解き明かしていく。

地図の土台になるのは、一九六〇年代にエベレット・ロジャーズが提唱した「テクノロジー・ライフサイクル」という市場発達モデルだ。このモデルは、不連続的なイノベーションが起きたとき――すなわち、まったく新しいカテゴリーの製品が市場に現れたとき――人々がどのように受け入れるかについて分析している。これをおおまかな指針としつつ、ライフサイクルを六つの過程に区切って、ある過程から次の過程へ移る際、市場にどんな力が生じ、企業側は生き残りを賭けてどういった戦略の見直しを迫られるのかをみていこう。

最初の二つの過程は、前著『キャズム』でテーマにすえたものだが、読者の便宜を考え、同書のおもな内容を次章にまとめておく。この部分が、ライフサイクル・モデルの基礎をなすといってもいい。

第3章以降は、ライフサイクルの三つめから五つめに焦点を当てる。じつはここが市場の主流であり、ハイテク・ビジネスの利益はすべてこの三つの段階で生まれている。それぞれの段階で市場の発展を形づくる力とは何か、どうすれば市場の動向にうまく合わせてリーダーシップをつかむことができるのか、といった点を明らかにしよう。往々にして、従来とはまったく違う構図が、不安やとまどいを引き起こしながらも、しだいに業界に定着していくのだとわかるだろう。したがって、こんなふうに言える。

ライフサイクルが次の段階へ進んだときには、戦略を多少変更する程度では足りない。勝つためには、むしろ以前とは正反対の戦略をとる必要がある。

すなわち、本格的なメインストリーム市場ができたばかりのころに成功したビジネスのやり方は、いざトルネードが巻き起こった時点ではもはや通用しないため、全面的に改めなければいけない。同様に、トルネードのさなかに成功した手法も、超成長の時期が過ぎ去ったあとは見切りをつけざるをえない。段階の変化に応じて、従来の戦略を思いきって放棄し、まったく正反対の戦略を果敢に打ちだすべきなのだ。

一八〇度の転換が功を奏するというこの仕組みを理解すると、混沌としているようにみえるハイテク市場も、急に霧が晴れたようにはっきりしてくる。ある戦術はつねに成功し、ある戦術はつねに失敗する——ずいぶん昔から、世間ではそれが常識だとされてきた。しかし現実には、どれほど実績のある戦略モデルでも、状況しだいで成功もすれば失敗もする。

したがって、真の腕の見せどころは、戦略をよく知っているかどうかではなく、現状を正しく認識できるかどうかなのだ。

第2章

キャズム——飛翔の前の試練を越える

ユーザーを五つのグループに分ける

現在、ハイテク市場戦略にかかわる理論はほとんどすべて、「テクノロジー・ライフサイクル」を土台にしている。それぞれの社会は「不連続なイノベーション」に対してどのような反応を示すのか、一九五〇年代後半から社会学の研究が進んだ結果、このライフサイクルの存在が明らかになった。

「不連続なイノベーション」とは、きわめて斬新な製品やサービスが現れて、その画期的な恩恵にあずかるため、エンド・ユーザーもマーケットも従来のやり方を大きく転換しなければいけなくなるという状況をさす。マーケットが新たな構造基盤のパラダイムへ——たとえば、タイプライターからワープロへ——移行する機会に直面したとき、リスクをどの程度受け入れられるかに応じて、ユーザーはおおまかに五つのグループに分けられる。

一方の極に位置するのが、リスクをものともしない「イノベーター（ごく少数の急進派）」だ。

テクノロジー・ライフサイクル

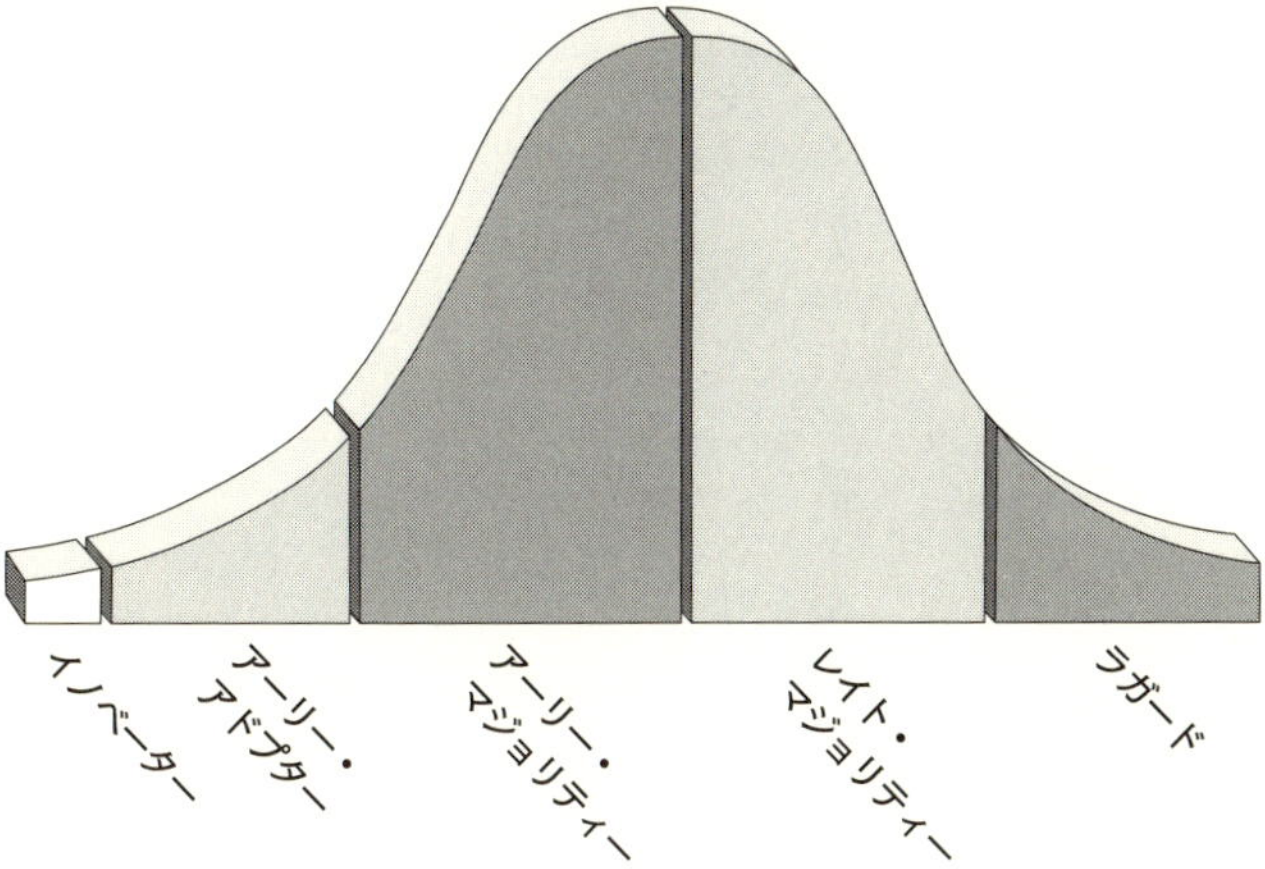

新しいチャンスをとらえて真っ先に飛びつこうと、うずうずしている。これと対極にあるのが、リスクに非常に敏感な「ラガード（保守派）」。新しいものを、いちばん最後まで受け入れようとしない。いまだに羽根ペンを愛用しているたぐいの人々と思ってもらえばいい。

両極のあいだに、「アーリー・アドプター（進歩派）」「アーリー・マジョリティー（わりあい進歩的な大衆）」「レイト・マジョリティー（わりあい保守的な大衆）」という三つのグループが存在する。

グラフ化してみると、五つのグループの散らばり方は、ベル・カーブ（鐘形曲線）を描く（上図参照）。

このベル・カーブは、各グループに属する人々が平均値からどのくらい隔たっているかを示す。アーリー・マジョリティーとレイト・マジョリティーは、平均値から標準偏差までのあいだを占めており、それぞれ、総人数の三分の一ほどに当たる。アーリー・アドプターとラガードは、標準偏差から標準偏差の二倍までのあいだ、イノベーターは、標準偏差の三倍あたりに位置する。このベル・カーブの左から右へ、順に新しいテクノロジーが受け入れられていき、それにつれて、順次、各グループが脚光を浴びる。

このライフサイクルがみいだされる以前、ハイテク市場のマーケティング担当者たちは途方に暮れていた。従来なら、「すぐれたマーケティングを実践したければ、プロクター・アンド・ギャンブル（P&G）のやり方を真似るにかぎる」が常識だったのだが、同社の戦術をハイテク市場に使おうとしたところ、まるきり通用しなかったからだ。とりわけ、マーケティング・コミュニケーションのツール（広告、PRなど）がいままでどおりには機能せず、顧客にアドバイスを試みるたびに、「能書きが長すぎる」「ややこしい」、はては「オタクっぽい」などと拒否されてしまった。

だがやがて、テクノロジー・ライフサイクルの理論が提唱され、マーケティング担当者はほっと胸をなでおろした。いったいなぜ、同じ提言をしても、顧客によって反応が天と地ほども違うのか、ようやく合点がいったのだ。

テクノロジー・ライフサイクルをさらに深く理解するために、私たちコンサルタントは、五つのユーザーグループを次のように再定義した。

①イノベーター＝テクノロジー・マニア

この種の人々は、新技術をおおいに歓迎して、「テクノロジーとは、遅かれ早かれ、私たちの生活を改善してくれるもの」と考えている。また、複雑な技術の使いこなし方を習得することに喜びを感じ、少しいじるだけでも十分に楽しがる。最新かつ最高のイノベーションに触れるのがうれしくてたまらない。要するに、斬新なものであればたいてい何にでも真っ先に飛びつく。

どんな集団にも必ず、ハイテク好きの人間が交じっているものだ。あなたの家族を考えてみてほしい。誰かひとり――ひとりだけ――留守番電話を設定したり、ビデオデッキの時計を合わせたり、エスプレッソ・マシンの使用法を理解したり、といった作業が得意なのではないか。オフィスでも同じことが言える。パソコンの正しい操作方法がわからないとき、あなたは誰に助けを求めるだろう？　その人物が、あなたの身近なテクノロジー・マニアだ。

マーケティングの観点からみると、とくに法人に売り込む際、相手先にいるテクノロジー・マニアはじつにありがたい存在だろう。ただ、一つだけ欠点がある。当人は財布のひもを握っていないことだ。その代わり、影響力を持っている。テクノロジー・ライフサイクルの次への扉を開くべきかどうか決める、門番のような役割を果たす。もしテクノロジー・マニアが「この新製品には見込みなし」と判断したら、ほかの人々はもう見向きもしない。テクノロジー・マニアのお墨付きがあってこそ、その不連続なイノベーションに世間の注目が集まる。そのため、売り込む側は、テクノロジー・マニアたちにたびたび新製品の「種まき」（つまり無料供与）をおこなって、支持を得ようとする。

②アーリー・アドプター＝ビジョナリー

この人々は、法人や政府機関に本格的な変革をもたらそうと働きかける。不連続なイノベーションに乗じて過去を断ち切り、まったく新しい未来を開拓したがっている。新しいものをいち早く活用しはじめることにより、従来の秩序を覆《くつがえ》して、圧倒的な優位を確保したいという狙いだ。

このビジョナリーたちは、予算を動かせる立場にいて、実質的には最初の顧客といえるから、ハイテク業界にきわめて大きな影響をもたらす。起業家側からみれば、ビジョナリーは、ベンチャー投資家と同じかそれ以上に、事業資金を支えてくれる存在だ。たいてい、目立ちたがり屋でもあるため、新しいイノベーションの宣伝にひと役買って、初期市場での成功に必要な勢いを与えてくれる。

ただし、マイナス面もある。ビジョナリーたちは、誰も望んでいないような機能変更を、好き勝手に要求する。そのせいで、旗揚げまもないベンチャー企業の研究開発部門が、過剰な負担に苦しむはめになる。企業側はやがて、ビジョナリーとは違う種類の顧客――ごく一般的な要望を出してくれる、実用本位の人々――を探すしかない。

このように、初期市場を形成するのは、テクノロジー・マニアとビジョナリーだ。テクノロジー・マニアはイノベーションを探究したがり、ビジョナリーはイノベーションを活用したがる。動機が異なるとはいえ、他に先駆けようとする姿勢は一致している。以下を読み進めてもらえばわかるとおり、「時代の先端を走りたい」という願望は、テクノロジー・ライフサイクルのなかで、この二つのグループだけにみられる特徴だ。

③アーリー・マジョリティー＝実利主義者

技術インフラを整備していくうえで、このグループに属する人々が、製品を最も大量に購入する。

テクノロジー・マニアとは違い、テクノロジーそのものに愛着があるわけではない。また、不連続なイノベーションよりも、連続的な進化のほうが好ましいと考えているので、ビジョナリーとも立場が異なる。この人々の関心事は業務の効率化だ。したがって、テクノロジーに対しては中立的な態度で臨む。有益なかたちで生産性を上げることが実証され、信頼できる人物からも強い推薦を受けたあと、初めてそのイノベーションの採用を検討する。

実利主義者は、自社の基幹業務システムをまかされているケースが多い。「いま使用中のインフラも、かろうじて安定を保っているにすぎない」と自覚しているだけに、新種のテクノロジーが入り込んでくることを警戒する。そのため、新たなパラダイムへシフトすべきかどうか検討を迫られたとき、きわめて慎重な姿勢をとる。

ついにシフトを決断した場合は、市場トップのメーカーから製品を購入する。理由は二つある。まず、シェア第一位のメーカーの製品なら、ほかのメーカーも互換性を意識して製品開発を進めているはずで、性能面では最高でないとしても、安定性は最も優れているから。第二に、トップメーカーであれば、関連製品をつくりたがるサードパーティ・メーカーが続々と現れるので、たとえトップメーカー自体が顧客のニーズにすばやく応えられなくても、サードパーティが補ってくれるからだ。

④レイト・マジョリティー＝保守派

このグループの人々は、「テクノロジーに投資しても、自分たちにはあまり役立ちそうにない」と消極的だ。周囲に取り残される状況になってから、しぶしぶ新技術を受け入れる。価格にとても敏感で、疑り深く、過度の要求をする。とはいえ、追加サービスに料金を払いたがらないせいもあって、要求はめったに満たされない。どれをとってみても、ハイテクに対して冷ややかな視点を持っていることの表れだ。

にもかかわらず、この保守派たちは、ハイテク製品に大きなビジネスチャンスをもたらす可能性がある。この人々に売り込むのは至難の業だが、慎重に誘導して市場に引き入れることができれば、大量の新しい顧客が生まれる結果につながるからだ。

売り込みに成功して利益を得るコツは、システムを単純化し、誰でもすぐ使えるように普及させることだ。たとえば、最新型のマイクロプロセッサであっても、ＢＭＷの奥深くに組み込まれていれば、保守派はためらわずにいくつも購入してくれる。

⑤ラガード＝懐疑主義者

この種の人々は厄介な存在だ。ハイテクのマーケティングに「おおげさすぎる」と難癖をつけては、喜びを感じる。つねに渋い態度をとるから、将来的に顧客になってくれる可能性は少ない。したがって、このグループに対しては、マーケティングの対象からいかに外すかを考えるべきだろう。

以上の五つのグループが組み合わさって、テクノロジー・ライフサイクルを形成している。一つのグループから次のグループへ、徐々に市場を開拓していくのが、一九八〇年代におけるハイテク・マーケティング戦略の基本だった。理想的な展開は、こんなふうになる。

①まず、新製品をテクノロジー・マニアのあいだに広め、その人々の力を借りて、ビジョナリーを啓蒙する。
②首尾よくビジョナリーの関心をとらえたら、ありとあらゆる手を尽くして満足させ、実利主義者が参考にできるようなかたちをつくる。
③実利主義者を顧客にして、大きな利益を得る。そして、できれば市場のリーダーになり、事実上の標準の座を確立する。
④実利主義者とかかわるなかで、十分な経験を積み、量産体制を整えたはずだから、その成功を生かして、高い信頼性とリーズナブルな価格を実現し、保守派のニーズに応える。
⑤懐疑主義者については、本人たちのお気に入りの道具を勝手に使わせておけばいい。

ライフサイクルにおける「亀裂」

単純に考えれば、右記の戦略は筋が通っていて魅力的なのだが、あいにく、現実には思いどおりにいかないケースが多かった。とくに、ビジョナリーから実利主義者へターゲットを移そうとするたびに、予想外のつまずきが生じた。ライフサイクル上では隣り合っているにもかかわらず、この二つのグループは、土台となる価値観がまったく異なるため、お互いの意思疎通が不可能に近い。比較してみると、次ページの表のようになる。

この二つのグループの違いが最もわかりやすいのは、「わかりました」とつぶやく際の様子だろう。ビジョナリーは、目をつぶって「わかりました」と言う。その意識はまぶたの裏側にみえるものに向いている。一方、実利主義者は、目を見開いて現実を注視しようとする。ありもしない世界を夢見るビジョナリーなど、まるきり信用しない。「フォース」とやらを使って物体をあやつる『スター・ウォーズ』の登場人物と同じくらい、怪しげな存在だとみなす。

要するに、ビジョナリーは実利主義者を「のろまな歩行者」と考え、実利主義者はビジョナリーを「スピードの出しすぎ」と危険視している。そのため、ビジョナリーが推し進めたがる非常に革新的な、「向こう見ず」一歩手前のプロジェクトは、実利主義者には注視すべきものとは映らず、マーケットは両者の境界線をスムーズに越えられずに失速してしまう。

困ったことに、この段階に達するころにはもう、ハイテク企業はかなりの額の融資を受けて先行投資をすませているから、小さなつまずき一つで、真っ逆さまに奈落の底へ落ちかねない。

ビジョナリー	実利主義者
● 直感的	● 分析的
● 急激な変化を好む	● 段階的な進化を好む
● 反体制派	● 体制順応派
● 集団から抜きん出ようとする	● 集団内にとどまろうとする
● みずからの決断に従う	● 仲間に相談する
● リスクを冒す	● リスクを管理する
● 将来的なチャンスに意欲を燃やす	● 現在の問題の解決に意欲を燃やす
● 可能性の限界を追求する	● 実現可能な事柄を追求する

ライフサイクルにおけるこの亀裂を、私たちは「キャズム」と名付けた。

キャズムの概念はいたってわかりやすい。きわめて革新的な製品がマーケットにもたらされると、最初は必ず、テクノロジー・マニアやビジョナリーからなる**初期市場**に温かく迎え入れられる。ところがその後、キャズムの深みに落ちて、売上げが衰えはじめ、たいていは急落していく。もしうまくキャズムを越えられれば、いよいよ、実利主義者や保守派がひしめく**メインストリーム市場**に受け入れられる。製品販売を柱にしたハイテク企業にとっては、市場発展のこの第三段階こそが儲けどころだから、キャズムをいかに乗り越えるかが組織全体の最重要課題といえる。

けれども、実際にこのキャズムを越えた革新的な製品は、ほんのわずかしか存在しない。たいていは、初期市場での好調ぶりに鼻息を荒くした投資家たちが、高成長、高利益のメインストリーム

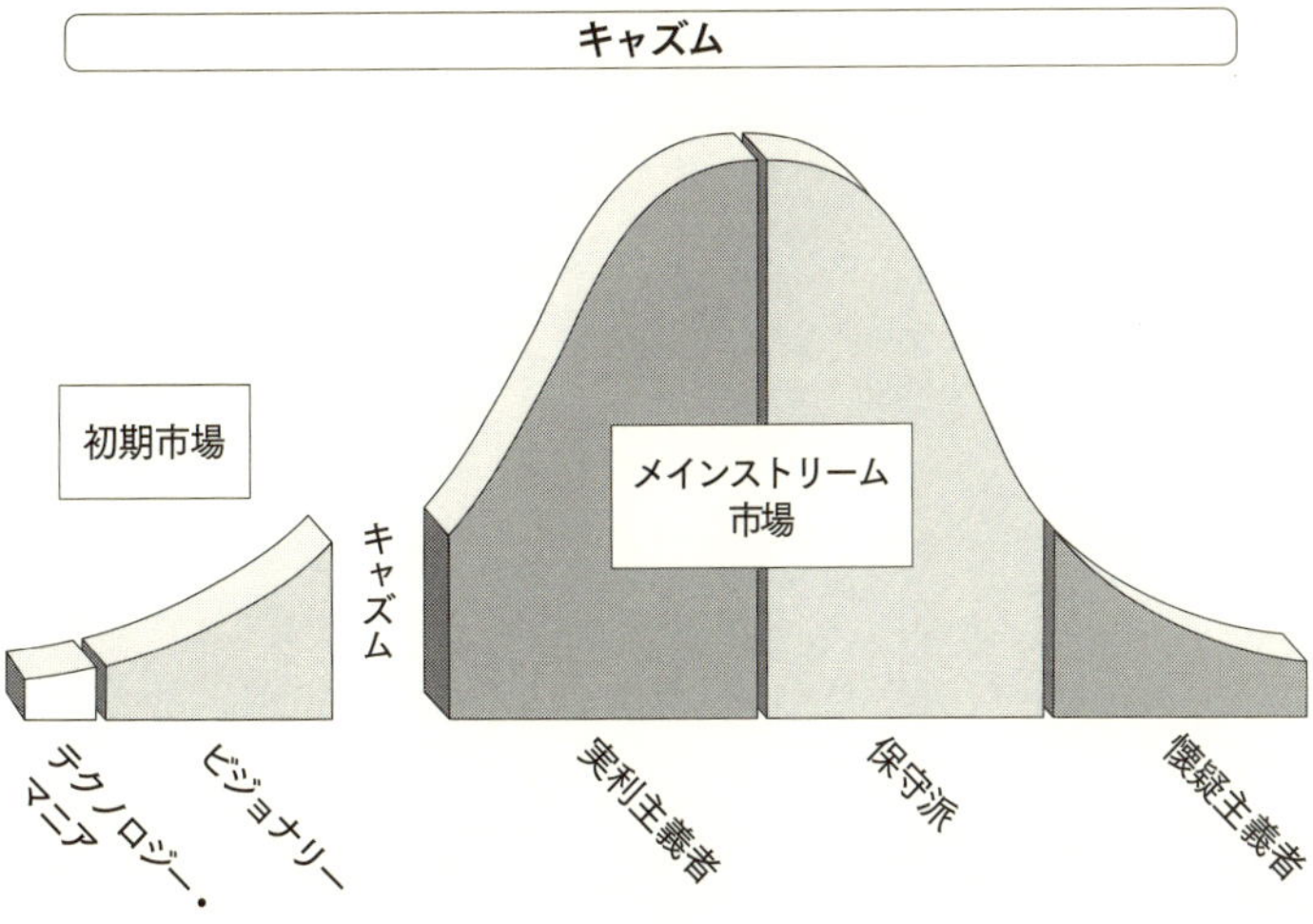

市場へ早く移行したいと焦りすぎる。ところが、そのあとキャズムにはまりこんでしまう。投資家たちは、経営陣が何かミスを犯したに違いないと考えて、体制の刷新を図り、逆に業務運営を悪化させて、ついには修復不可能にしてしまうのだ。

しかしさいわい、キャズムの概念が広まって、いまでは状況が改善されつつある。

キャズムを越える方法

キャズムを無事に越えるためには、ある一つの観点を土台にして基本戦略を立てればいい。つまり、初期市場を構成するビジョナリーとメインストリーム市場を構成する実利主義者とを見比べて、両者の最大の違いに着目するのだ。

ビジョナリーは「将来的に有用になる」ことを予想して賭けに出るが、実利主義者は「すでに稼働中」という実績を求める。つまり、あなたの売り込みたい新製品がもし現状の問題の八〇パーセントを解決してくれるとわかっている場合、ビジョナリーは「じゃあ、さっそく使いはじめて、残りの二〇パーセントはいっしょにつくりあげましょう」と言う。ところが、実利主義者は「ちょっと待ってください。製品を仕上げるのはそちらの仕事。こちらはあくまで、できあがったものを活用する側です。いずれ完成したら買いますが、いまはまだ無理ですね」と、導入を渋る。何より、実利主義者がほしがっているのは一〇〇パーセントの解決策だ。私たちのキャズム理論では、そのような完全な製品を「ホールプロダクト」と呼んでいる。

ホールプロダクトの概念は、ハーバード大学のセオドア・レビットがいち早く広めたあと、ビル・ダビッドウの著書*Marketing High Technology*によって、シリコンバレーでもさかんに話題にのぼるようになった。もっとも、キャズム理論のなかでは、きわめて単純な意味で用いられている。ホールプロダクトの定義は、要するに「ターゲット顧客が〝ぜひ購入したい〟と感じるに十分な、最低限の中身を備えた製品やサービス」だ。これを踏まえてマーケットを見ると、「何としてでも完成度を高め、ホールプロダクトを提供する」という意欲、あるいは能力が欠けているせいで、キャズムからいつまでも抜け出せないハイテク企業の例が少なからずある。

たいていは、こんな展開だった。キャズムに陥ったことを察知したハイテク企業が、製品にもっと肉付けが必要だと気づき、対策を模索しはじめる。ここでターゲット層を一つに絞り込めばいいのだが、「一カ所にすべてを賭けるのはリスクが大きすぎる」と尻込みして、四つないし五つの顧客層を候補に並べ、「どこかに火がついたら、急いでその顧客層に傾注すればいい」と考える。

つづいて、候補に掲げた顧客層のそれぞれに関し、大口顧客のもとへ出向いて売り込みをおこない、手間暇かけて相手先からさまざまな要望を聞き出して、リストにまとめる。次に、マーケティングやエンジニアリングの責任者を集めて検討委員会を開き、大量の要望リストから共通項を抽出して、広く求められている改善点は何なのかを把握する。こうして浮かび上がった内容を「お客様からの貴重な声」、つまり、主たる改善要求とみなして、次期バージョンの方向性を決める。「これで、あらゆる人々にふさわしい製品ができあがるはずだ」と、当事者たちは期待を膨らませる。

ところがあいにく、八方美人をめざしすぎて、誰にも強く訴えかけない製品になってしまう。すなわち、どの顧客からみても、要望を一〇〇パーセント満たしたホールプロダクトではないのだ。

誰の要望リストとも完全には合致しない。たしかに購入前の実利主義者たちが出した要望が部分的には叶えられているから、「そうそう、こんな機能がほしかったんですよ」と好意的な反応を示すものの、実際に買おうとはしない。企業側は結局、それなりの経費を注ぎ込み、ひととおりの改良作業が終わった段階で、通り一遍の賞賛を受けたはいいが、売上げはちっとも伸びないという苦境にさらされる。

そういった失敗を経るうちに、私たちコンサルタントの一部が恐るべき事実に気づいた。キャズムを越える最も安全な方法は、全力を一カ所に集中することなのだ、と。まずは、メインストリーム市場のある特定の領域にいる顧客層を把握して、その人々に向けて一〇〇パーセントのホールプロダクトをすばやくつくりあげる。つまり、小さいながらも確実な足がかりを、メインストリーム市場のどこか一カ所にできるだけ早く築く。その足がかりを利用して、深い穴から這い上がり、キャズムを越えるのだ。

まずニッチ分野をつかむ

前著『キャズム』で取りあげたさまざまな企業は、いずれも、さほど深い認識なしに運よくキャズムを越えている。本が出る前は、キャズムについて明確な概念がつかめていなかったため（優秀な投資家や経営者の多くは直感的にわかっていたものの）、キャズムを越えるための確固たる戦略を打ち出すのは難しかった。しかしその後、キャズムの概念を踏まえて計画を立て、成功を収めることが可能になった。その好例がドキュメンタム社だ。

ドキュメンタムは、文書管理ソフトウェアの専門会社で、ゼロックスから支援を受けて開発したハイエンドシステムを扱っている。一九九四年まではほとんど無名に近く、九〇年代に入ってからは、キャズムのなかでもがいている状態だった。毎年新たなビジョナリーを獲得し、数百万ドルの売上げを得て、どうにか経営を保っていた。

ところが一九九四年、コンピュータによる新薬申請（CANDA）というニッチ市場分野を糸口にして、突如、製薬業界で圧倒的な力を持つシステム・サプライヤーにのし上がった。どうやって一気にキャズムを乗り越えたのだろうか。

じつは、一九九三年の末、ドキュメンタムの経営陣は繰り返し会議を開き、キャズム脱出の足がかりになりそうな市場分野を八〇個ほど検討した。そして次の五つの基準にもとづいて、候補を絞り込んでいった。

①そのターゲット顧客は、十分な資金力があり、わが社の営業スタッフが接触可能か。
②わが社の製品を是が非でも購入したくなるような動機を持っているか。
③パートナー各社の協力を得た場合、わが社は現時点で、その購入動機を満足させられるだけのホールプロダクトを提供できるのか。
④その市場分野には過度の競争が存在せず、わが社がかなりの成功を見込めるか。
⑤その市場分野での成功を活かして、さらにほかへ裾野を広げていけるか。

製薬業界の企業なら、資金力は問題ないし、各社内には新薬の許可申請を専門に扱う部門があるはずで、容易にコンタクトがとれる。したがって、基準の①は明らかにクリアしている。

②の「是が非でも購入したくなるような動機」に関してはどうか。典型的な特許取得薬は、年間平均四億ドルずつ収益をもたらす。特許は一七年間有効だが、薬品の許認可が下りた時点ではなく、特許が認められた時点からスタートする。つまり、特許の取得が一日遅れるごとに一〇〇万ドル以上の機会損失が発生するわけだ。効率のよいシステムを導入したい気持ちはもちろん強いだろう。

いちばん難しいのは③、すなわち、ホールプロダクトを提供することだった。CANDAに必要な書類は、ふつう二〇万から五〇万ページにも及ぶ。各方面から集めた幅広い情報が含まれており、大半はデジタル化されていない。ドキュメンタムは、「非常に多様なかたちの情報を統合できる」という機能に軸を置き、システム開発やホールプロダクト・マーケティングのすべてをそこに集中させた。優れた機能を実現するため、サン、オラクル、CSC（コンピュータ・サービス・コーポレーション）などの巨大企業と提携して力を借りる必要があった。ただ、以前、シンタックス社のビジョナリーから投資を受けて類似のプロジェクトをおこなった経験があり、完成できる見通しは立っていた。そんなわけで、③もクリアできた。

④の過当競争について言えば、企業としての規模、技術の普及度、既存顧客の量、いずれも競合他社にリードを許していたが、CANDAに必要な機能を総合的に網羅している企業はまだ存在しなかったため、ターゲットを絞った開発努力によって従来にはない費用対効果を実現でき、その実用性を顧客にアピールできるという手応えがあった。

最後の⑤も、問題なかった。製薬業界でCANDAシステムを成功させることができれば、製薬業界内のほかの部門（製造、研究開発など）向けにも拡張できるうえ、医療機器や食品加工その他、FDA（食品医薬品局）の規制下にあるさまざまな市場分野に進出できるはずだ。

さて、結果はどうだったか。この戦略を開始した一九九四年の一年間に、ドキュメンタムは狙いをつけた上位四〇社の顧客のうち三〇社を獲得した。同じ時期、最もよく似た製品を手がけるライバル企業は、わずか一社しか顧客をつかめていない。収益は三倍に増え、翌年もさらに三倍に増やせそうな勢いだった。

ドキュメンタムは、この市場分野の絶対的なマーケット・リーダーとなり、企業規模をはるかに上回る影響力を持つようになった。顧客である製薬業界からみれば、ドキュメンタムはすでに必要不可欠な存在だ。同社はこの強みを活かして、さらなるシェア拡大と新たな市場開拓の準備を進めた。

キャズムを越えるために必要なパワーがどのようなものか、これでおわかりいただけたと思う。要するに、メインストリームでまずニッチ分野を一つがっちりとつかむことで、市場開拓が非常に勢いづくわけだ。

キャズムを越えたあとに待っていること

さて、本書のテーマは、キャズムを越えたさらに先のマーケットの実状を描き出すことだ。次ページの図のとおり、ライフサイクル・モデルでは、キャズムのあとに三つの段階が待っている。

全体として眺めると、次の六つの領域に分かれている。

①初期市場　興奮が巻き起こる時期。新しいパラダイムへ我先に飛びつこうとするテクノロジー・マニアやビジョナリーが顧客になる。

②キャズム　深刻なスランプに陥る時期。初期市場の興味が冷めてくる一方で、メインストリーム市場は、製品の未熟さを嫌って、まだ食指を動かさない。

③ボウリング・レーン　メインストリーム市場を標的にする前にまず、特定のニッチな顧客を狙いすます時期。顧客側の強いニーズと、開発企業側の積極性を土台にして、ニッチ分野の需要を満たすホールプロダクトが生み出される。

④トルネード　メインストリーム市場が開花する時期。一般の顧客層が、新しいパラダイムをインフラとして採用しはじめる。

テクノロジー・ライフサイクルの推移

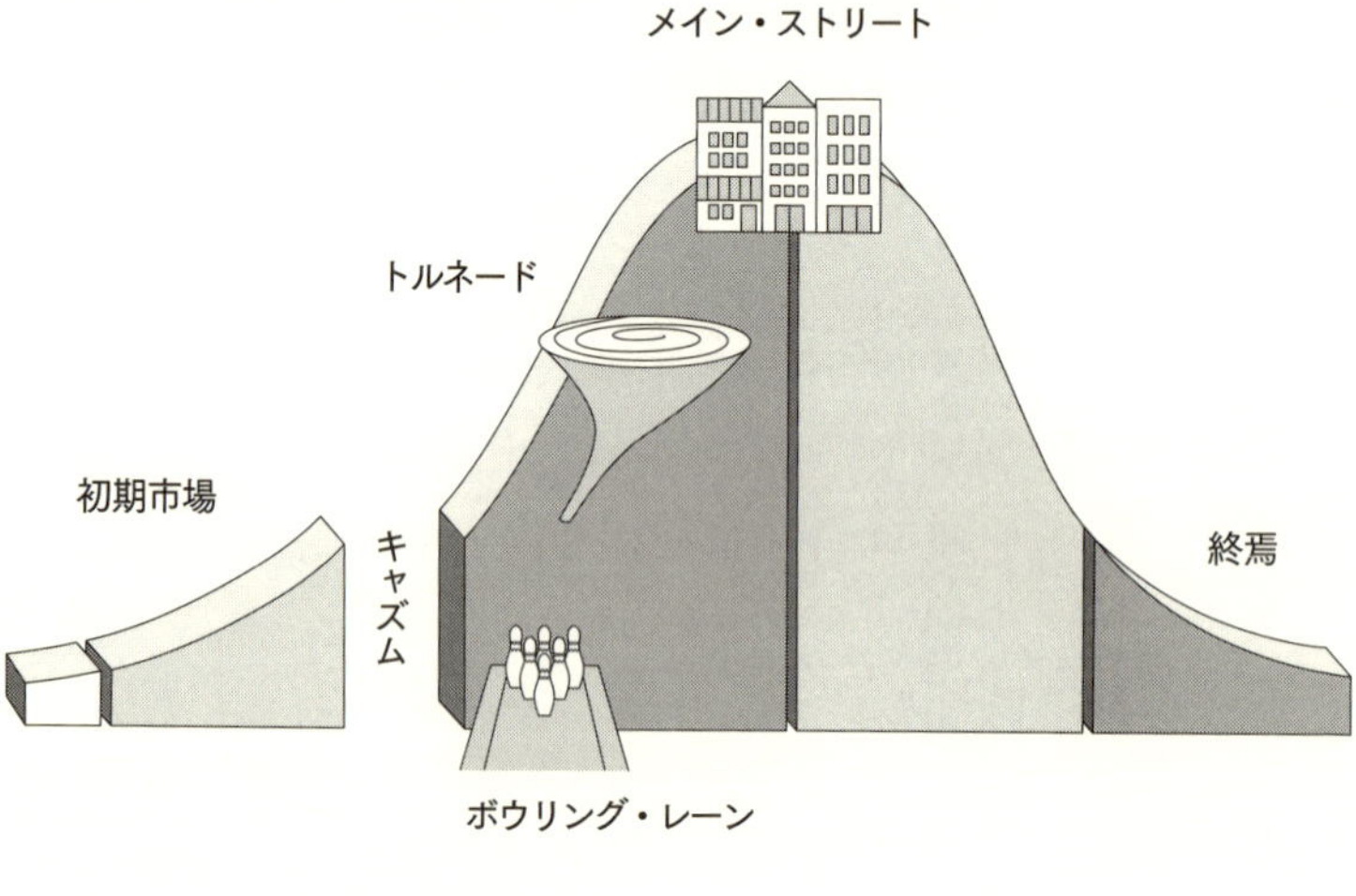

⑤メイン・ストリート　アフターマーケットの時期。基本的なインフラが普及し終えて、さらなる可能性の追求に取り組みはじめる。
⑥終焉　ハイテク業界では、驚くほど早く製品の寿命が尽きかねない。半導体の価格対性能比が、前例のないスピードで急上昇していくせいだ。また新たなパラダイムが登場して、つい少し前に市場トップに立ったばかりの企業があっという間に座を奪われてしまうことも珍しくない。

マーケットの段階がこうして移り変わるのに合わせて、売り手側は、ビジネス戦略を大胆に変更していかなければならない。次章以降ではその点を核にして議論を進めていきたい。各章の概要をまとめると、次のようになる。

- ボウリング・レーンには、顧客中心のニッチ戦略が必要となる（第3章）。
- トルネードの真っ最中は、むしろ逆に、大衆市場向けの一般的な戦略を推し進めて、標準インフラを広く普及させる（第4章）。
- メイン・ストリートでは、ふたたび顧客中心のアプローチに戻り、マス・カスタマイゼーション（個別仕様の製品を大量につくる業態）を通じて、インフラに付加価値を加える（第5章）。
- こうして何度も急激な戦略転換を迫られるだけに、売り手側は、自分たちのマーケットがいまライフサイクルのどこに位置するのかを認識することが必須条件になる（第6章。以上が第一部）。
- ここまでのあいだ、トルネードがもたらす大変動によって、市場における力関係が一気に崩壊し、再構築されるため、敵味方を区別することさえ非常に難しくなる（第7章。ここから第二部）。

●新たに出現した市場構造のもと、各企業は、みずからのポジションにふさわしい優位性を求めて、しのぎを削らなければならない（第8章）。

●そのためには、力の階層構造のなかで相応のポジションを確保したうえで、後発のライバルに追い落とされないよう、防御に努める必要がある（第9章）。

●最も難しい問題は、ある戦略からまったく別の戦略へスムーズに移行できるかどうかだ。経営陣には、ずば抜けた柔軟性が求められる（第10章。以上が第二部）。

それでは、片手に指令書（右記の概要リスト）を、もう片方の手に地図（テクノロジー・ライフサイクルの図解）を携えて、いよいよ、オズの魔法の国へ向かう黄色いレンガ道を踏み出すとしよう。

第3章

ボウリング・レーン――「ニッチ」で連鎖反応を

トルネードに向かって進みつづける

『オズの魔法使い』の主人公ドロシーは、目的地のエメラルドシティーにたどり着くまでに、いくつもの摩訶不思議な土地を旅する。ハイテク企業もまさに同じ。キャズムを脱して、メインストリーム市場への足がかりを確保したあと、次に行き当たるのは――なんとボウリング・レーンだ。いやつまり、ボウリング場のレーンになぞらえるのがじつにふさわしい通過点なのだ。

ボウリング・レーンとは、テクノロジー・ライフサイクルの一時期をさし、新製品がメインストリーム市場のニッチには受け入れられているが、まだ広く一般には普及していない状態を言う。

この時期のマーケティングの目標は、ニッチからニッチへ、勢いを増しながらトルネードに向かって進みつづけることにある。ニッチそれぞれが、いわばボウリングのピンに相当する。一つを倒したはずみで、ほかのピンも倒せるかもしれない。本物のボウリングと同様、ピンを多く倒すほど、高い点数が得られる。そこで、この章では、一つのニッチ市場の余勢を駆って次のニッチに攻め込むマーケティング手法に焦点を当てていきたい。

しかし、そもそもなぜニッチ市場に力を入れるのか。なぜいきなりトルネードへ飛び込んではいけないのか。理由は二つある。

第一に、顧客の大半は、あなたが置き換えようとしている古いパラダイムをまだしばらく使うつもりだからだ。新しいパラダイムにも魅力を感じているかもしれないが、いますぐ移行したいとまでは思っていない。インフラを一新すると、間違いなく予想外のトラブルが生じるので、おおかたの顧客はつい及び腰になってしまう。

第二に、あなたの新製品が広く一般に通用するかどうか、まだ証明できていない。あなたは無事にキャズムを越えて、少なくとも一つのニッチ市場向けに、古いパラダイムに代わるホールプロダクトを完成させたわけだが、はたしてほかの市場にも有効なのか、実証してみせる必要がある。キャズムを越える際にニッチ市場をターゲットにしたのは、ひとまずシンプルな構成のホールプロダクトを仕上げるためだった。しかし、トルネード市場を意識して、汎用のホールプロダクトへ発展させていくためには、かなりの努力を積み重ねなければいけない。社内の資源を活用するのはもちろん、提携関係の深い企業とも浅い企業とも、従来以上に大きな規模で手を組んで、精巧かつ高機能なソリューションを開発すべきだ。

たとえば、ワング社がワードプロセッサを新発売した当時を考えてみよう。同社は各社と提携して、オフィス用ミニコンピュータをベースにしたシステムをつくりあげ、まず最初に、法律事務所、政府機関、コンサルティング会社など、大量の書類を作成するニッチな顧客の支持を得た。だが、一般企業のほとんどは、価格の高さに加え、専門のスタッフを雇い、トレーニングが必要になるといった問題から、導入を見送ってタイプライターを使いつづけた。

似たような経緯が、表計算ソフトにも当てはまる。初めのうちは、経理の専門家にしか受け入れられなかった。コンパックなどが出したポータブル・コンピュータも同様だ。最初のころのユーザーは、出先で技術デモンストレーションをする立場のセールススタッフやサポートスタッフにほぼ限られていた。ディジタル・イクイップメントのVAXシステムも、もともとはエンジニアリングの専門家だけが利用していたし、ポケットベルにしても、さしあたっては、おもに医師の緊急呼び出しに使われていた。

つまり、テクノロジー・ライフサイクルにおけるこの段階では、新しいパラダイムはまだ一般大衆には普及しないものの、ひとまず広く世間の目にさらされるかたちになる。これによって、メインストリーム市場に下地ができ、のちにトルネードのなかで超成長を遂げるときに役立つわけだ。とはいえ、ボウリング期そのものにもたいへんな実利がある。ニッチ市場は利益が見込めるうえ、リピート顧客が多いので、とくにベンチャー企業の場合、この時期に入ると、初めて資金繰りに余裕が生まれ、黒字経営を定着させたり、コスト削減を進めたりして、将来の事業拡大に備えることができるようになる。

この段階におけるニッチ市場は、複数の供給業者が共存できるほど規模が大きくないし、顧客側も、複数の業者と取引しようとは考えない。自分たちの用途に特化したソリューションを提供してくれる業者一社だけと手を結びたがる。したがって、あるマーケット・セグメントを掌握したければ、競合他社をすべて蹴散らし、圧倒的に優位なポジションを確保する必要がある。

とはいえ、そう難しくはない。ライフサイクルのこの段階に足を踏み入れている以上、革新的な素晴らしい製品を擁しているはずだ。あとはただ、強い購入動機を持つ顧客——何らかの切迫したニーズを抱えているものの、既存の製品に満足していない人々——が存在するセグメントを一つ選び、そこに集中的に力を注げばいい。相手の要望をすべて叶えるホールプロダクトをつくりあげれば、喜んで顧客になってくれる。

その数がある程度を超えると、「あそこの会社のアプローチは、新しくて素晴らしい」との噂が広まり、同じセグメント内の顧客が一つ残らず契約話を持ちかけてくる。と同時に、このクチコミ効果のおかげで、後発のライバルメーカーの参入を阻止することができる。このニッチ分野ではあなたの会社が「本家」だという地位が、半永久的に（少なくとも、次のパラダイム・シフトまでは）保証されるからだ。

実際、アップルのＤＴＰ（デスクトップ・パブリッシング）システムは、グラフィック・アート業界からそのような特別な信頼を得た。サン・マイクロシステムズ社とサイベース社がつくりあげた金融トレーダー向けのワークステーションは、ウォール街の関係者から強く支持され、タンデム・コンピュータ社は、銀行のＡＴＭ市場を独占した。また、シリコン・グラフィックス社のシステムは、映画業界で圧倒的なシェアを握った。

こういった密接な結びつきは、そう簡単には緩まない。どのケースも、最低一〇年は協力関係がつづくと期待できる（シリコンバレーの時間感覚では、一〇年といえば「永遠」に等しい）。実利主義者である顧客たちが、みずからの業界にふさわしいインフラとサポートを確保すべく、目的意識を持って順当な行動をとってくれるからだ。

早い話が、ボウリング・レーンに到達できれば、メインストリーム市場に足を踏み入れたことになる。あなたはすでに「本物」。あなたの製品は、ビジョナリーではなく「本物の顧客」によって認められたわけだ。熱心な固定客をつかんだからには、やすやすと潰れるはずがない。当面、順風満帆の日々がつづく。

とはいうものの、完全に地位を確立した一流企業と比べると、まだ立場が弱い。たとえばコンパック、インテル、ノベルの各社はそれぞれ、PC本体、マイクロプロセッサ、LANのマーケット・リーダーとして、すでに誰もが認める存在になっている。いまや、これら各社の製品が、マーケットを定義する。あなたにはまだその力がない。つまり、この段階でアップルが勝ちとったものは、DTPという一つのセグメントであって、PC市場全体ではない。タンデム社が得たのも、ATM分野のみにすぎず、フォールト・トレラント（耐故障性）コンピュータ市場ではない。シリコン・グラフィックス社にしても、エンターテインメント業界を掌握しただけで、まだ、3Dワークステーションのマーケットをまるごと支配できたわけではない。

のちのトルネード期には、製品カテゴリーそのものが評価基準になるのだが、ニッチ市場分野を狙い撃ちするボウリング期の場合、マーケットの主役は顧客であって、あなたではない。この点は、戦略を決めるうえで非常に重大な意味を持つ。マーケットにおける自分たちの影響力は、ゼロではないにしろ、ほんの弱いものにすぎないと、十分肝に銘じておくべきだ。

あなたはまだ一人前とは言えず、金銭上も立場上も、ニッチ市場の顧客の庇護のもとにある。勝手に独り立ちを焦ってはいけない。スポンサーになってくれる顧客がいるからこそ、特定のセグメントであなたの価値が証明されるわけだし、その顧客が取引しているほかのニッチ市場へ参入する機会も得られる。

さらに顧客は、いったん保護者になったからには、あなたをひいきする。他社製品のほうがやや優れている場合でも、あなたの製品をメインに使う。おかげであなたは、厳しい競争を逃れてひと息つくことができる。壮大な野望はまだ達成していないにしろ、テクノロジー・ライフサイクルのなかで初めて、末長く付き合える友や同胞を得たことになる。

マーケット・リーダーを狙う前に

では、顧客はなぜこれほど好意を示してくれるのか。それは、あなたを「マーケット・リーダー」と認めたうえで、実利主義者ならではの行動基準にもとづき、「リーダーと手を結ぶのが最も賢明」と判断したからだ。

実利主義者たちは、安定と秩序を重んじる。その土台に立って、システムをなだらかに進化させていきたいと望んでいる。もしリーダーが不在だと、基盤が弱く、どうしても不安定なマーケットになってしまう。

たとえば、本書の執筆時点では、オブジェクト指向データベースやデスクトップ・テレビ会議のマーケットにはリーダーが存在しない。だから当然、実利主義者たちは、どちらのマーケットにも投資したがらないが、関心そのものは持っている。IT(情報技術)部門を管理する実利主義者たちに尋ねてみれば、たいてい、この二つの分野の技術には注目していて、将来的には大々的に採用したい、と答えるだろう。しかし現時点では、明確なリーダーが存在しないため、標準規格もアーキテクチャもビジョンも不透明なままだ。ハイテク製品を購入する際、実利主義者はつねに長期的な展望に立って意思決定を下したいわけだが、マーケットにまだはっきりした指針がないとなると、そのような確実性はとうてい望めない。だから当面、様子見を決め込んでいる。動向を観察し、セミナーに行ったり、議論を交わしたりはするものの、採用は先送りする。

ところが、明らかなマーケット・リーダーが現れると、自由市場システムにおのずと秩序が生まれる。まず真っ先に、サードパーティ(周辺製品を手がけるメーカー)が反応を示す。彼らは、マーケット・リーダーの製品やインタフェースとの互換性、補完性を強く意識して、自社製品のラインアップの見直しに取りかかる。リーダーのおかげで、サードパーティに新たなマーケットが出現したからだ。

リーダーのプラットフォームを採用した顧客が、その後、互換性のあるサードパーティの製品やサービスを追加購入する可能性が出てくる。これらサードパーティの製品が売れるにつれて、マーケット・リーダーが定義したアーキテクチャはますます豊かになり、より完璧で価値あるホールプロダクトができあがっていく。顧客側にとってみれば、このインフラの厚みを活かし、ニーズの穴を埋める製品を購入して、初期投資の効果を何倍にも高めることができる。投資効果で顧客の売上げが増えると、このホールプロダクトの魅力がさらに増して、製品ファミリーの裾野《すその》は広がる一方となる。

こういった新しいマーケットの場合、同じ顧客が二番手以降のプラットフォームに並行して投資することは、まずありえない。同等の投資効果が望めないからだ。もちろん、いずれマーケットがトルネード期に突入すれば、投資に見合った見返りを期待できるので、顧客が二番手以降と手を組む可能性もある。もっとも、その時点でさえ、二番手に対しては二流の扱いにとどめるだろう。となると、得られるホールプロダクトも二流の製品にとどまってしまう。結局、実利主義者たちは、マーケット・リーダーから製品を購入しつづけ、なおかつリーダーを積極的に支援し、優遇しつづける。

実利主義者が支配するマーケットでは、リーダーが絶対的な優位を得て、競合他社を寄せつけない。したがって、リーダーには割高な価格設定が許される。製品に多少の不具合があっても問題ない。かつてインテルのペンティアムは、バグが発覚しながらも、バグのないネクスジェン社のクローン・チップに比べて三三パーセントも高い価格のままだった。しかも、インテルのようなマーケット・リーダーは最大の出荷量を誇るから、製造単価を低く抑えられる。高価格、低コストとなれば、当然マージンが大きい。

有利な点はまだまだある。実利主義にもとづく顧客は進んでマーケット・リーダーの製品を購入してくれるので、リーダーになった企業は、営業努力にさほどコストをかける必要がない。この図式を打ち砕くためには、競合他社は、リーダーよりも熱心かつ長期的に売り込みをつづけなければいけない。

また、マーケット・リーダーは、サードパーティからも当然のごとくサポートを得ることができる。経費を使って歓心を買うまでもない。それどころか料金を徴収する場合も多い。たとえばオラクルは、データベース製品の移植を手がけるサードパーティ業者に対し、ライセンス料を課している。二番手以降の企業となると、そんなおいしい話にはありつけない。むしろ、サードパーティ業者に金を払って、サポートをお願いする立場だ。

このように、マーケット・リーダーの優位性はひたすら高まっていく。製品の流通や宣伝、スタッフの拡充、顧客へのアクセスなど、ありとあらゆる点において、効果面でもコスト面でも、マーケット・リーダーは競合他社を圧倒するのだ。

このメカニズムさえ理解できれば、マーケット・リーダーになることが至上命題だとわかるだろう。もちろん、最大の目標は、トルネード期にマーケット・リーダーの地位に収まることだが、現段階でそれを狙うのは早すぎる。マーケットがまだ熟していない。古いパラダイムにさんざん投資した顧客は、まだしばらく足を抜くわけにいかない。ここであわてて正面攻撃をかけても、資源を浪費するだけで、やがて来る本当のチャンスを逃しかねない。だから、いまの時点ではニッチ市場の獲得に専念すべきだ。

ニッチ市場には、古いパラダイムと折り合いがつかず、力を発揮できなかった顧客がひしめいている。各社とも「ビジネスを再構築して、競争力を上げなければ」と打開策を模索している。だから、新しいパラダイムに乗り換える可能性がきわめて高い。ここなら、あなたはすぐにも成果を出すことができ、同時に、次なるトルネード期に向けて戦略的な優位を確保することができる。

有利なポジションを活かす

ここで、ピープルソフト社を例に取ろう。

クライアント・サーバー・ソフトウェアを手がける同社は、当初、人事管理システムというニッチ市場から業界に参入した。もちろん、ゆくゆくもっと広い市場分野――財務、取引業務、生産管理などのメインストリーム・ビジネスアプリケーション――で成功してこそ、大きな利益が得られるのだとわかっていたが、マーケットの信頼を得るまでにはしばらく時間がかかるし、「ミッション・クリティカルな（障害その他による中断を許されない基幹業務の）システム」が新たなパラダイムへ移行するのはまだ当分先だろうと考えた。それに比べ、ひとまず人事管理システムを入れ替える程度なら、顧客にとってのリスクはごく小さい。

また、同社の過去の経験に照らすと、人事の業務はデジタル化の波から取り残され、システムを再構築する必要に迫られていた。現状に不満を抱える人事担当者たちは、新しい提案を受け入れる態勢にあった。しかも、社を統括するＩＴ部門が、できるだけ安全なかたちでクライアント・サーバー・システムを試してみたいと検討中――とピープルソフトにとっては格好の条件がそろっていた。

このニッチ市場に狙いを定めた同社は、たちまち人事管理向けクライアント・サーバー・システムのマーケット・リーダーの座をつかみ取り、五〇パーセント以上の市場シェアを得た。

ニッチな顧客のニーズを十分踏まえて開発したので、当初からやや強気の価格設定が可能だった。

おかげで高いマージンが得られ、さらなる製品の開発やマーケットでの地位固めに投資することができた。また、試験的にクライアント・サーバー・システムを導入しようという大企業が、相次いでこの人事管理システムを採用したため、販売実績は驚くほどの急成長をみせた。おまけに、「クライアント・サーバー・システムを企業ユーザーに初めて浸透させた会社」として、クライアント・サーバー市場全体のマーケット・リーダーと評価されることになり、企業規模に不相応なほど高い知名度を獲得できた。まさに願ったり叶ったりだった。この強みを武器に、同社は、財務、生産管理などの基幹業務にまでクライアント・サーバー・システムの幅を広げていった。

しかし、こうした大規模なマーケットでは、ピープルソフトは弱小企業にすぎない。オラクルは、財務管理用のアプリケーションをいち早く発売ずみのうえ、クライアント・サーバー環境で使えるデータベース製品がナンバーワンの人気を誇っている。ドイツに本社を置くSAP社も、すさまじい勢いで米国市場を席巻し、一九九四年の時点で業界シェア三四パーセント、オラクルと同様、一〇億ドル企業だ。SAP社のクライアント・サーバー事業の売上げは、一九九三年に一億四〇〇〇万ドルだったのが、翌年には三億六七〇〇万ドルと、トルネード並みの二六二パーセントという成長率を記録した。

とくに有利な要因もないまま真っ向勝負を挑んだ場合、ピープルソフトに勝ち目はなさそうに思える。売上げがやっと一億ドルを突破した程度の企業が、資金も流通チャネルも圧倒的にまさるライバル他社と衝突したら、ひとたまりもないのではないか――ところが、違う。ピープルソフトがマーケットから締め出されるはずはないのだ。

同社は、人事管理向けクライアント・サーバー・システムのマーケットで絶対的リーダーの地位を築いたおかげで、より大きなクライアント・サーバー市場分野にも、誰にも邪魔されず、いつでも手を伸ばすことができる。というのも、まずたいていの企業ユーザーは人事管理と財務のどちらも重んじているので、最終的にはどんな決定を下すにせよ、ピープルソフトから何か提案があれば、熱心に耳を傾けるからだ。これこそ、マーケット・リーダーならではの特権だ。ピープルソフトはこのあと、ごく少数の顧客を巧みに選びだせばよい。人事管理と財務の業務処理を統合すべき顧客、しかも人事管理に関して高度な機能をほしがっている顧客を厳選して、そこに力を注ぎ込むのだ。

このように有利なポジションを活用することは、あらゆるマーケティング戦略のかなめである。ここで注目してほしいのは、あるニッチ市場におけるリーダーシップが、堅牢な砦の役割を果たし、さらに広い市場へ進出する際、とてつもなく大きな長所になりうるという点だ。一つのニッチにとどまるのではなく、成功を次に活かして、あらたなニッチを狙う。つまり、次のボウリング・ピンを倒す。やがて最終的には「ストライク」を出し、トルネードを巻き起こす。

では次に、ボウリング期のもう少し先に当たる実例を取りあげてみよう。ロータス・デベロップメント社の「ノーツ」だ。*

ニッチ市場に連鎖反応を起こす

ノーツは、近年まれにみる素晴らしいマーケティングの産物だ。ひと言では説明しがたい製品だけに、ロータス社はいまだ、どういったカテゴリーに分類すべきか苦慮している。当初しばらくは「グループウェア」なる用語で定義づけしようと努力していたが、皮肉なことに状況が逆転して、現在では、ノーツそのものが、グループウェアとは何かを定義するかたちになっている。

レイ・オジーという人物が開発したこのノーツは、情報共有のあり方を根本から一新し、データベース管理の常識を覆した。従来、データベースの最も重要な機能は、同じデータを含むファイルが増殖しないように、情報を一カ所に統合することだった。まとめた情報は、一つのデータベース管理ソフトウェアによって更新され、制御される。ところがノーツは、まったく逆だ。

ノーツは一定の時間ごとに、リンクされたサーバーをすべて自動的に照合し、「ほかのサーバーにあって、このサーバーにない情報は?」と調べて、おたがいにデータをすばやく補完し合う。データが増殖するどころか、勝手に「転移」するのだ。データの一元管理からはかけ離れた方式だが、情報の共有という面では素晴らしい。ノーツ・サーバーで結ばれたメンバーは、全員もれなく同じ内容の情報を持っていることになる。新しいデータをいちいち電子メールでほかの人々に送るといった手間がいらない。

この技術は「リプリケーション」と呼ばれ、データベース・ソフトの画期的新機能として人気を博し、オラクルやサイベース社のデータベース製品に採用されたほか、マイクロソフトも新たに「エクスチェンジ」という製品を投入して対抗策を打ちだした。企業の規模や顧客層の広さでは、こう

＊ハイテク業界におけるめまぐるしい変化のなか、本書のゲラが出てから刊行されるまでのあいだに、ロータス社はIBMに買収された。

した競合他社のほうが上回るものの、ノーツはすでに圧倒的にリードしているので、後発製品にマーケット・リーダーの座を奪われることはまずありえないだろう。

さて、しかしわれわれがいま注目したいのは、ロータス社がどうやってこの好位置を獲得したかだ。

発表当初、「企業全体のコミュニケーションを円滑にする新しいパラダイム」という触れ込みだったノーツは、まだベータバージョンを脱していなかったにもかかわらず、プライスウォーターハウス社の幹部シェルドン・ラウベが一万本のライセンスを購入するなど、またたく間に、多くのビジョナリーから支持を得た。ところがその後、キャズムにはまって失速した。「新しいパラダイムとして期待できる」「動向を注目すべき」とみなされたものの、性質を表現しにくい製品だけに、注意深い実利主義者たちは、簡単には採用しようとしなかったのだ。しかも、従来とはまったく異なるインフラを大々的に導入しなければいけなかったため、できれば避けたいという反応が大勢を占めた。

このキャズムを越えるため、ロータス社は初期の方針を改め、特定の業務分野にターゲットを絞ることにした。まず目をつけたのが、グローバルな会計管理業務だった。

前記のとおり、同分野の大手であるプライスウォーターハウス社とすでに契約を結んでいたので、その経験を活かして、世界各国に顧客を持つ会計事務所やコンサルティング会社に売り込みを開始した。こうした会社は、「フォーチュン五〇〇」に名を連ねる優良企業を顧客に抱え、熾烈な駆け引きの真っ只中にある。まさにノーツを購入するにふさわしい状況だ。ノーツを導入すれば、大がかりなプロジェクトや企画を顧客ごとに調整できる。厳しい競争環境のもとでは、誰が誰に何を言ったのか、最新の進行状況を把握しているか否かが、成否の分かれ目になりかねない。

ロータス社のもくろみどおり、まもなくエンド・ユーザーのあいだでノーツの人気が高まりはじめた。さいわいこのケースでは、ノーツだけでほぼ完全なホールプロダクトができあがっている。ハイテク業界の場合、電子メールがすでに普及していたので、各社の営業部門はたちまち、グローバルな顧客管理が可能になった。やがて社内のほかの部署でも、顧客とのコミュニケーションが課題になってきた。顧客管理では、最新の出来事にまつわる情報をすばやく掌握できているかどうかが、業務上きわめて重要になる。ノーツのようにオープンで自由な情報交換ツールを持っていると、思いがけず（誰が提案したわけでもなく）連携が生まれ、創造的な問題解決方法が浮かび上がることがある。

こうして部署単位でニッチなニーズを取り込んでいくうち、次々に別の部署がノーツの輪に仲間入りしはじめた。ロータス社は急に、いままでとはまるで違う立場から、顧客の奥深くまで浸透できるようになったのである。

と同時に、別の方面でもマーケットのいわば「接触感染」が起こった。そもそもの起点となったのは、大手会計管理会社の営業部門だった。ここの顧客が、営業部で稼働中のノーツに触れて、便利さを肌で実感したことから、プロジェクトが完了して会計管理会社がノーツを引き揚げようとしたとき、「このまま使いつづけたい」と言い出したのだ。地理的に広い範囲にまたがるプロジェクト・チームが協調作業をするうえで、もはやノーツが必要不可欠となっていたのである。とりわけ、研究開発や新製品発売に関連するプロジェクトに有効だった。

こうして組織内のさまざまな部署が、内外との連携にノーツを活用しはじめると、全社的に統合すべきではないかという案が現実味を帯びてきた。効率のいいコミュニケーションこそが、長年求めつづけてきた理想ではないのか、と。

そして、ノーツはテクノロジー・ライフサイクルのトルネード期に突入した。事実、「ロータスフェア」(ロータス社がサードパーティの関係者を集めて開催するカンファレンス)の参加者数は年々倍増し、「将来的に大きな利益につながるはず」と多くの企業が期待を寄せた。

振り返ると、事の起こりはニッチ市場の連鎖反応だった。このあと図解するように、ボウリングのピンが次々に倒れていったのだ。

一番ピンに全力を集中する

ボウリング期にめざすべきはニッチ市場の拡大だが、その際、ピンが倒れる勢いを利用してトルネードへ向かっていけるようアプローチすべきだ。すなわち、新しいパラダイムを普及させるためには、それぞれのニッチに適合したホールプロダクトを一〇〇パーセント完成させる必要がある。また、「隣のニッチ」――クチコミを通じてすでに交流のある関連分野――が、いち早く使いはじめて好意的な感想を伝えてくれれば、次のニッチを攻略しやすくなる。営業しやすいニッチをただ無計画に選んでいては、次につながる効果を期待できない。

ホールプロダクトは、その都度、ゼロからつくりあげるべきで、ほかの顧客の前例が参考になる

ボウリング式の市場展開

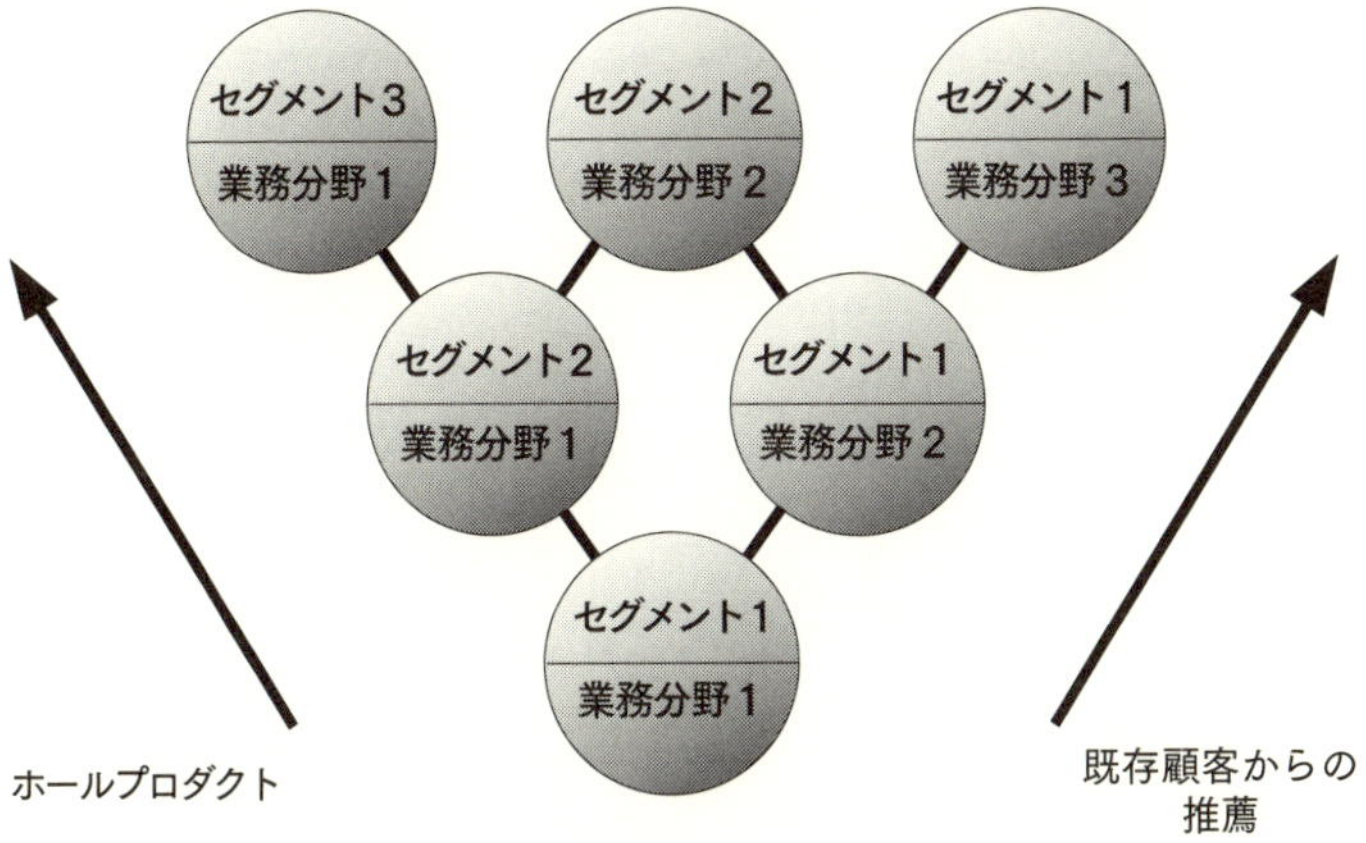

とはかぎらない。正しい原則にもとづいてマーケティング戦略を形成すれば、上図のようなことが起こる。

一番ピンに相当するのが、初めに標的とするニッチ市場だ。キャズムを越えるための足がかりとして、まずはここに全力を集中する。そのほかのピンはすべて、一番ピンから「必然的なつながり」で結びついている。この点について、具体的な例をみてみよう。

ボウリング・モデルにもとづく事業拡大

アップルの「マッキントッシュ」の場合、「セグメント1」に相当するのは、企業内のグラフィック・アーティスト、「業務分野1」は、DTP(デスクトップ・パブリッシング)だった。この成功で得た二つの強みを利用し、引きつづき関連する他のセグメントへ進出していった。

第一の強みは、顧客相互の連鎖反応だ。グラフィック・アーティストの市場内部では、アルダス社の「ページメーカー」を中心にＤＴＰが発展する一方、その周辺分野でも各種のアプリケーションが進化を遂げはじめた。

たとえばデスクトップ・プレゼンテーションの分野では、アップルの「マックドロー」を皮切りに、アルダス社の「パースエージョン」、マイクロソフトの「パワーポイント」が人気を集め、つづいて、ファイル共有や電子メールのアプリケーションが普及した。

このように利用の幅が滑らかに広がっていった背景には、このセグメントの顧客がすでにＤＴＰでマッキントッシュに慣れていたという事情がある。また、同僚らが使う様子を眺めたり、試しに使わせてもらったりでき、困ったときには身のまわりの誰かに知恵を借りることができた。

これと並行して、第二の強みが作用し、さらなる市場を切りひらいた。すでにあるホールプロダクトをもとに、別のホールプロダクトへ発展させていったのだ。

ＤＴＰは、企業内のグラフィック・アーティストには十分な機能を持っていたものの、広告業界や出版業界が求めるレベルの印刷物を作成するためには、いっそうの機能強化が必要だった。そこで、ユーザーから求められる高度な機能を実現していくうちにホールプロダクトが変異を起こし、色分解や印刷前工程に特化したものに進化して、専門の印刷業者の実用に耐える域にまで達したのだ。「変異」とはいえ、あくまで既存のホールプロダクトの延長線上にあったうえ、サードパーティとの関係もすでに確立ずみだったから、きわめて急速な成長を遂げることができた。

こうした流れを考えてみると、アップルは、意図的にボウリング・モデルを攻略したというより、やや予想外の展開に流されつつも、マーケティング上の提携各社や賢明な経営判断によって成功し

ボウリング・モデルの攻略例

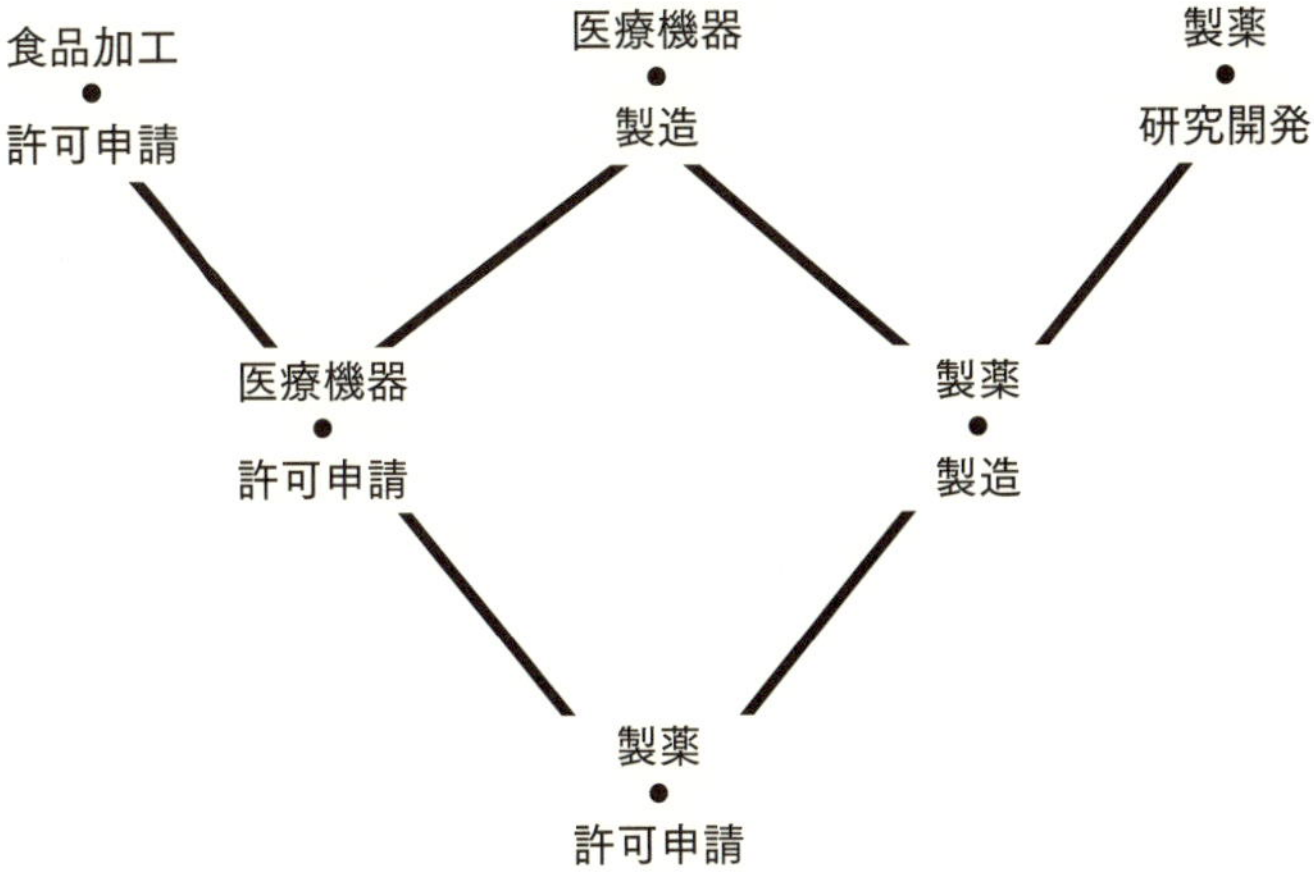

たとみるべきだろう。しかし、われわれとしては、明確な戦略にもとづいて同じような軌跡をたどりたい。そこで、ふたたびドキュメンタム社を例に挙げよう。

前述のとおり、同社は「セグメント＝製薬業界、業務分野＝CANDA」に全力を傾けて、キャズムを乗り越えた。その先の進み方としては、たとえば上図のようなボウリング・モデルが考えられる。

この図のコンセプトは、「最初の足がかりをつくる過程で得た強みを武器にする」という点に尽きる。したがって、製薬業界の許可申請のマーケット・リーダーとなり、高度な文書管理システムを普及させることに成功したら、今度は、そのシステムを社内のほかの業務にも役立てられるように機能を拡張していけばいい。

製薬会社の場合、製造面では、薬品をロット単位で管理しなければならないし、研究開発面では、他の業界よりはるかに膨大な量の文献を調べる必要がある。そうしたニーズに対処するためには、追加投資して新たなホールプロダクトをつくる手間がかかるわけだが、かねて完成ずみのインフラを土台として活かすことができる。

一方で、米国食品医薬品局から製薬会社と似たような許可申請を義務づけられている他の業界——医療機器業界、食品加工業界など——へ進出していく道もある。業務分野が同じだから、こちらは、初めのホールプロダクトをほぼそのまま流用できるだろう。とはいえもちろん、修正は欠かせない。「一番ピン」に比べて顧客側の購入動機が弱いぶん、とくに業務の簡略化やコストの削減といった部分でアピールできる要素が必要だ。それでも、既存のホールプロダクトを下敷きにできるので、研究開発費は低く抑えられる。

ハイテク業界向けの場合、ホールプロダクトをまったくのゼロからつくりあげるには膨大な費用と時間がかかるため、過去の資産を活かす戦略が不可欠だ。もし「一番ピン」から先へ進めなかったら、キャズムを越えるのに要した投資額を回収しきれるかどうか怪しい。だが、同じ投資額であっても、ある程度の追加開発をおこない、ニッチ市場をさらにいくつか掌中に収めれば、きわめて高い収益が見込める。だからこそ、ボウリング・モデルを意識して攻略すべきなのだ。

ボウリング・モデルにもとづいて事業拡大していけば、手持ちのホールプロダクトの転用可能な事業分野が次々に見つかり、新規開拓がつづくあいだ、無敵に近いほどの強さを誇ることができる。いったんある分野でマーケット・リーダーになると、そのアーキテクチャを核に、さまざまな標準規格が決まって、サードパーティの支持が増え、ホールプロダクト全体に大きな付加価値がつく。

ライバル会社があとから肩を並べるのは非常に難しい。しかし逆に、従来資産をまるきり活かさずに新しい市場へ参入しようとする企業は、ことのほか立場が弱い。ありがちなのは、絶対的な優位に慣れきった大企業が、新たな場ではふだんの優位性を持っていないことを忘れているケースだ。

ボウリング期の成功例と失敗例

サン・マイクロシステムズ社は、プロプライエタリ・システム（特定のメーカーの製品のみで構成されるシステム）からオープン・システム（各社の製品を組み合わせて構築されたシステム）へパラダイム・シフトを引き起こして、初期市場で華々しいスタートを切った。

この驚くべきパラダイム・シフトの生みの親は、「テクノロジー・マニア」である主任技術者ビル・ジョイと、「ビジョナリー」の最高経営責任者スコット・マクネリだ。同社が掲げた旗印のもと、UNIXコミュニティが誕生した。だが、「実利主義者」は誰一人近寄ろうとしなかった。

そこで、メインストリーム市場への進出をめざして、サンはまず、CASE（コンピュータ支援ソフトウェア・エンジニアリング）、CAD（コンピュータ支援設計）、理工学系出版をはじめ、数多くのニッチ市場に挑んだ。各分野のパブリック・ドメイン・ソフトウェア（著作権を放棄したソフトウェア）を活用しながら、矢継ぎ早にホールプロダクトをつくりあげた。その後、ECAD（半導体やシステム設計に特化した、エレクトロニクス業界向けのCAD）、科学技術コンピューティング（科学研究における分子モデリングその他）、GIS（地理情報システム）などにも手を広げて、すべての分野で大成功を収めた。

こうしてサンが快進撃をつづけるなかで、ボウリングのピンがぶつかり合いはじめ、いくつものニッチからなるバーティカル（垂直型）マーケットが、「エンジニアリング・ワークステーション」というホリゾンタル（水平型）マーケットに変化していった。すなわち、サン独自の「製品カテゴリー」にすぎなかったものが、れっきとした一つの「市場カテゴリー」として認知されるようになったのだ。もはやワークステーションは、既存のマーケットに付随する存在ではなく、独自のマーケットとして脱皮した。

次章で詳述するとおり、これはトルネードの重要な前兆だ。この前兆が現れた時点で市場シェアのトップに立つ企業が、新たな市場のマーケット・リーダーに決定する。エンジニアリング・ワークステーションに関していえば、サンが破竹の勢いをみせる何年も前から、アポロ・コンピュータ社が「製品カテゴリー」として持っていた。にもかかわらず、これが「市場カテゴリー」と認知された時点では、サンがシェア第一位を占めていたため、マーケット・リーダーとして数々の利益を享受したのは、アポロではなくサンだった。

さて、ここまでのところ、サンとマーケットは持ちつ持たれつの良好な関係を続けていた。しかし、その後の展開で、サンのもろさが露呈する。

一九九〇年代、商用ＵＮＩＸサーバーが強力なマーケットを築いたにもかかわらず、サンは、製造面でも販売面でも、あくまでデスクトップ製品に主軸を置こうとしたため、競争力が伸び悩んでしまったのだ。

エンジニアリング向けのデスクトップ市場では、初期に人気を集めていたシークエント・コンピユータ社やピラミッド・テクノロジー社が競争から振り落とされて、ヒューレット・パッカード（HP）が首位に就き、IBM、DEC、AT&Tといった巨大企業が追撃するかたちになった。

サンは、規模や強さのわりに、予想外の大苦戦だった。ワークステーションのパラダイムを拡張してIBM・PC互換機の急成長を阻もうとしたものの、インテル＝マイクロソフト連合が驚異的な速さで価格対性能比を上げつづけたせいで、もくろみどおりには事が運ばなかった。やがてデスクトップ・ワークステーションは数社の寡占状態となり、サンの牙城だったエンジニアリング向け市場を浸食しはじめた。

いったい何がまずかったのか。一つの原因は、ボウリング期を終えていざトルネード、すなわちエンジニアリング向けUNIXへ飛び込むとき、広く一般の需要に応えようとするあまり、ニッチ市場を攻略した際のきめ細かい個別対応を忘れてしまったことにある。当初は問題なかったが、慣れた縄張りから足を踏み出す段階で、初めのトルネード戦略をそのまま拡張して、商用サーバーや商用デスクトップという新しい領域まですべてカバーしようとした。そのせいでつまずいたのだ。

商用サーバーや商用デスクトップの分野では、サンはホールプロダクトを完成していなかったし、マーケット・リーダーの地位も持っていなかった。サーバーに関していえば、製品面ではレガシー・システムとの統合が図られておらず、サービス面では、大口顧客に対応できるだけの営業力、サポート力が欠けていた。またデスクトップに関しては、MS－DOSやウィンドウズ向けのアプリケーションという従来資産を活かす工夫が不十分だった。

もちろんサンは、問題点の解決に向けて懸命な努力を重ねた。たとえば、ウィンドウズをエミュレートするソフトウェアを独自開発したほか、インシグニア社のエミュレーション・ソフト「ソフトPC」なども積極的にサポートした。けれども、「フォーチュン五〇〇」に名を連ねる優良企業のIT担当者たちは、過去、エミュレーション環境に手を出して痛い目に遭った経験があり、その二の舞を恐れた。

こうした結果、サンは、市場における位置づけや将来戦略を全面的に見直すはめになった。同社にかぎらず、いままで覇権を握っていた分野とは異なる市場へ進出する場合、ボウリング期には、次の二つの原則を念頭に置かなければいけない。

ボウリング期の第一の原則

ボウリング期の第一の原則は、「参入コストが現時点での売上高を超えるようなら、そのセグメントへの参入は見送るべき」ということだ。もっとわかりやすく表現するなら、「身のほどを知れ」。理由を説明しよう。

トルネードを見すえつつ、ボウリング期にめざすべきいちばん肝心な点は、できるかぎり多くのニッチ市場に自社のアーキテクチャを標準規格として普及させ、マーケット・リーダーの立場を固めておくことにある。この時期は、大統領選にたとえるなら、予備選挙の段階だ。一つひとつのニッチ市場が、あなたを推す選挙人に相当する。あなたのホールプロダクトの有用性を証明し、一票投じてくれる。やがてトルネード市場で大統領候補として指名を受ける——つまりマーケット・リーダーに選ばれるように、いまのうちにおおぜいの支持を集めておく必要がある。

選挙戦の場合、アラスカやハワイといった州よりも、カリフォルニアやニューヨークのような大票田を制覇できればそれに越したことはないが、「一位総取り」だから、一つでも多くの州で一位を確保できると非常に有利になり、すべての州で二位や三位につけたところであまり意味がない。

マーケット・リーダーについても同じだ。ボウリング期の予備選挙で票を集めるには、どこか特定のセグメントではっきりと支配権を確立しなければいけない。マーケットが細分化されたままだったり、同じくらい力を持つ競合他社が存在したりすると、何の成果も得られない。いや、成果はいろいろあるとしても、トルネード到達に役立つ要素は皆無だ。

過去一年から一年半のあいだ、四〇パーセント以上のシェアを占めつづけることができれば、そのセグメントを支配しているといっていいだろう。この程度の成功を収めていると——第二位のライバルと十分に大きな差がついているなら——あなたの会社（製品）がマーケット・リーダーだとクチコミで噂が広がりはじめる。そうなれば、以後一年の売上げの伸びが五〇パーセントを優に上回るといった、地滑り的な勝利を期待できる。実利主義者は、とかく、ほかの実利主義者たちが買ったのと同じものを買いたがるからだ。

したがって、あなたの目標は、これからの一年間に特定のセグメントで四〇パーセント以上のシェアを握ることにある。となると、戦略に多少の制約が出てくるだろう。よその企業が好調を維持し、マーケット・リーダーの地位を固めているようなセグメントは、短期間で奪い取れるはずがない。だから、現時点ではないがしろにされているセグメントを探す必要がある。「他社がさほど重点的に投資していない」「有効なソリューションがまだ存在しない」、しかし「優れた製品が現れさえすれば出費をいとわない潜在顧客がいる」といった条件を満たすセグメントを探し出すわけだ。

つまり、狙うべきボウリング・ピンを選ぶ基準は、次の二つ。

①購入動機に満ちたセグメントであること。

②現在、競合他社によって占有されていないセグメントであること。

この二点をクリアしていれば、あとは思いのままになる。

ところで、あなたはどれくらいの大きさのセグメントまで対応できるのか。

答えを出す前に、まず、あなたの会社のビジネスプランを検討してほしい。今後一年間でどれだけの総売上げをめざしているだろうか。計算しやすいように、一〇〇〇万ドルと仮定しよう。次に答えるべき質問は、この一〇〇〇万ドルのうち、ターゲットに決めたセグメントからどれくらいの割合の金額を見込めるかだ。一〇〇パーセントということはまずありえない（たった一つの専門アプリケーションに特化した会社なら話は別だが、もしそうだとすると、トルネードへすぐにも飛び込みたがっている会社ではないだろう）。

そこで、営業スタッフにはっぱをかけて、マーケティングにも力を入れ、ターゲット・セグメントから売上げの六〇パーセントを得る予定としてみる。すなわち六〇〇万ドル。これが四〇パーセントのシェアに相当する市場の規模は一五〇〇万ドルだ。年間規模の見通しが一五〇〇万ドル以内のセグメントならば、あなたがマーケット・リーダーにのし上がれる可能性は十分にある。

ここまでが、最初に狙うセグメントの条件だ。首尾よくこの「一番ピン」を倒せたとして、さて、次はどのくらいの規模のセグメントを標的にすべきなのか。引きつづき第一のニッチについても取り組みを強化しなければいけないから、第二のターゲットに割くことができる資源は、第一のときより少ない。よって、おおまかな心得はこうなる。「いまよりも大きなセグメントには手を出すな。身のほどを知れ」

ボウリング期で初めのうち好調だった企業が、ここで重大な戦略ミスを犯すケースが目立つ。「一番ピン」での成功に気をよくして、「二番ピン」を倒すうえで必要な資源を見くびりすぎ、攻略に十分な投資をしない。結果的に、新たなカテゴリーの製品需要を創出するまではいくが、ニーズを満たしきれず、せっかく開拓したマーケットに競合他社を招き入れてしまう。

けれどもたいてい、その競合他社もやはり、事情をつかめていないため、同じ状況にはまり込む。追いついてくるライバルがいないと見ると、つい、「よそも伸び悩んでいるようだし……」と、みずからの欠点に気づかないまま、三番、四番のピンにまで手を広げ、ますます危険な状態に陥りかねない。しかし本来は、重大なリスクを犯していることに早く気づくべきなのだ。まともな考えなしに、軽い気持ちで新しいセグメントに進出してはならない。

もっと安全な策としては（ビジネスに絶対的な安全など存在しないだろうが）、新しいセグメントに挑戦する場合、多めに投資して、マーケット・リーダーまで一気にのぼりつめ、リーダーの座に就いたらできるだけ早く次のセグメントに資源を向けるのがよい。ただしこの際、難しい課題がある。卓越したホールプロダクトをすみやかにつくりあげて、カスタマイズ作業にずるずると縛られないようにすることだ。さもないと、資源を自由に次へ回すことができなくなる。

以上のように、ボウリング期に狙うセグメントを選ぶときには、あなたの戦略目標に照らして、手に負えるだけの規模であるかを見きわめることが重要だ。大きすぎては具合が悪い。もちろん、大規模なセグメントの顧客に製品を売ってもかまわないが、その市場分野ではマーケット・リーダーになれないとあらかじめ自覚しておく必要がある。売れたら運がいいととらえるべきで、「これを土台に、マーケット・リーダーをめざそう」などともくろむのは甘すぎる。

ボウリング期の第二の原則

ボウリング・レーン戦略におけるもう一つの大原則は、IT責任者ではなくエンド・ユーザーに焦点を当てることだ。いわゆる「エコノミック・バイヤー」（あなたの製品を導入したときの損得をじかに判断する、エンド・ユーザー・グループのなかの現場責任者）に狙いを定めるといい。逆にいえば、IT部門の責任者をはじめとする技術専門家（社内のインフラの構築やメインテナンスを受けもっている人々）の支持を取りつけようと努力すべきではない。いったいなぜか。

そもそもボウリング期には、周囲がまだ採用していないような新しいパラダイムをいち早く導入してもらうべく、相手を説得することになる。しかし、これはIT部門からみれば迷惑な話だ。手間暇かけてシステムを入れ替えなければならず、おまけに、基幹業務をよけいなリスクにさらしてしまう恐れがある。もうしばらく既存のシステムを使いつづけて、未知の新製品はごく小規模に試してみたほうが、はるかに得策だ。そうすれば、混乱を避けつつ、将来に向けて移行の準備ができる。だから、あなたが現段階でIT責任者に売り込むのは賢明ではない。

交渉の相手は、企業内のエンド・ユーザー、とくにエコノミック・バイヤーがふさわしい。あなたの製品を使ってくれそうな、従来のシステムに不満を抱えているエンド・ユーザーたちのグループの責任者がエコノミック・バイヤーだ。その交渉の手順は以下のとおり。

- あなたの画期的な製品を使うと、これまで頭痛の種だった問題点を解消でき、むだなコストを抑えられる、と長所を説明する。
- その問題点が、現行のITインフラのパラダイムに根ざしているという事実を指摘して、先方の関心を引く。
- あなたの新しいパラダイムなら、エンド・ユーザーの業務の流れを効率化して、問題点の元凶を取り除き、すぐにも事態を改善させられる、とたたみかける。
- また、先方の業務の必要条件を十分に検討したことを強調し、問題点を魔法のように解消する中核的な製品ばかりか、ホールプロダクトまで用意してある、と伝える。
- このホールプロダクトの特長をあますところなく系統立てて紹介し、先方のビジネスを深く理解していることを実証してみせて、実利主義者の抵抗感を取り除く。

エコノミック・バイヤーではなく、もしIT責任者が相手でも、説明の順序や内容は変わらない。間違いなく、納得し感心してくれるだろう。ただ、前記のとおり、IT責任者にとっては得にならないため、導入は渋るはず。交渉相手としてはふさわしくない。

やや意外なことに、エコノミック・バイヤーの部下であるエンド・ユーザーにとっても、新しいパラダイムの採用は必ずしも得ではない。既存のパラダイムのほうが慣れているし、無難だ。短期的にみれば、新製品の使い方を覚えるには時間がかかり、かえって効率が落ちる。したがって、エンド・ユーザーも導入に反対するかもしれない。客観的に判断を下せるのはエコノミック・バイヤーだけなのだ。エコノミック・バイヤーは、現行システムのコストをつねに把握しなければいけない立場にあり、経費節減の必要が身に染みているので、この時点では最も頼りになる。

ボウリング期にバーティカル（垂直型）マーケティングが成功し、ホリゾンタル（水平型）マーケティングが失敗する理由も、このあたりにある。テクノロジー関連の製品をホリゾンタルに――つまり、全社規模で導入できるインフラとして――売り込もうとすると、どうしても専門用語を多く使うことになる。ひととおり説明を聞いた顧客側は、「このたぐいにいちばん詳しいのはIT部門だろう」と判断して、IT部門に決定権をゆだねてしまう。たしかにIT部門の担当範囲なのだが、先ほどから述べているとおり、ボウリング期の場合、IT部門に働きかけては分が悪い。一方、バーティカルに――すなわち、ある業界の特定の業務に関して、コストを節約できる製品として――売り込めば、その業務にまつわる用語だけで製品の特長を表現できるから、業務の責任者であるエコノミック・バイヤーが購入決定権を握る運びになって、こちらとしては都合がいい。

この原則に照らしてみると、ロータス社が「ノーツ」という革新的な製品で成功したのに対し、ヒューレット・パッカードの「ニューウェーブ」やネクスト社の「ネクストステップ」といった同じくらい革新的な製品は成功を収めていないのはなぜか、理解できるだろう。

五年ほどのあいだを空けて登場したニューウェーブとネクストステップは、当時としては驚くべき未来派テクノロジーだった。けれども、本書執筆の時点で、ニューウェーブはすでに消え去っているし、ネクストステップは普及が進まず、ノーツの人気の足もとにも及ばない。私に言わせれば、どちらの製品も、ホリゾンタル・マーケティングに頼ったせいだ。両製品を生んだ会社が、ともに稀代のビジョナリー——ヒューレット・パッカードはボブ・フランケンバーグ、ネクスト社はスティーブ・ジョブズ——によって率いられていることが、色濃く影を落としていると思う。

カリスマ的なビジョナリーは、企業規模の大がかりなパラダイム・シフトを引き起こす力に恵まれているので、初期市場ではめざましい成果を上げ、熱い支持を得る。カリスマが口にするテクノロジー専門用語が、テクノロジー・マニアやほかのビジョナリーのあいだで伝播する。ところが、つい先ほど説明したとおり、IT専門家を感化するようなアプローチは、キャズムを越えてボウリング期に入る段階にはそぐわない。ターゲットにしたい現場責任者ではなく、実利主義者であるITスタッフたちが導入の可否を決めてしまう。

では、ビジョナリーがもっと実利主義者を意識してトーンダウンすればどうか。たしかにそれは可能だが、壮大な構想にあふれるビジョナリーは、結局、一つのニッチ市場に特化するというこぢんまりした戦略を貫くことができない。彼らの目には、「まるで、大仕掛けの連番システムを用意しておきながら、まず〝1〟しか番号を振らず、その後も飛び飛びに一つずつ番号を使うようなもの」と映って、理不尽としか感じられないわけだ。

しかしもちろん、理不尽ではない。もしあなたが、こつこつとタイヤの在庫数をかぞえる自動車修理工だったら、馬の蹄鉄をつくる鍛冶屋だったら、ブリッジ大会の会場に椅子を並べる係だったら、ニッチな業務の重みを日々感じているだろう。したがって、汎用性を前面に出すのではなく、ニッチな特定の業務に焦点を当て、インフラ全体の購入権限を持つ人物の代わりに、ごく限られた現場のエコノミック・バイヤーを標的にする必要がある。

最終的には、双方が手を結んでくれてこそ先の段階へ進めるわけだから、片方のみと交渉せよ、と言いたいわけではない。あくまで重点の置き方の問題だ。微妙に重点をずらせるかどうかが決定的なカギを握っており、ボウリング期の成否を決定づける。

要するに、ボウリング期には、エコノミック・バイヤーを味方につけて、パラダイムの切り替えは時期尚早だと渋るIT責任者を——場合によっては、新しいものを面倒くさがるエンド・ユーザーをも——ねじ伏せなければいけない。心をつかむためには、エコノミック・バイヤーが理解しやすい用語で購入のメリットを説くにかぎる。さもないと、IT責任者の専門領域とみなされ、バトンタッチされてしまう。バーティカルなマーケティングでアプローチすれば目的を果たせるが、ホリゾンタルなアプローチではすべてが台無しになるのだ。

ボウリング・レーン戦略で得られる二つの成果

ボウリング・レーン戦略の目的は二つある。目先の利益を上げることと、トルネード期に入ったあとマーケット・リーダーになれるよう、将来を見すえて信用を築くことだ。

まず、短期的な目標としては、事業の拡張、売上げの増加、ホールプロダクトのさらなる機能強化を重視する。ニッチ市場を狙い、先方の相談に乗るようなスタイルで営業努力を重ねる（直接出向いたり、知識豊富なスタッフに対応させたりする）。あるセグメントに特化した専門技能をつちかって、他社との差別化を図る。顧客に役立つ真のパートナーとなり、相手にもその協調関係を理解してもらう。

同時に、長期的な目標として、やがてマーケットがトルネードに突入したときにマーケット・リーダーとして存在感を示せるように、たえず態勢を整えておかなければいけない。いずれ、「ニッチな業務にとどまらず、社内全体に採用したほうが効率がいい」という時期がやってきて、新しい製品カテゴリーに顧客が集まるだろう。そうなれば、いよいよトルネードの発生だ。そのころまでには、カテゴリーの知名度も高くなっているに違いない。何年も前から話題にのぼっていながら、独立した市場カテゴリーとはまだみなされていなかったのだが、ついに将来性を十分予見できるレベルに達して、れっきとした新たなマーケットが誕生するわけだ。

たとえば、インターネットの世界には現在、「ハブ」と「ルーター」というそれぞれ大きな市場カテゴリーが別個に存在している。しかし昔は違った。メーカー側は、当初「ブリッジ」を発売して、その後「ルーター」を追加し、合わせて「ブルーター」と呼んだりしていた。製品は少しずつ売れ、採用する企業が増えたり減ったりしながら、それなりに統合が進んでいたのだが、明確なマーケットはできあがらず、すべてLAN市場の付属的なカテゴリーといった扱いだった。

ところが、シスコ・システムズ社が頭角を現し、ベイ・ネットワークス社やケーブルトン社も加わって、もはや付属的な存在とはいえない規模の売上げが集中しはじめた。エバレット・ダークセン上院議員が残した半世紀ほど前の名言を借りるなら、「こっちに一〇億ドル。あっちに一〇億ドル。そうしてたちまち巨額の金」というわけだ。

ある製品カテゴリーの売上げが「巨額の金」に達すると、新しい市場カテゴリーの誕生の予兆が現れる。この時点で最大のシェアを誇る会社が、マーケット・リーダーの栄誉に輝く。実際に市場カテゴリーができあがってマーケットの構図が変化するのはトルネード期に入ってからだが、予備段階の戦いはボウリング期にはじまっている。あなたのチャンスを膨らませるもしぼませるも、ボウリング期の過ごし方しだいなのだ。

ひょっとすると、トルネードが起きなかった事例を振り返ったほうが理解しやすいかもしれない。たとえば、ペン入力コンピューティング。かつてあれほど注目されて、投資を集め、大々的に宣伝されたにもかかわらず、現時点ではどうみても市場が成立していない。本書の理論にのっとっていえば、いまだキャズムを越えていないのだ。

ゴー・コーポレーション、モメンタ、マイクロソフトといった主要各社が、いずれも、ボウリング期を経ないでいきなりトルネードへ突入しようと試みた。まだ何も経済活動が起こっていないのに、マーケットがあると言い張った。バーティカル・マーケットで足もとを固めてから攻め込むという手順を省いて——いくつかのニッチでホールプロダクトを育てて、十分に成熟した時点でトルネードを狙う、という本来の順序を踏まずに——最初からホリゾンタル・マーケットをターゲットにした。要するに、予備選挙を戦わないで、本選挙に出馬しようとしたことになる。なぜか。もちろん、大金が手に入るのはトルネードのなかだからだ。

残念ながら、メインストリームへの参入を早まりすぎると、致命的な打撃をこうむる。一九八〇年代に人工知能を手がけた各社もそうだった。ペン入力コンピューティングの場合、五年ほどのあいだに約一億ドルが投じられたとみられる。

ありもしない市場をでっちあげて、大量の資金を注ぎ込んでみても、まともな市場機構は生まれず、結果的に取り返しのつかないダメージを負ってしまう。のちのち、誇大宣伝にテクノロジーが追いついたところで、もう遅い。マーケットの推進力がすでに分散して、それなりの落ち着き先を見つけたあとなので、ふたたび結集させることは不可能だ。その市場カテゴリーの信用は完全に失墜していて、もう誰もかかわりを持ちたがらない。やがてペン入力技術が実用的な域に入っても、冷ややかな反応しか得られず、過去の失敗のせいで過小評価されつづける。

すべては、ボウリング期の準備を怠ったことが原因だ。ボウリング・ピンを倒していく機会は、間違いなくあった。現に、宅配便の配達処理、保険のクレーム対応、在宅診療、レンタカーの配車などの業務分野では、今日、ペン入力を積極的に利用している。こういったどれかを「一番ピン」として狙えばよかった。ボウリング・ピンが存在しないのでは、という心配はまったくの杞憂《きゆう》だ。問題は、辛抱強さがあるかどうかにかかっている。その点でいえば、ボウリング・レーン戦略は、結果を急ぐベンチャー投資とは正反対の性質を持っている。次章で説明するように、ベンチャー投資が報われるケースは一つしかない。トルネードで勝者になることだ。

ペン入力コンピューティングの主要企業三社のうち二社は、ベンチャー投資に支えられていたため、つい先を急ぎすぎた。急がないと、よその会社が最初にトルネードに到達して、将来の肝心な競争で負けてしまう、との焦燥感に駆られていた。そこへさらに、デスクトップ市場での王座を守る意図から、マイクロソフトも参入した。三つどもえの戦いのなか、失敗が許されるのはマイクロソフトだけだった。いやむしろ、既存のインフラでマーケット・リーダーとして君臨する同社にとっては、いっそペン入力コンピューティングの分野が崩壊するほうがありがたかったとも言える。実際、そのとおりになった。

猪突猛進のあまり、とくにベンチャー企業二社が忘れていたのは、「急がば回れ」という昔ながらの知恵だった。妊娠期間なしに出産の日を迎えることなど不可能だ。ボウリング・レーン戦略は、必ずしもスピードダウンではない。かえって、トルネードへのいちばんの近道といっていいだろう。ふもとから頂上まで一日で行けると思うのなら、歩みを止める必要はない。しかし、それ以上の時間を要する見通しならば、しっかりとしたベースキャンプを設営すべきだ（出発のタイミングにもよる。実際のところ、トルネードの成長はタイミングに大きく左右される）。ボウリング期の成果は、まさに登山のベースキャンプに相当する。

ベンチャー投資業界も、新興企業が軌道に乗るためにはボウリング期の成功が欠かせないという点を肝に銘じなければいけない。というのも、多くのベンチャー・キャピタリストが、複数回の投資はやむをえないものとあきらめて、ときには、企業価値が下がりつづけているのを承知で追加投資をおこなっている。「ベンチャー企業にとって、途中の段階で重要なのは、財政面で自立することではない。トルネードに向けて突進することだ」と決めてかかっているせいだ。しかしそんな姿勢では、しっかりとしたベースキャンプを設営する余裕が生まれないうえ、黒字体質をつくるきっかけもなくなって、努力しなくても資金繰りには困らないという錯覚を植えつけてしまう。甘やかされて育った会社は、事態が悪化して苦境に陥ったとき（トルネード期に入れば、必ずやそんな目にも遭うのだが）、乗り切れるだけの強さを持ちあわせない。

総合的にみて、ボウリング・レーン戦略を実践して失うものはほとんどなく、得られるものは非常に大きい。バーティカルなニッチ市場は、儲けるにも申し分ない。特定のニッチに力を入れて、同じ製品カテゴリーの競合他社が戦えなくなる、あるいは戦う意欲がなくなるレベルまで到達できれば、どんな手ごわい相手が参入してきても、もはや怖いものなしだ。

また、特定のニッチの価値連鎖の仕組みをじっくり深く理解しておくと、自社のソリューション製品が持つ潜在力を開花させやすくなり、目に見える利益につなげることができて、顧客にも、ひいては自分たちにも役に立つ。そうなれば、今度は、顧客が得られる価値に応じた価格設定も可能だから、ますます利益率が高くなる。

おまけに、それぞれのバーティカルなニッチ市場には、強力なクチコミをはじめ、非常に緻密なコミュニケーション基盤が備わっているので、あなたのマーケティングコストを節約できる。しかも、ニッチ市場のマーケット・リーダーに一度収まれば、ロイヤルティが永遠に入りつづけて、マーケティング専門家がつねづね「ロイヤルティ収入を狙え」と助言しているのはなぜか、その理由を思い知るだろう。

だが、このようにさまざまな実利があるにもかかわらず、ニッチを狙うバーティカル・マーケティングは、シェイクスピアの言葉どおり「遵守よりももっぱら違反行為にあずかる慣習」だ。どうして従わない人間が多いのだろうか。

ボウリング・レーン戦略を避ける四つの口実

ボウリング・レーン戦略を嫌う人々が挙げる理由として、わりあいまともなものが少なくとも四つ、非常に浅はかなものが少なくとも一つある。先に、浅はかな理由から片付けよう。

これまで考察したとおり、ハイテク業界のマーケティングのわかりやすい成功は、トルネードで競争に勝つことだ。そのために、あらかじめニッチ市場に売り込む必要がある。短絡的な人間は、こんな理屈をこねる。「成功とはトルネードを意味する。トルネードにはニッチ市場が含まれない。よって、ニッチ市場と成功は無関係である。証明終わり」

あいにく、トルネードは常時発生しているわけではないという事実を忘れている。また、トルネードに先立ってバーティカルなマーケティング戦略をとっておけば、ひとたびトルネードが発生したときマーケット・リーダーになれる可能性が非常に高くなる、というつながりも無視している。第5章で取りあげるように、トルネード終了後の繁栄期には、ニッチ市場がふたたびマーケット拡大やマージン維持のカギになる、という長期的な効果にも目を向けていない。ただたんに、「ビル・ゲイツはDOSやウィンドウズでニッチ戦略なんか使わなかったんだから、われわれだってそんな戦略を用いるまでもあるまい」といった浮ついた考えだ。

この理屈が通らないことは明らかだろう。そこで、これはさておき、もっとまことしやかな理由づけについて考えてみたい。「実際、バーティカルなマーケティング戦略は、メインストリーム市場での成功に結びつかなかった」と、ボウリング・レーン戦略への反証として挙げられやすいケースを四つ取りあげ、原因を探っていこう。

①先を急ぐあまり、ボウリング・レーン戦略を正しく実践していないケース。当然の報いとして、「口先ばっかり」と悪評を立てられてしまう。

ニッチ・マーケティングに関しては、この失敗のかたちが最も多い。調子のいいことを言っておきながら、言葉に見合うだけのものを市場に提供しようと努力しない。代わりにどうするかといえば、製品パンフレットの出だしの何段落かを派手に書き換えて（「銀行業務にうってつけの報告書作成ソフトウェア！」）、使い古しの販促用プレゼンテーションにスライドを三、四枚追加し、ダイレクトメールを発送する。こうしてどうにか一件か二件の契約を取りつけると、半年後にはもう別のニッチに狙いを変えてしまう。

このような会社の問題点は、バーティカル・マーケティングを「市場シェアの獲得競争」と心得ずに、たんなる「販売促進の手法の一つ」ととらえていることだ。バーティカル・マーケティングでは、標的としたセグメントのナンバーワンの座をつかみ取らなければ意味がない。それほどの成功を収めるためには、ホールプロダクトを徹底的に練りあげて、顧客の大きな課題を解決するとともに、同じ製品カテゴリーに属する競合他社との差別化を図る必要がある。舌先三寸でごまかさず、有言実行を心がけなければいけない。リップサービスに終始する企業は、ろくな実績を上げられなくて当然だ。そのくせ、以後、バーティカルなアプローチを勧められるたび、反省の色一つ見せずにこう反論する。「前に試してみたんだよ。でも、うちで扱っている製品には効果がないね」

②最初のいくつかのニッチ市場での成功に気をよくして、そこにとどまりつづけるケース。トルネードの存在が頭のなかから消えてしまう。

この結末の場合、一概に悪いとは言えない。いつまで経ってもマーケットにトルネード発生の兆しが現れないのなら、賢い選択と言えるだろう。年々、ターゲット顧客が抱えるビジネス上の問題点を深く理解できるようになり、さらに多くのロイヤルティを得られるはずだ。時間のゆとりがない他社をよそに、腰をすえてホールプロダクトに磨きをかけることもできる。

数年後にはあらゆる顧客を熟知でき、ゆくゆくは、そのセグメント内のビジネス・ネットワークや業界団体にまで溶け込める。そしてなにより、トルネードが発生しないのなら、あなたがそのマーケットにおける最も価値ある企業であり、最も高い利益率を享受できる。定評を得た企業の利ざやは非常に大きい。

となると、トルネードがいずれ発生するのかどうかが重大な分かれめになる。この観点からいって興味深いのが、GIS（地理情報システム）の市場だ。目下のところ、「アークインフォ」製品シリーズを手がけるESRI（アース・サイエンティフイック・リサーチ・インスティテュート）社がマーケット・リーダーに収まっている。

過去数十年間、同社はさまざまなニッチ市場を制覇して、地学者、地図業者、農学者、不動産開発業者、軍関係者、土木技師、環境学者、都市開発業者、警察関係者、HMO（保健維持機構）関係者、マーケティング専門家たちのあいだで人気を集めてきた。

アークインフォのファイルフォーマットは、わかりづらく扱いづらいものの、長らく事実上の標準規格となっている。したがって、他社が新製品を発売する際にも、このファイルフォーマットに対応せざるをえず、自動的にESRI社のホールプロダクトの一部に取り込まれてしまう。

また、同社を設立したジャック・デインジャーモンド会長は、このマーケットのインフラに深くかかわる立場上、ありとあらゆる儲けの機会を逃さないうえ、まずたいていの戦略的提携に当初から関与している。要するに、めっぽう有利なポジションに立っていて、彼を排除することはいかなる企業にも不可能に近い。

しかし、これほどの地位を固めていながらも、もしひとたびGIS市場にトルネードが発生すれば、ESRI社はマーケット・リーダーの座から滑り落ちるだろう。理由は以下のとおりだ。

次章で詳しく検討するように、トルネードにおける成功要因の一つは、ホールプロダクトをとことんまで単純化して、汎用性と使いやすさを高め、導入やメインテナンスのコストを低く抑えることにある。すなわち、ボウリング期のきめ細かい個別対応とは、まったく正反対のアプローチだ。ボウリング期は、ニッチ特有の問題に対処して、付加価値を高めて売り込むべきだが、トルネード期には、戦略を一八〇度変える必要がある。長期にわたってバーティカルなマーケット・リーダーという役回りに慣れきった企業は、ふつう、それほどまでに急激な方向転換には対処しきれない。

マーケット・リーダーは、従来のビジネスにおけるしがらみが強すぎて、路線の切り替えには乗り気になれないばかりか、過去つちかった経験からいって、切り替えは間違っているとしか感じられず、既存の顧客にそっぽを向かれるのではと不安に駆られやすい。たしかにある意味、その不安は当たっていて、しばらくのあいだ、既存の顧客はあとに従ってきてくれないだろう。しかしその代わり、いままでのニッチ市場には存在しなかった膨大な数の新規顧客が新たなアプローチに群がってきて、しだいに、従来の売上げとはケタ違いの巨額の利益が転がり込む。それを元手に、新生マーケット・リーダーとして前進することができるのだ。

GIS分野の場合、新たな顧客ベースになりそうなのは、手持ちの基本的な情報インフラに地理情報を組み込みたいと考える、マーケティング関連や営業関連の法人だろう。販売地域の計画、地域ごとの販売実績の分析、各地域における製品普及率の分析、マーケティング・コミュニケーションの立案——どの業務にしろ、データを地理的に表示できれば、いままでみえなかったものがみえてくるかもしれない。これまでのところ、GISは専門性が高すぎたため、このような顧客グループは地理情報に手を出せずにきた。しかしここに来てようやく、新世代の表計算ソフトにマッピング機能が搭載されはじめ、一般的なデスクトップ環境で利用可能になりつつある。

残る問題は、営業やマーケティングのデータ分析およびプレゼンテーションが、はたしてGISの「キラー・アプリ」(爆発的な普及につながる突破口)なのかどうかにかかっている。

もし本当にキラー・アプリなら、この先、企業ユーザーからの需要が急速に高まるだろう。いざそういうトルネード期を迎えたとき、ESRI社のアークインフォは複雑すぎて、付加価値再販業者の手助けなしには使えない。むしろ、ストラテジック・マッピング社やマップインフォ社の製品のほうが好評を博すのではないか。この二社のうちどちらか、あるいはこれから躍り出るどこかのライバル企業が、巨大な存在にのし上がり、ESRI社にとって代わる公算が大きい。

このような失敗は、どうすれば回避できるのか。

心構えとしては、トルネードにつねに意識を向け、ボウリング期に定住を決め込まないことが大切だ。ボウリング期は一つの移行期間としてとらえるのが正しい。これまで述べたとおり、この時期はニッチ市場に骨身を削るべきだが、ニッチ戦略から抜け出せないような企業体質をつくってはならない。周囲に目を光らせて、風向きの変化を敏感に感じとる必要がある。また、トルネード期に求められる製品は、必ず、ボーリング期の製品よりシンプルでなくてはいけないから、それを念頭に置いて、過剰な機能をそぎ落とす方法をいろいろと模索しておくべきだろう。

③ボウリング期にたびたびサービス収入を得られたことに味をしめて、付加価値サービスサポートの不要な製品をつくろうとしないケース。

②のケースと密接な関係にあるが、少しばかり違う危険をはらんでいるため、別に扱っておきたい。ニッチ市場のソリューションは、とくに初めのうち、相当なサービスサポートを要する。ただ、時間の経過とともに、サービスの内容は製品のなかに組み込まれて、ホールプロダクト全般のコストが下がり、一貫性や品質が改善される。ここまでは問題ない。

ところが、サービスの必要を減らしていくべきでありながら、減らしたくない気持ちも残る。引きつづきサービスをおこなえば、けっこうな額の利益が入ってくるからだ。たとえば、製品開発チームが研修サービスを不要にしようとすると、サービス担当チームが大反対する。「研修で一日に一〇〇〇ドルも儲かるんだぞ。よしてくれ!」と。製品開発チームも、なるほどと考え直して、異議を唱えない。もともと、研修を減らすための追加開発プロジェクトなど、たいして面白くない。そこで代わりに、この機会を利用して製品をより複雑にしようとする。一つには、いままで以上に高性能にして、製品を充実させたいから。もう一つには、そうすればサービス担当チームの仕事がますます増えるからだ。だが、こうして機能を増やし、サービスの必要性も高める一方だと、この製品カテゴリーは永遠にボウリング期にとどまったままだろう。

教訓はいたってわかりやすい。サービス・ビジネスが継続的に大きな利益をもたらす場合、つい、サービスを不要にする努力を怠りがちだ。しかしそれならそれで、代償を伴うのを覚悟しなければいけない。つまり、サービス収入で甘い汁を吸いつづけるのなら、おそらく、トルネードで富を築く市場機会を棒に振ることになる。必ずしも悪い選択ではない——ただ、両方を天秤にかけたうえで決定を下してもらいたい。

④構造からしてボウリング・レーン戦略がそぐわない、一般消費者向けマーケットのケース。

ボウリング期のありがたいところは、誕生間もない企業の乏しい資源を新しい製品カテゴリーに集中させることができる点だ。あまり競争の厳しくない環境のもと、ホールプロダクトの完成度を高め、固定顧客を増やしていける。おまけに、ニッチの領域内では、個々のニーズに合わせたソリューションが重宝がられ、汎用製品より高い価格設定が可能なので、それなりに大きな利益を上げられる。だがあいにく、この戦略は、一般消費者向けの画期的な新製品にはうまく当てはまらない場合が多い。なぜか。

まず第一に、一般消費者マーケットは低価格の日用品を扱う流通チャネルに根ざしている。この種の流通業者は、VAR（付加価値再販業者）とは違い、斬新なホールプロダクトをニッチ市場に浸透させるうえで必要な専門技能を持ちあわせていない。ボウリング・レーン戦略を実践するには、高度なサービスサポートが不可欠だ。

第二に、生産財市場の場合、最初は高めの価格で売って、そのあと改良を重ねながら値下げしていくという方法をとれるが、一般消費者マーケットではそれができない。すなわち、生産財市場なら、初期投資を回収できるように気をつけさえすれば、どのような価格設定でも成功の望みがある。慎重にボウリング・ピンを選びつつ、まずは、あなたの製品が重大な意味を持つ顧客、つまり値段に糸目をつけない相手を「一番ピン」として狙い、つづいて、それほどまで重大な意味はないものの、わりあい高くても購入してくれる顧客を「二番ピン」「三番ピン」として、しだいに低価格を実現しながらトルネードをめざせばいい。

トルネードにひしめく汎用目的の顧客は、あまり高い金額では割に合わないと考えるだろうが、ここにいたるまでに十分価格を引き下げておけば、納得して買ってくれる。産業市場にはさまざまなタイプの顧客が存在するので、都合に合わせて順々にボウリング・ピンを倒していくのにうってつけだ。

ところが、一般消費者マーケットでは、そうはいかない。初めのうちは順調かもしれない。新しいおもちゃを人より早く手に入れようと、テクノロジー・マニアや高級志向の消費者が飛びついて、大枚をはたく。しかし、あとがつづかない。ほかの人々は、そのカテゴリーの標準的なレベルに価格が下がるまで財布のひもを緩めない。そこで低価格を実現しようと、各社は多額の投資をして苦心惨憺するわけだが、なかなか思いどおりに改良が進まない。長らく売れ行きが伸び悩んだCD-ROM製品がいい例だろう。消費者がリーズナブルと感じる価格帯に落ち着くまで、ずいぶん時間がかかった。
もちろん、価格の壁をついに破って、トルネードを巻き起こせれば、すべての努力が報われる。だが、それまでの道のりは息つく暇さえない。加えて、もしタイミングを誤ったら、トルネードの発生前に会社が潰れてしまう恐れもあり、正しいタイミングを知る手がかりはあまりに少ない。

このようなジレンマから抜け出す一つの方法は、ひとまず法人向けのマーケットでキャズムを越えて、そのあと、一般消費者マーケットに挑むことだ。製品によっては、この戦略が非常に合っている。たとえば、ヒューレット・パッカードは、このやり方でインクジェット・プリンタを大ヒット商品に育てあげた。初めのうち、中小企業をターゲットに「レーザー・プリンタの安価な代用品」という位置づけで売り出し、それなりの利益を確保し、八〇〇ドルの価格が可能になると、個人事業者にアピールしたのだ。五〇〇ドルを切ったあたりから、いよいよ本格的な手応えをつかんだ。そしてついに三〇〇ドル以下の価格設定を実現し、一般向け家電製品として売り込みに成功、新たなニーズを発掘した。

まとめ――ニッチ市場の四つの長所

これまでハイテク企業は、トルネードに注目するあまり、ボウリング・レーン戦略に欠かせないニッチ・マーケティングを軽視しすぎてきた。だが、キャズムからトルネードへ淀みなく移行するためには、ニッチ・マーケティングがきわめて有効なのだ。具体的にいえば、ニッチ市場には以下のような長所がある。

①ホールプロダクトの開発が容易　旗揚げ間もないベンチャー企業やそのパートナーが、いきなり汎用のホールプロダクトを手がけようとしても無理がある。ニッチ市場向けなら、取り組みやすい。大がかりな開発作業が完了するまで待たなくても、開発がある程度進んだ時点で、さっそく実利主義者を顧客として囲い込める。

②本質的に利益率が高い　あなたのソリューションのおかげで、顧客の非効率な従来状況が改善されるわけだから、価値に見合うだけの強気な価格設定が可能だ。ここで得られる利益を活かせば、生まれたてのベンチャー企業の収支を黒字化でき、トルネード市場への参入のタイミングをはかるうえでもゆとりが生まれる。

③固定顧客をつかみやすい　熱心な顧客を確保しておけば、いずれトルネード期に標準規格争いが勃発したとき、あなたのアーキテクチャが優位に立てる。

④連鎖反応が起きやすい　一つのセグメントを制覇すると、その実績を利用して、関連する別のセグメントも掌中に収められることが多い。このなだれ式効果を十分大きくしていけば、ついには本物のトルネードを誘発できる。

ハイテク企業がボウリング・レーン戦略で失敗したケースについて、いろいろと原因を探ったところ、もっとも目立ったのが、「研究開発を土台にした製品中心のアプローチから、顧客を土台にした業務中心のアプローチへの適正な切り替えができなかった」というものだ。バーティカル・マーケティングを採用するなら、この切り替えがどうしても必要になる。

自分たちの居場所にあぐらをかくのではなく、その都度、ターゲットとする市場分野のほうに寄り添わなければいけない。ハイテク企業の上級幹部はエゴが強いので、このような相手本位の姿勢をとることがなかなか難しい。

しかし、本当に大切なものはエゴではない。利益だ。だいいち、そうして一時的に脇役に回るのは、のちにふたたび脚光を浴びるための作戦なのだ。自我を強く保つこと自体はけっこうだが、そのせいで栄光を逃してはならない。栄光はすぐ目前にあるかもしれないのに、もしそれをつかみそこねたら、恥ずべき話ではないか。

その点を肝に銘じつつ、トルネードでいかに勝利するかを次章で検討していこう。

第4章
トルネード――ひたすら売って勝利せよ

「破壊」と「創造」のなかで

「なぜトルネード（竜巻）になぞらえるんですか」と、ときどき尋ねられる。

ハイテク企業のあらゆるビジネスプランがめざす「約束の地」の比喩にしては、破壊的なイメージが強すぎるのではないか。もっと楽しげな、たとえば「ジェットコースター」のような言葉で表現してはどうか。こんな嫌みなたとえを使うなんて、あなたはマーケティングというものをまともにわかっているのか、と。

しかし、私に言わせればこうなる。市場のトルネードは、まさに、ひとたび発生すれば破壊的な影響をもたらすのだ。たちどころに既存のパラダイムを壊滅させてしまう。人知れず接近してきたかと思うと、いきなり企業各社を猛烈な突風に巻き込み、従来とは違う市場ポジションへ吹き飛ばす。たった一社をマーケット・リーダーに押し上げて、多種多様な利益をもたらす一方、それ以外の企業を残らず脇役へ追いやる。

従業員たちは、週に六日か七日、毎日一〇時間、一二時間、あるいは一四時間働かざるをえず、月曜に出勤してみると、机のうえにはますます仕事が増えている。トルネードがもたらす顧客の需要に追いつかなければいけないというプレッシャーがそこかしこに充満し、すべての業務、すべての供給業者、すべての従業員が限界まで追い詰められ、よその会社はことごとく敵にみえてくる。

トルネードのなかで奮闘する者たちにとって、唯一の報酬は権力と富だ。もっとも、人生の価値はもっとほかにあるのでは、と気づくまでに、そう長くはかからないだろうが……。

とはいえ、人間は結局、金の問題に立ちかえらざるをえまい。トルネードは破壊的だが、同時に創造的でもある。それ以前には存在しなかった新しい財を生み出してくれる。新しい財とは、新規業界、新規雇用、昇進、昇給、より高い生活水準なども含む。顧客のほうも、新たなインフラを活用して業務の見直しや改善を図れるうえ、個人としての生産性や余暇の楽しみを充実させることができる。パラダイム・シフトが起こるたび、人々の生活は進化していく。だから、いったん受け入れられた先進テクノロジーを手放したがる者はまずいない。

ひとことで言って、トルネードは強大なパワーを持っている。非常に破壊的に感じられる理由は、一つには、あまりにもスピードが速いからだ。

そこで、われわれは、こんな疑問を検討しておくべきだろう。どうしてこれほど猛烈な加速現象が市場で発生するのか。変化の風はなぜ、一定のおだやかなそよ風ではなく、恐るべきトルネードというかたちをとるのか。

何がトルネードを引き起こすのか

トルネードの市場原理を解明するには、注目すべき対象を前章とは変えなければいけない。ボウリング期での成功には、エコノミック・バイヤーが大きな役割を果たしたが、トルネード期のカギを握るのは「テクニカル・バイヤー」、すなわち、社内全体のインフラを構築し、維持管理する責任者たちだ。

彼らは、信頼性と効率の高いインフラを整えて、社内のユーザーが、取引、分析、モニタリング、開発、通信、共同作業などをスムーズにおこなえるように、日々奮闘している。もっとも、システムはつねに改善の余地を残していて、エンド・ユーザーの要望には際限がないから、IT責任者たちは、妥当な提案から理不尽な苦情まで、ありとあらゆるフィードバックと向き合わなければならない。いやしかし、ふだんどおりその程度ですんでいるうちは、まだいい。

やがて、新しいパラダイム、つまり不連続的なイノベーションが出現する。そこには、「IT責任者の負担がぐっと軽くなる」「エンド・ユーザーも大喜び」「業績も競争力も見違えるようにアップ」などといった触れ込みがついている。前にもどこかで聞いたうたい文句だ。IT責任者はもちろん、立場上、興味深く検討することになる。けれども、本能的に時期尚早だと感じてしまう。パラダイム・シフトするには少し早すぎる。ちょうど、転勤の多い夫を持つ妻の胸中と似ている。「せっかくいまの環境に慣れて落ち着いたところなのに、また引っ越しだなんて……」

しかし、そんな人の気も知らずに、新しいパラダイムはじわじわと忍び寄って来る。いったいどうすればいいのか。

困ったときの人間の性《さが》で、IT責任者はまず、仲間たちに助けを求める。仕事柄、迅速な情報交換はお手のものだ。必要なら、企業や業界の枠を越えて、同じ立場の人々と連絡を取り合い、最新技術がもたらす影響について意見を交わす。「すでに移行のタイミングなのか？」というただ一つの疑問に答えを出すべく、一致団結する。前にも触れたとおり、実利主義者たちは集団行動を好む。まるで動物の群れだ。未知なる匂いが漂ってきたことに気づいて、いまいっせいに神経をとがらせている。無視すべきか、それとも大移動を開始すべきか。不安におびえながら、おたがいの気配をうかがう。こいつは駈け出すつもりだろうか？　あいつはどうだ？　自分はどうする？

もしも動き出しが早すぎた場合、未成熟な製品を先走って採用したつけを払うはめになる。たとえば、あと何年か待てばバグがすべて解消されていたはずなのに、社内の貴重な資源を費やしてデバッグ作業に付き合わされたり、独自に追加したプロトコルが、後日定まった標準規格と非互換になってしまったり、新しいパラダイムの信頼性や性能が十分安定するまで、よけいな手間暇をかけて既存のシステムと併用しなければいけなかったりする。

かといって、行動を起こすのが遅すぎれば、業界内のライバル他社に優位を奪われて、よそが効率的な新型インフラによってコスト削減や業務の迅速化を進めるなか、完全に後れをとってしまう。これは保守派がよく陥る状況だが、最悪の場合、移行を先延ばしにしすぎたせいで、時代遅れのシステムに足を引っぱられて、まともな維持管理がみるみる難しくなり、従来できていたレベルのサポートさえできなくなる。

したがって、IT責任者の立場としては、二つの相反するリスクをたえず見比べて、バランスをとるほかない。パラダイム・シフトが早すぎる場合のリスクと、遅すぎる場合のリスクだ。たいがいの時期は、前者のリスクのほうがはるかに大きいから、じっとしていても「動物の群れ」に危険はない。しかし、いざ本当にパラダイム・シフトが近づいてきて、二つのリスクが拮抗してくるにつれ、市場に大転換が訪れる前触れとして、落ち着かない状況に包み込まれる。いわば、さほど急を要さない「トルネード注意報」(トルネードが発生する事態もありうるという予測)から、厳重な警戒が必要な「トルネード警報」(もうすぐトルネードがやって来る、上陸は時間の問題だという知らせ)に変化したわけだ。

こうして警戒警報が鳴りひびくと、さすがに、実利主義者の群れはいてもたってもいられない。不安を和らげるべく、三つほど申し合わせをする。

①時機が来たら、みんなでいっしょに移動しよう。

実利主義者たちは、全員で同時に移動することによって、早すぎる、遅すぎるといったリスクを回避しようとする。群れ全体で大移動すれば、業界もいやおうなしに従わざるをえず、顧客サポートがなくて孤立してしまう心配はない。また、みんなでいっせいに採用したプロトコルが、事実上の標準規格になる。

②新しいパラダイムのベンダーを選ぶときには、みんなで同じ業者を選択しよう。

共通のベンダーを決めておけば、標準規格のよりどころが明確になる(結果的に、その業者がマーケット・リーダーに決まる)。また、実利主義者は冒険を嫌う。マーケット・リーダーの製品を買っておけば、ともあれ無難だ。サードパーティのサポートをつねに得られるうえ、使用経験が豊富な人材も簡単にみつかる。

③いったん移行をはじめたら、できるだけ早く完了しよう。

インフラを切り替える場合は、移行の時間をなるべく短くすることが目標になる。そうすれば、エンド・ユーザーの混乱を最小限に抑えられるし、新旧のシステムを並行してサポートする手間も減る。移行の橋渡しとして中間的なシステムを構築する必要も省ける。全員の引っ越し完了は早ければ早いほどいい。

じつは、この三つの行動原則が組み合わさって、トルネードが発生するのだ。

おおぜいが同時に移動しようとするため、マーケットに新規顧客が殺到し、従来の流通チャネルでは手に余るほどになる。すると、「うちの注文を先に処理してくれ」とばかり、顧客が押し合いへし合いをはじめる。なにしろ、みんなが同じ製品をほしがるのだから、一つのベンダーに需要が集中して、さらに争奪戦の様相を呈してくる。誰もがなるべく早く移行を終えようと懸命なので、ますます始末が悪い。しかも、情報交換を通じて仲間の動向が刻々と伝わるため、おたがいに鞭打つ結果につながり、マーケット全体が異様に加熱して、あっという間に秩序は崩れ、バッファローの群れの突進のようなさまになる。

トルネードのメカニズム

この怒濤のごとき大移動は、ほとんど一夜にして、マーケットに多大な影響を及ぼす。需要が供給を圧倒的に上回り、膨大な量の受注残が発生する。これほどの大量注文がもたらす財政上の効果ははかりしれない。この注文すべてをこなすだけでもケタ外れの売上げだが、以後期待できる追加の売上げはさらに大きい。ハイテク業界では移行にきわめて高いコストがかかるだけに、いったん特定のベンダーを選んだら、めったに他社には乗り換えない。いうなれば、トルネードの渦中でつかんだ顧客は、末永く「年金」を支給してくれるわけだ。また、トルネード期に獲得した顧客の総数が、製品がどこまで広く普及し、マーケットから将来どのくらいの額までの収益を得られるのか、という枠組みを決定づける。

要するに、トルネードは、途方もなく重大な時期にあたる。しかし、マーケティングの担当部署は多少とまどうだろう。本来、自社製品の需要をつくりだしてこそ部署の存在意義があるのに、トルネード期には、何もしなくても需要が絶えない。では、この時期にはどんなマーケティング戦略をとればいいのか。

ごく端的にまとめると、「ひたすら出荷！」だ。

マーケットの細分化など不要。カスタマイズも不要。特定のプロジェクトに力を入れる必要もない。ひたすら出荷に専念せよ。いわしの大群に遭遇した漁師も同然だから、餌はいらない。えいやっとバケツを突っ込んで、海水もろとも船上にすくいあげる。ただただこの作業を繰り返せばいい。ホールプロダクトの製造、流通、インストール、稼働という一連の流れを、総力を挙げて効率化する。流れがスムーズであるほど、大量の注文を処理できる。

トルネード後の市場シェア（売上高ベース）

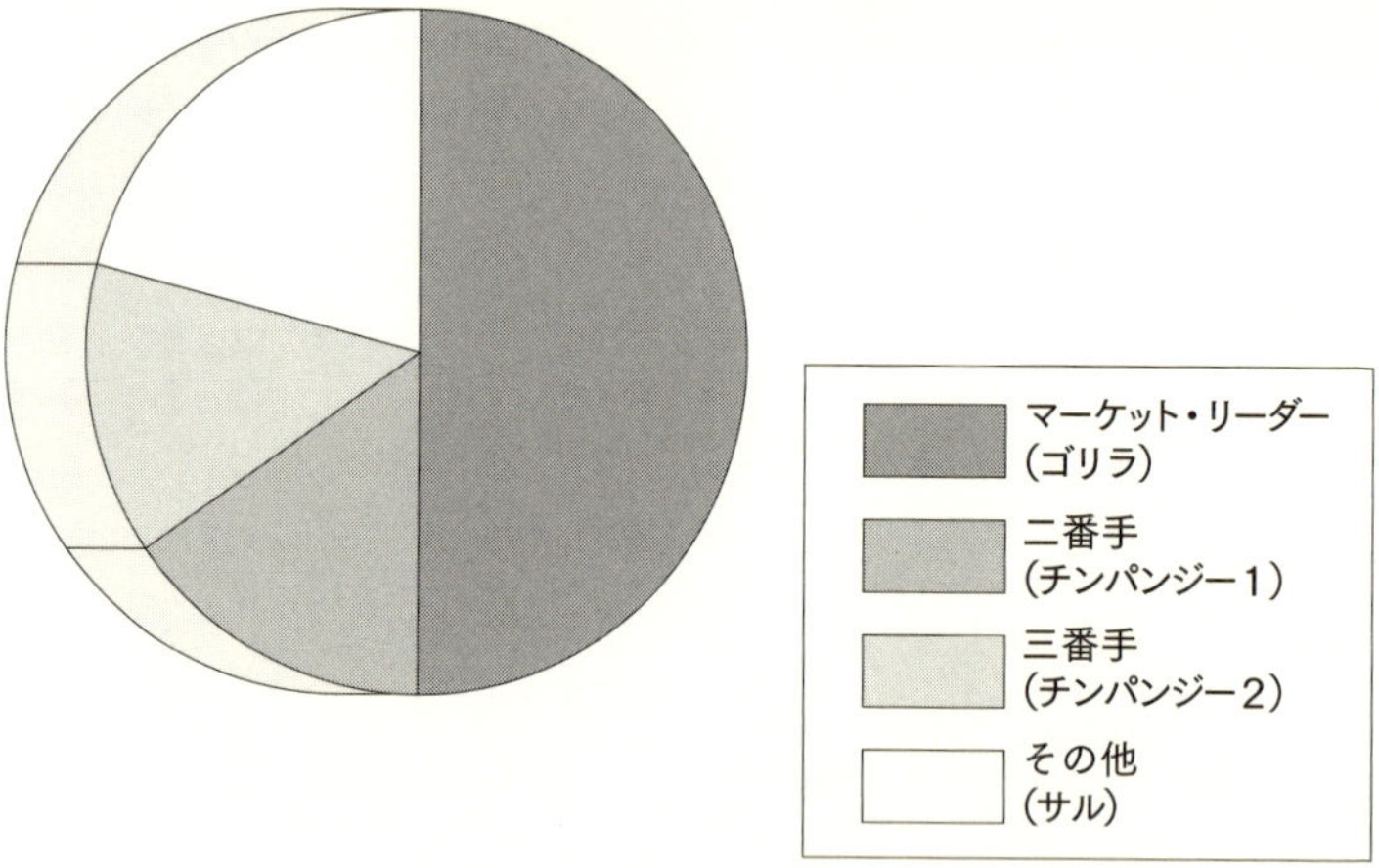

その一方、返品への対応にわずらわされないように、流通チャネルの状態と製品の品質にはいつも目を光らせていなければいけない。顧客に力点を置くのではなく、自分たちの作業に意識を集中するのだ。この時期、もし出荷を滞らせる原因があるとすれば、顧客ではなくあなたの側にある。

このすさまじい顧客獲得ゲームのさなか、マーケットが再編成され、サービス・リーダーから製品リーダーへ、最終的には流通チャネルへとパワーがシフトする。ボウリング期に確立したビジネス・モデルはもろくも崩れ去り、新しい秩序が形成される。

新たな秩序が持つ意義とは何か。それに答えるためには、あらかじめトルネード期の終焉について知っておく必要がある。終わりのころの市場シェアは、典型的には上図のようになっている。

この円グラフを見ると、一社だけが圧倒的なシェアを占めてマーケット・リーダーの座に君臨していることがわかる。ソフトウェア業界アナリストのジェフ・タータ－（ソフトレター誌の編集者）は、この一社を「ゴリラ」と呼ぶ。それにつづいて、一社ないし二社が強力なライバルとして名乗りを上げるものの、一位との差は大きい。この会社は「チンパンジー」に相当する。*Positioning*（『ポジショニング戦略』小社刊）などの著者であるアル・ライズとジャック・トラウトの説によれば、チンパンジーは最終的には一匹しか生き残れず、市場全体がゴリラとチンパンジーの二社によって支配されるという。残りの企業は、トルネードの需要増の渦に飲み込まれながら、わずかなシェアの獲得を狙う。いわば「サル」の群れだ。

実利主義者である顧客は、「マーケット・リーダーを決めて、その企業と手を組みたい」という衝動に駆られるので、このような図式が生まれる。前章でも指摘したとおり、リーダーが存在しない場合、マーケットが安定せず、業界規格が曖昧なままになり、リスクが大きすぎるため長期的な意思決定を下せない。だから、実利主義者はリーダーを指名する。

指名の仕方はいたって簡単だ。ほかの実利主義者と足並みをそろえて、みんなで同じベンダーから製品を購入すればいい。密接な情報交換をおこなって、歩調を合わせる。したがって、ハイテク市場のリーダーシップ形成にはクチコミがかなり大きな役割を果たす。

こうして実利主義者がこぞって一社の製品を購入しはじめると、なだれ式に移行の勢いが増す。意思決定理論の研究者は、この現象を「インフォメーション・キャスケード（情報の滝）」と名付けている。つまり、難しい意思決定を迫られた実利主義者は、すでにほかの実利主義者たちの大半がAを選んだとわかると、自分もAを選択しようとする傾向が非常に強い。Aを選択ずみの人数が多いほど、あとにつづいてAを選んで問題を解消したい気分になる。A以外は目に入らなくなる。「ゴリラ」をめざす多数の候補のなかから、いざ勝者が決定したとたん、またたく間に他社との差が広がっていく。では、ゴリラになれるか、はたまたチンパンジーに甘んじるのか、運命の分かれめのカギを握る要素は何だろうか。簡単に言ってしまえば、ゴリラは、しかるべきタイミングで機運に乗じてマーケット・リーダーの座をつかんだのだ。前の年には、ほかの企業がこのポジションにいたかもしれない。その時点でトルネードが発生していたら、その企業がゴリラになれた。結局のところ、ゴリラの候補として魅力を増す努力はいろいろできるだろうし、ゴリラに当選したあかつきに需要を満たせるよう、万全の準備をしておくことも可能だが、やはり、タイミングと運が深くかかわっている事実は否めない。

一度ゴリラが決定してしまえば、トルネード期の購買決定はなだれ式なので、ゴリラはおのずと、供給能力の限界まで売上げを確保できる。シェアの上限は七五から八〇パーセント、すなわち、パソコン向けOS市場でマイクロソフトが、マイクロプロセッサ市場でインテルが、それぞれ占める割合だ。シェアがそのあたりまで上り詰めると、マーケットは他の選択肢がまったくない状況に不安を感じて、ゴリラ以外の企業の製品をいくらか支持しはじめる。パソコン向けOSなら、アップルのマッキントッシュやIBMのOS／2、マイクロプロセッサの市場なら、AMD社、サイリックス社、ネクスジェン社の互換チップなどだ。

一方、ゴリラの大きさの下限は、出荷能力いかんによる。もし、出荷能力が必要最小限な水準――たとえば三五～四〇パーセントを下回る場合、マーケットはふたたび不安定になりかねない。二位以下との差が小さすぎて、事実上の標準規格が定まらないからだ。エンジニアリング・ワークステーションのトルネードが発生したとき、アポロ社はまさにそんな状況にあり、サン・マイクロシステムズ社に王座を明け渡す無念の結果になった。しかし、いま挙げた上限と下限のあいだにさえいれば、ゴリラは順風満帆だろう。

注文はとどまるところを知らない。まるで、熱帯雨林で頭上から降ってくる熟れたバナナのように、いくらでも来る。さすがのゴリラも食べきれず、満腹になって残してしまう。おこぼれのバナナにありつくのが、チンパンジーだ。チンパンジーとはつまり、ゴリラになりそこねた企業各社をさす。そういった企業の幹部たちは、そののち何年ものあいだ、「おれたちだって、ゴリラになれたはずなのに……」と、ぼやきながら周囲を徘徊することになる。

結局、しかるべきタイミングでしかるべき場所にいたかどうかの違いでしかない。だから、みずからを責めるよりも、目の前にある現実的なチャンスをつかむべきだろう。「ゴリラより親切でとっつきやすい存在」という役どころを演じて、顧客の電話にていねいに応対し、値引きや納期の交渉にも応じる。ホールプロダクトとしては最良の選択肢ではなくても、ある種の機能にかけてはピカイチだという評判をとり、サービス・スタッフの質や量にも万全を期す。

みんながゴリラになることはできないが、「上げ潮は、すべての船を押し上げる」のことわざもある。チンパンジーもいっしょに繁栄できる可能性は残っている。

さて、ゴリラとチンパンジーがバナナの雨の恩恵にあずかったあとでさえ、まだたくさんのサルが食べ残しにありつくことができる。ただしサルは、生い立ちがまったく異なる。トルネードが発

トルネード後の市場シェア（利益ベース）

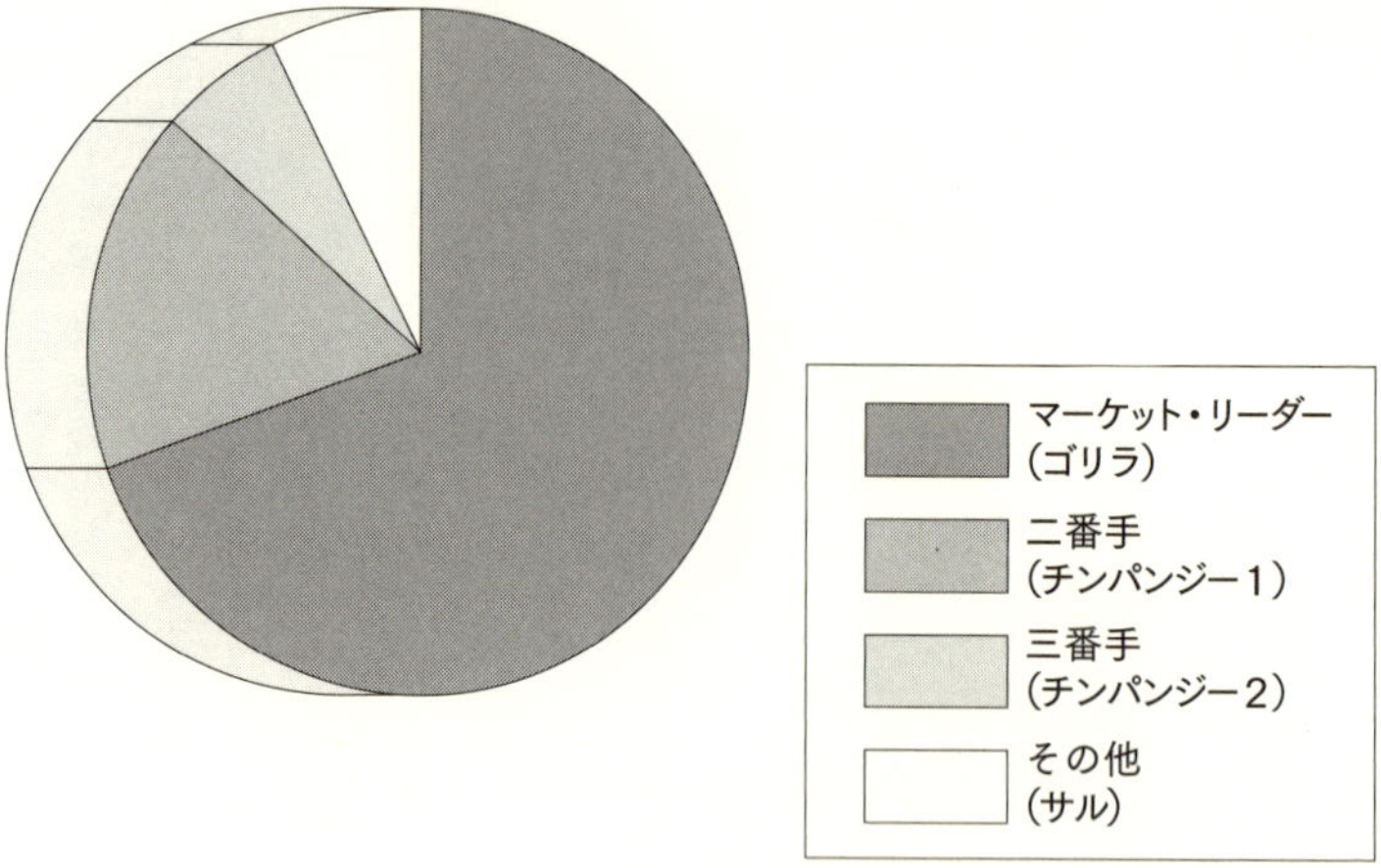

生してから急いで集まってきたため、過去の資産もなければ、特定のアーキテクチャへのこだわりも、研究開発の成果も、マーケティングへの投資もない。たんに、分け前を頂戴しようと考えている。戦略は単純明快だ。ゴリラの製品のクローンをつくって、安く売る。安い代替品はどのマーケットでも歓迎されるし、需要が供給を上回っているかぎり、サルが獲得可能な顧客も数多く存在する。日本、韓国、シンガポール、台湾など急成長した経済国は、いずれもこの戦略が原点だった。適切なやり方を踏めば、驚異的な巨額の利益を上げることができる。

前に示した売上高ベースの市場シェアの円グラフを、もう一つ別のグラフ（上図）と見比べると、じつに興味深い。今度は、利益を表したグラフだ。

見てのとおり、市場が落ち着きを取り戻し、トルネード現象が終わって、メイン・ストリートへ移行するころ、マーケット・リーダーは、業界全体の利益のうち異様なほどずば抜けて高いシェアを独占する。しかも、今後の売上げや利益は、トルネードのあいだに普及させたシステムにかなり依存するので、圧倒的な普及率を誇るゴリラは、このマーケットが存在するかぎり、永遠に優位に立ちつづける。それもこれも、実利主義者が一致団結してマーケット・リーダーを決めたためだ。同盟を組みたくて組んだわけではないのだが、結果的には、ゴリラを指名するかたちになって、その見返りに、市場の秩序と安定をもらったことになる。

ゴリラの利益がこれほど高い理由は、トルネードの期間中に基準価格を決定するという特権を握っているからだ。チンパンジーやサルたちは、競争上、それより低い価格を設定しなければならない。どのくらい値引きを余儀なくされるかは、逆にいえば、マーケットがゴリラのホールプロダクトにいくら余分に払ってもいいと考えているかを表す。

そのうえ、ゴリラは売上げがいちばん多いぶん、生産規模を拡大して製造コストを抑えることができる。高価格、低コストとなれば、当然、利益幅が大きい。他社はすべて、より低価格より高コストを余儀なくされる。それでも満足のいくマージンを得られるかもしれないが、ゴリラの荒稼ぎぶりとは比較にならない。こうしたゴリラの優位性は、卓越したマーケティングの成果ではなく、たんにトルネードのメカニズムの産物なのだ。

マーケット・リーダーがこれほど優位な地位を築ける機会は、トルネード期をおいてほかにない。大量の新規顧客がいっせいに押し寄せて、市場シェアの構成が劇的に変化する時期は、トルネードが吹き荒れているあいだだけだ。トルネードが過ぎてしまえば、ほとんどの大口顧客は、すでに選んだベンダーから製品を購入しつづける。新規の顧客やベンダーを乗り換える顧客はごく限られているため、市場シェアの動向を左右するほどの力がない。よって、ハイテク分野の市場シェアをめぐる全面戦争は、トルネードのあいだだけしか意味を持たない。どんなハイテクビジネスにおいても、この時期の戦いに勝つことが、巨富を生み出す原動力につながるのだ。

過去の二つの巨大トルネード

一九八〇年代を振り返ると、コンピュータ業界のバランス・オブ・パワーを根底から変える巨大なトルネードが、二つ発生したことがわかる。どちらも、超弩級《ちょうどきゅう》のトルネードがまず巻き起こったあと、その猛威にあおられて、新たにもう一つ派生的なトルネードが生じ、全体として通常のトルネードの二倍の影響をもたらす結果になった。

第一の巨大トルネードは、ミッドレンジのコンピュータシステムの登場だ。これはＤＥＣ社とオラクルが定めたミニコンピュータ・アーキテクチャを核にしてはじまった。ＤＥＣが大規模なインフラを、オラクルが推進力を提供するという構図だった。

第二のさらに巨大なトルネードは、いうまでもなくパソコン市場だ。一九八〇年代初めには数百万ドル規模のマーケットだったのに、いまや一〇〇〇億ドル以上にまで膨らんだ。前半期は、必要となる大規模なインフラをＩＢＭが提供し、当面の推進力をロータス1―2―3が受け持った。後半期に入ると、マイクロソフトとインテルがインフラを独占的しはじめた。ＰＣ本体メーカーに関しては、コンパック、デルなどの新顔が台頭したものの、「ゴリラ」と呼べるほどの企業は存在していない。

これら二つのトルネードの内側では、さまざまなセグメントでさまざまな年数にわたり、無数の企業が無数の相互作用を及ぼし合っているから、詳細を分析するのは難しい。しかし、一歩下がって大きく眺めれば、典型的なトルネードの特徴が現れていることに気づくだろう。恐るべき数の新規顧客が殺到して、たちまちのうちに新しい業界をつくり出し、ごく一部の企業の株価を天の彼方まで打ち上げた。

DECとオラクルが巻き起こしたトルネード

DECのVAXシステムの場合、テクノロジー・ライフサイクルの初期段階では、技術面でも組織面でも従来とは大きく異なる要素、すなわち不連続性がきわだっていたため、やがてキャズムに陥った。技術面でいえば、COBOLの知識を活用できるという連続性はあったものの、OSとネットワークが目新しく、IT担当者には慣れが必要だった。

組織面でも、従来のITグループが集中処理型だったのに対し、VAXは分散型のシステムだ。だから当然、IT（そのころはMIS＝マネジメント・インフォメーション・システムと呼ばれていた）の担当部門は、DECのパラダイムをすぐには受け入れようとしなかった。

しかし、分散型コンピューティングへ向かう時代の流れは止まらない。すでにIBMが、コンピュータ・データに経営情報としての価値があることを実証ずみだったが、企業幹部たちは常時、データ処理に長けたMISスタッフに頼らざるをえない状況だった。将来展望を話し合う会議の前になると、「私の報告書を急いで作成してくれ」と、たがいに先を争ってMIS部門に依頼する。MIS側には残務の山が生じてしまった。

集中処理型のメインフレーム・コンピューティングでは、この問題を解決する手だてはなかった。MISのコンセプトをつくったIBMは、メインフレーム・コンピュータの需要を高めたまではよかったが、高めすぎて、処理しきれない量のタスクを発生させてしまい、自分で自分の首を絞める結果になった。あわてて43XXシリーズで対応しようとしたが、システムを稼働するために現場で必要とされる技術レベルが高すぎる（ホールプロダクトが複雑すぎる）ことが災いして、未処理のタスクはいっこうに減る気配がなかった。

時を同じくして、まさにこの問題を解決する分散型コンピュータが、徐々に勢力を拡大しはじめた。代表格はDECのVAXだ。競合製品としては、ヒューレット・パッカードのHP3000、データ・ゼネラル社のエクリプス、ワング社のVSシリーズなどがあり、のちにIBMもあとに従ってAS／400を発売した。

VAXは当初、社内のエンジニアリング部門で採用され、MIS部門のサポート抜きで使われた。その後、工場でもMRP（資材所要量計画）や作業現場管理に用いられるようになり、これらの業務には大量の管理情報が発生するため、全社的な集中管理から独立した「影のMIS部門」とも呼ぶべき組織が誕生した。このような処理形態は、やがて「部門コンピューティング」と命名されることになる。

一九八〇年代初頭には、MIS部門以外の人々の専門知識レベルがかなり上がってきて、VAX

による部門コンピューティングを、業務単位ではなく、部門全体にまで拡張可能になった。さらに、リレーショナル・データベースが登場して、必要なものはすべてそろった。中央のＭＩＳスタッフがさほど関与しなくても、独立系ソフトウェア・ベンダー（ＩＳＶ）や付加価値小売業者（ＶＡＲ）の助けを借りつつ、各部署内の人材がみずからの手で、アプリケーション開発のプラットフォームやツールを使いこなし、必要なプログラムを作成できるようになったのだ。

この時点で、ついにトルネードがはじまった。おそらく直接のきっかけは、オラクルがＳＱＬ――そもそもはＩＢＭが開発した規格――を汎用アプリケーション・インタフェースに使って、クロスプラットフォーム・ポータビリティを実現したことだろう。ＭＩＳ部門が、分散型コンピュータを容認しても全社的な標準規格を維持できる条件がそろったと判断したことで、最後の抵抗の砦は取り除かれた。

トルネード・マーケティングの原則

オラクルはこのトルネードに乗ってみごとに舞い上がり、支配的な地位を確立したわけだが、その途中、トルネード・マーケティングの重大原則をいくつか実証してみせた。

①競合他社を容赦なく攻撃する。
②流通チャネルをできるだけ早く拡大する。
③顧客は無視する。

③は意外かもしれないが、すぐあとで説明するとおり、トルネード・マーケティングのメカニズムと密接にかかわっている。原則①から順に検討していこう。

トルネードの期間中、「顧客に奉仕する」よりも「競合他社を攻撃する」ことが重要なのはどうしてだろうか。オラクルのCEO、ラリー・エリソンはなぜ、ジンギス・カンの言葉を引用して、「われわれが勝つだけでは不十分。その他すべてが敗北しなければならない」と言ったのか。

それは、マーケットがゴリラに対して、ただ他社を上回る程度ではなくマーケット全体を独占支配することを求めているからだ。顧客側には、そうなってもらわないと困る事情がある。

もし、ゴリラが弱みをみせて、マーケットからの信頼が揺らぎ、顧客層の一部に他社が食い込むような情勢になったら、事実上の業界標準を確立してマーケットの拡大を促すという、ゴリラの根本的な存在意義が薄れてしまう。混沌とした状況下では、すべてを取りまとめる支配力の持ち主こそが、ありがたい秩序と安定のみなもとと言える。

トルネードがゴリラに求める役割はそこにある。生まれたばかりの女王蜂が、まず真っ先に、孵化しかけているほかの女王蜂をすべて殺すのと同様に、ゴリラは、チンパンジーたちを叩きのめさなければいけない。でなければ、本当にゴリラなのかとマーケットから疑いの目を向けられて、座が危うくなる恐れがある。

ゴリラではないほかの企業にとっても、競合他社を徹底マークする姿勢は欠かせない。トルネードのマーケットは、ゼロサム・ゲームだからだ。私が新規顧客を獲得するたびに、あなたはその顧客を永久に失うことになる。以後、その顧客は私の傘下に入って、あなたは現在ばかりか将来もずっと、その顧客から収益を得られないだろう。トルネード期に引かれた境界線は、何世代にもわたって受け継がれる。こうした状況に置かれると、どんな社会のなかにも、おのずから明確な序列が形成されていく。高い階層にいるほど、将来にわたって享受できる便益が大きい。序列を一段上るためには、ライバル企業を叩きのめす以外に方法がない。ゆえに、その一点に意識を集中する必要がある。

ただし、ここでもう一つ忘れてはならない注意事項がある。競合他社に打ち勝つことが重大な意味を持つのは、トルネード期のあいだに限られるという事実だ。ほかの時期には、マーケットはゼロサム・ゲームではない。理由は以下の三つ。

- 初期市場においては、競争がほとんど存在しない。強いていえば、旧来のやり方と戦っているという程度だ。あなたが勝ったとしても、誰かが負けるわけではない。
- キャズムを越えてボウリング・レーンにさしかかった時期には、あなたの全神経はニッチ顧客に向いているはずだ。既存のパラダイムのもとでないがしろにされていた顧客に対し、救いの手を差しのべるかたちになる。あなたが現れる前は軽視されていたくらいだから、あなたがその顧客を獲得しても、誰も大きな損失はこうむらない。
- トルネードが去って、マーケットがメイン・ストリートに移行するころになると、既存の顧客にサービスを提供することが、その後の成長につながるようになる。顧客はいまさらベンダーを乗り換えたがらないので、他社の顧客層に挑んだところで仕方ない。

すなわち、トルネード・マーケティングは、例外的な条件のもとに成りたっている。この点はとくに強調しておきたい。というのは、各企業とも業績向上の功労者には褒美を与えるはずで、トルネード期の成功に寄与した幹部は、とくに華々しい昇進を遂げるだろう。その手の幹部は、競争心が非常に強い。おかげで、ライバルたちを蹴落として、自社を栄光へ導くことができたわけだ。しかしそれだけに、そういった幹部に戦略の変更を受け入れさせることはきわめて難しい。スタイルや重点を変えさせるのは至難の業だ。

ところが、トルネードが静まったあとは、方針を急転換し、競合他社との戦いではなく、顧客に力点を置かなければならない。もし幹部たちにそれができなければ、業績は間違いなく下降線をたどるだろう。その結果、経営陣が交代するはめになるケースも珍しくない。

ひたすら売りまくれ

ハイテク・マーケティングに関して、オラクルの飛躍から学ぶべき第二の教訓は、流通チャネルを可能なかぎり迅速に拡大しなければいけないという点だ。

トルネードの最中は、大量の需要がマーケットにあふれる。あなたが応えれらない注文は、競合他社に奪われてしまう。「かまわないじゃないか。こっちにも限界まで注文が来ているんだから」と言いたくなるかもしれない。しかし、思い出してほしい。失うのは目先の売上げだけではない。半永久的な顧客をみすみす逃すはめになるのだ。あなたの顧客ベースをはたしてどこまで広げられるか、その限界がトルネード期に決まる。チャンスのうちに、ありとあらゆる手を尽くして、できるだけ多くの顧客に接触しておく必要がある。

ミニコンピュータ向けリレーショナル・データベースをめぐるトルネードのなか、オラクルと、最大のライバルだったイングレス社との決定的な違いは、ラリー・エリソン率いるオラクルが一〇〇パーセントもの成長率を達成したのに比べ、イングレスは五〇パーセントの成長に甘んじたことだ。一〇〇パーセント成長を実現するため、ラリー・エリソンは営業スタッフを毎年倍増した。収益の予測など、専門家に頼むまでもなかった。増加率は自分で決めることができた。これと決めた数字を現実にすべく、MIT、ハーバード、スタンフォードの新卒者を中心に、選りすぐりの腕利きを採用して、成果を出した者には高給を払い、落伍者は遠慮なくクビにした。

「顧客戦略プログラム」も「関係性マーケティング」も必要なかった。ひたすら売りまくるのみ。売買契約を結ぶや、顧客が製品の中身をじっくり検討する前に、さっさと立ち去る。振り向くな、後戻りするな。とにかく売って、すぐ次の見込み客のもとへ急げ。

営業スタッフの目的意識を高めるため、オラクルは毎年、攻撃対象とするライバル製品を具体的に決めた。ある年はカリネット社の「IDMS／R」、またある年はヒューレット・パッカードの「イメージ」、さらに別の年はオープンソースの「イングレス」だった。標的の製品から自社製品に乗り換えさせることに成功した場合、営業担当者には特別ボーナスが支給された。そのうち、「あそこは〇〇〇からオラクル製品に乗り換えたそうだ」というクチコミが、ライバル製品の顧客のあいだで広まって、もくろみはますます奏功した。オラクルは、競合他社の顧客グループをクチコミの伝達手段として利用したわけだ。顧客同士は、こうささやき合った。「オラクルは優秀なうえ、勝ち馬だぞ。負け馬にしがみつくより、いまのうちに勝ち馬にあやかったほうがいい」

にもかかわらず、イングレスは戦術を見直そうとしなかった。お人好しにもほどがある。彼らはこんなふうに考えた。「うちの場合、既存の顧客に十分なサービスを提供しつづけようと思ったら、五〇パーセントを超える成長なんて無理。よそだって不可能にちがいない。ところがオラクルはどうだ? 口先ではあれもこれも約束しておきながら、ろくすっぽ製品を出荷できていない。悪評はもう知れわたって、顧客は腹を立てている。いまに壁にぶち当たるだろう。自滅するざまを見物しようじゃないか。うちのほうは、まっとうなビジネスをやっているから、このままの調子でいけるはずだ」

イングレスは、誠実に事を運べば、そのぶんきちんと報われると信じていた。だが、予想は半分しか当たらなかった。たしかに一九九一年、オラクルは壁にぶつかったが、それは命運のかかった市場シェア戦争が終わったはるかあとだった。イングレスはその前に方向性を見失って行き詰まり、ＡＳＫコンピュータ社に身売りしていた。イングレスは何が起こったのか信じがたい心持ちだっただろう。まるで、『スター・ウォーズ』で悪のダース・ベイダーがルーク・スカイウォーカーの息の根を止めたかのような、まったくありえない状況に思えたに違いない。

イングレスが、そして当時の大部分の人々が理解していなかった点は、「実利主義者の顧客にとって、急速に変化しつつある市場のなかでは、秩序と安定が何よりの安らぎである」ということだ。

秩序と安定を手に入れるには、確固たるマーケット・リーダーに寄り添う以外ない。リーダーになってくれそうな企業が現れたら、さっそくエールを送る。いかに傲慢で、対応が悪く、高値で売りつけてくる企業であっても、たいした問題ではない。

したがって、トルネードの最中は、たとえ顧客の満足度が低かろうと、新規顧客を獲得することのほうが圧倒的に重要と言える。そのあたりが、オラクルの残した第三の教訓につながる。

顧客は無視せよ

じつのところ、トルネード期には、顧客を無視することこそ正しいマーケティング戦略なのだ。なにしろ顧客たちは、ホットな製品に列をなして群がっている。もてなしなど求めていない。ひたすら製品をほしがっている。こちらのこなすべき任務は、需要の創造ではなく、滞りのない出荷だ。製品の流通を妨げる行為はすべて目的に反する。その昔、ヘンリー・フォードは、生産性を高めるべく、従来なら三色から選べたボディを黒のみに絞り込んで、「どんな色のモデルTをご注文くださってても結構ですよ。すべて黒になりますが」と言ってのけた。じつに正鵠《せいこく》を射ている。

ことわっておくが、トルネードが収まったあとは、フォードも各色を取りそろえ、要望があれば紫のツートンカラーの塗装にも応じた。しかし、トルネードのさなかには、マーケットや顧客はそんなカスタマイズなど求めない。とにかく、初めての車、初めての電話、初めてのパソコン、初めてのレーザー・プリンタを手に入れたがっている。商品さえ入手できればいい。だからあなたは、できるだけ早く、容易に、安く、製品を供給することに全力を注ぐべきだ。具体的には、社内の供給能力に支障がないか目を光らせる一方、個々の顧客の特殊なニーズなど、最優先ではない要因に手間を取られないよう注意しなければならない。

念のために補足しておくと、私が言いたいのは、「トルネードの期間中、顧客であるエコノミック・バイヤーとエンド・ユーザーは無視し、インフラを維持管理する人々に製品を供給することにのみ集中せよ」ということだ。インフラの責任者は、あなたと同じように、標準製品を迅速に配備したいと考えている。それに比べて、エコノミック・バイヤーは投資効率、エンド・ユーザーは現場での利用価値に関心が強い。

ボウリング期のうちは、エコノミック・バイヤーがいちばん大切な存在だった。あなたの新しいパラダイムを、やや時期尚早ながらも採用すべきだと擁護して、渋い顔のインフラ責任者を説き伏せてくれた。基幹業務の処理を大幅に改善し、高いＲＯＩ（投資収益率）を実現したい、という意向を持っていた。

ところがトルネード期は、インフラをそっくり入れ替える大規模なシステム配備が課題だから、よほど長期的なレンジで眺めないかぎり、通常のＲＯＩのような尺度では投資効率を評価できない。現場責任者はふつう、一年から一年半以内に目にみえる結果を出すよう求められているので、今回はあまり味方になってくれない。

実際問題として、トルネード期間中に投資効率の高さをちらつかせてエコノミック・バイヤーの気を引くのは無理がある。コンピュータワールド誌などにも、たびたび、「クライアント・サーバー・システムは隠れたコストが意外にかかる」といった記事が掲載されている。もっとも、「隠れたコストがかかる」と感じる理由は、「すぐさまコスト節減につながります」と最初に吹き込まれたせいだろう。「パソコンを導入しても、生産性の向上はほとんどみられなかった」という調査結果がときおり報告されるのも、同じ原因だ。

本来、インフラに対する投資の成果が、収益の増加として明確に現れるまでには、非常に長い時間を要する。たとえば、「フォーチュン五〇〇」に名を連ねる優良企業は、一九八〇年代にパソコンに投資したものの、経済的な利益にあずかったのは、一九九〇年代初めに大規模なダウンサイジングを断行したときだった。

とはいえ、この例でもわかるとおり、パラダイム・シフトの威力は、いざ実際に現れるとじつにすさまじい。新しいパラダイムへの移行を躊躇しすぎるのは、やはり危険だ。逆にだからこそ、インフラへの投資は結局のところ正当な戦略と言える。

結論。トルネードの期間中、出来合いのインフラを社内全体に一気に配備していくあいだ、エコノミック・バイヤーやエンド・ユーザーは耳を傾けてもらえず、やや孤立する。だが、新しいインフラは間違いなく全員にとって有益だから、この戦略は擁護されてしかるべきだ。皮肉にも、効率よくインフラを敷くためには、肝心の顧客を無視しなければならない。

もちろん、多くのマーケット・リーダーの礼儀知らずな態度まで真似る必要はない。同じ戦略をもっと品よく実践しても、競合他社に大きなダメージを与えることができるはずだ。そのあたりを考察するうえで、ふたたびヒューレット・パッカードのプリンタ事業についてみてみよう。

トルネード期に勝利するための三つの心得

パソコン向けのレーザー・プリンタ、インクジェット・プリンタの市場は、ほとんどゼロの状態から二〇〇億ドル規模にまで成長した。一〇年にわたるこの二つのトルネードは、ヒューレット・パッカードの貢献によるところが大きい。おもに製造技術をめぐる競争だから、ふつうは日本企業が得意とする領域のはずだが、米国企業が早い段階で勝利を決めた。

ここまでなら驚くほどではないものの、なんと、ヒューレット・パッカードの最大のライバルだったキヤノンは、日本企業であるばかりか、すべての中核技術を何らかのかたちで事前に掌中に収めていた。なのになぜ、トルネードのなかでヒューレット・パッカードが勝利したのだろうか。

同社は、トルネード期に重要な三つの心得を教えてくれた。

①ひたすら出荷する。
②流通チャネルを拡大する。
③順次、価格の引き下げをめざす。

ヒューレット・パッカードの場合、「ひたすら出荷する」という基本方針は、積極的な性能改良と切っても切り離せない関係にあった。性能の向上に伴ない、まずレーザー・プリンタの生産を、つづいてインクジェット・プリンタの生産を、何度か一時的に大きな障害にぶつかったものの増強していった。その甲斐あって、需要の急増がつづくなかでも製品の出荷には困らなかった。トルネード期には、品質と生産能力がきわめて重要だ。もし製造の段階でつまずいたら、たちまち戦線離脱を余儀なくされる。自動車レース中にメカニカル・トラブルに見舞われるのと同じで、ピット・ストップは痛い時間ロスになる。

ここまではごく当たり前と思うかもしれないが、他社と比較すると、ヒューレット・パッカードの力量はきわだっている。たとえばＩＢＭは、ノートブック・パソコン「シンクパッド」で大人気を集めながら、供給不足に悩んだ。デルは、重要なトルネード期のあいだ、マーケットが求めるノートブック製品をまったく出せなかった。ソフトウェア業界を眺めてみても、ロータス、アシュトン・テイト、マイクロソフトなどが、出荷予定日から一年以上経ってもまだ製品を発売できないという失態を演じている。

ヒューレット・パッカードが「ひたすら出荷する」を実践できた背景には、同社の企業文化がある。社風のベースは合意による意思決定と信頼で、部署の枠を越えたコミュニケーションが念入りに図られ、業務の安定性やスムーズな規模拡大に役立っている。また、信頼に満ちているぶん、大胆な権限委譲が進んでおり、合意にいたるプロセスが複雑すぎて迷宮入りするという心配もない（じつを言うと、同社は一九八〇年代末、マトリックス・マネジメント方式を採り入れ、中央集権的な体制になりすぎて迷走しかけたのだが、創業者のウィリアム・ヒューレット、デビッド・パッカード両氏がみずから介入して、もとどおりに軌道修正したという経緯がある）。

プリンタ部門が、信頼にもとづく権力分散型の企業文化を貫くことができたのは、同部門を率いるディック・ハックボーンという人物の功績だ。彼は、配下の管理職者たちに向かって、「マーケットを積極的に攻撃する責任も、そして権限も、きみたちにある」と、繰り返し強調した。

もう一つ、「ひたすら出荷する」戦略の大事なポイントは、返品をいっさい受けずにすむように品質管理に努めることだ。たとえば、大手マイクロプロセッサ・メーカーが、トルネードの最中、主力製品を出荷したあとに深刻なバグの存在に気づいたとする。いったいどうなるだろうか。実際にインテルは、バグが広く報道されたペンティアムを全面回収せざるをえなくなり、五億ドルのコストを背負い込んだ。インテュイット社も、税務申告書ソフトのターボタックスを出荷後、重大な計算ミスの恐れを指摘され、インテルよりもすなおに問題を認めてすぐ対処したものの、やはり相当な痛手を被った。

伝統的に品質を重んじるヒューレット・パッカードでさえ、同様のトラブルを避けられなかった。一九九三年、インクジェット・プリンタの給紙機構に新型のゴム・ローラーを組み込んだところ、翌年になって、新しいゴムは、六カ月ほど使用すると表面に細かい粉が浮き出て粘着力が低下し、紙送りが不能になることが判明した。この時点までに一一〇万台を出荷ずみだった。どう対処すべきか。プリンタ部門の幹部たちは、四月に問題が発覚して以来、その年の終わりまで、毎朝八時に対策会議を開きつづけなければいけなかった。トルネードのさなかに厄介事が持ちあがると、これほどの苦労をしいられてしまう。

さて、トルネード期の第二のポイントは、流通チャネルを拡大して、顧客に接する機会を最大限に増やすことだ。

ヒューレット・パッカードは、パソコン用のレーザー・プリンタを新発売した当時、間接流通チャネルを使った経験がほとんどなく、直接販売でない製品といえば、人気の卓上計算機シリーズがせいぜいだった。レーザー・プリンタの価格が一万ドルを超えている段階では、それでもとくに問題なかったが、価格が下がる——いや、積極的に下げるうち、小売りルートの整備が課題となり、パソコンのディーラー網を活用しはじめた。

現在、パソコン向けプリンタはインクジェット方式が主流を占め、低価格化の一途をたどり二〇〇ドル以下にまでなっているが、ヒューレット・パッカードは引きつづき、流通チャネルを拡大し、コンピュータ量販店、オフィス用品を扱う大型店、通信販売、さらにはディスカウント・チェーン店などの一般小売店にまで手を伸ばしている。

ルールは単純明快だ。トルネードのなかにいるあいだ、棚を空にしてはいけない。ところが、キヤノンはこの掟を守れなかった。パソコン業界との付き合いが浅かったため、どうやって流通ルートを確保すればいいのかわからなかったからだ。ようやくノウハウをつかんで一九九二年に米国に強力な販売部門を置いたものの、ゴリラを座から引きずり下ろすには遅すぎた。

キヤノンは日本企業だから、米国マーケットでの流通を安定させるまでに手間取ったことは、ある程度いたしかたないかもしれない。問題は、そのようなハンディのない米国のベンダーが、あえて流通チャネルを広げようとしない例が目立つことだ。たいがいは、高級なイメージを保って利益幅を上げようとする戦術が原因だ。これがどんな結果を生むかは、いまではよく知られている。すなわち、

なんらかの流通チャネルをおろそかにすると、そこが無防備になる。

ゴリラが埋めきれなかった棚には、他社の品質の悪いクローン製品が並ぶかもしれない。初めのうちは違いが歴然としているため、さほど問題にならないだろう。だが、マーケットがしだいに低価格製品へ移行するにつれて、クローン・メーカーが波に乗り、「二流のチャネル」の流通量が「一流のチャネル」を圧倒しはじめる。このような推移につけ込んで市場シェアを伸ばした例が、たとえばパッカード・ベル社だ。パソコン本体の出荷台数で首位に立ちつづけ、コンパック、IBM、アップルといったビッグネームをしのぐまでになった。

ブランド力を売りにする一流企業は、安っぽいイメージになるのを恐れて、パッカード・ベルの低価格路線に追随したがらない。ハイエンドの流通チャネルにとどまるほうが無難と判断し、顧客が「ブランド価値」に割増料金を払ってくれることを期待する。しかしこれでは、狭い陣地のなかへじりじり後退していくのも同然だ。いうまでもなく、門前には野蛮な敵の群れが押し寄せてくる。トルネード・マーケティングにおける第三の重要ポイントである価格管理について、間違いなく認識を誤っている。

トルネード期の価格戦略

トルネード以前は、マーケットの価格弾力性があまり大きくない。製品の価値は、ビジョナリーの構想か、あるいはニッチ顧客の価値判断にもとづいて決められるから、あくまでその価値に応じて売価を設定でき、利益幅を最優先できる。一般消費者の顔色をうかがいつつ、市場シェアの増減を気をつかって価格を決める、といったケースとは事情が違う。

ところが、トルネードが過ぎたあとは、マーケットの価格弾力性が跳ねあがる。トルネードを通じて、ホールプロダクトが普及し、ついにはコモディティ化したため、大量の一般ユーザーを意識しながら価格付けしなければならず、急速に拡大するマーケットやシェアを優先して考える必要が生じる。

このように、トルネードのあいだに、価格の基準は価値本位からマーケット本位へ移行していく。とくにトルネード期の後半は、この変化を味方につけて、市場シェアを獲得しなければならない。なかでも小売マーケットの場合、価格の管理は大きな意義を持つ。新たな価格帯に突入すれば、いままで高すぎると感じていた消費者の購入意欲に火をつけられる。ふつう、値段の数字の末尾を九九にすると、買う気をそそりやすいといわれる。九九九ドル、七九九ドル、四九九ドル、二九九ドル、九九ドルなどだ（もちろん、実際には製品カテゴリーによって事情が異なるほか、外国為替レートにも左右される）。法人の購買傾向も、おおまかには同じといっていい。ワークステーションの価格が五万ドルを割ったとき、さらにその後一万ドルを下回ったとき、一気に販売量が増加した。

注目してほしいのは、戦略的に次の低価格帯へ突入すると、まったく新しい潜在顧客を発掘できることだ。マーケットに熱い視線を送りつつも、まだ自分たちには高嶺の花だと手をこまねいていた顧客が、堰《せき》を切ったように製品の購入に踏みきる。これにより、あらたに大量の需要が生まれて、ベンダーは市場シェアを伸ばすとともに、将来に向けて顧客を囲い込むことができる。

すでにマーケット・リーダーが存在する場合、しばらくは、リーダーが対抗して値下げに踏み切るかどうかを見きわめるかたちになるが、顧客側としてもそう長くは待っていられない。リーダーに値下げの意思がなさそうだとなれば、類似品を受け入れる。理屈はいたって単純だ。トルネード期の顧客は、結局どこかから製品を調達する。あとは、誰から買うかの問題でしかない。

そうとわかっていても、実際の行動に反映するのはなかなか難しいだろう。高い利益幅に一度慣れてしまうと、それを手放す気になれないものだ。IBMは、コンパックが低価格競争を仕掛けてきた際、値下げを断行できなかった。そのコンパックも、デルがさらに低価格で挑んできたとき、反撃に出られなかった。両社とも、のちに方針を転換したが、めざわりな新しいライバルが地位を固めたあとだった。これとは対照的に、ヒューレット・パッカードは、売上高やマージンを犠牲にしてでも、貪欲に価格の引き下げを繰り返した。同社CEOのリュー・プラットは、こんなたとえを何度も口にした。「われわれが目の前のランチを食べなかったら、他人が食べてしまう」

マーケット・リーダーが真っ先に次の価格設定ポイントへ移行した場合、競合他社が対抗できる余地はほんのわずかしか残らない。おおまかに言えば、リーダーが先陣を切って一般ユーザーのマーケットに到達し、優位性をますます強めていく。他社は、リーダーの供給チャネルに弱点がないか、未開拓の顧客層がないか、幸運を祈りつつ探しまわるほかない。何らかの空白を見つけるか、カバーしきれなかった隙間を埋めるしかないのだ。長期的には、トルネードから撤退してボウリング・レーンに逆戻りすることも検討せざるをえないだろう。何かまた新しい製品を出して、リーダーの支配力が及ばないニッチ市場をあらためて形成するわけだ。

インテルとマイクロソフトが教えてくれたこと

ここまで、トルネード・マーケティングに必要な、従来とは異なる戦略方針について、四つの観点から説明してきた。すなわち、ターゲット顧客（顧客を無視し、ひたすら出荷する）、流通チャネル（できるだけ積極的に拡大する）、価格戦略（真っ先に次の低価格ポイントに到達する）、競争（容赦なく直接攻撃する）。インテルやマイクロソフトの戦略をあらためて眺めてみれば、これらの教訓すべてを同等に重視して実践していることがわかる。

一九九三年末、シリコンバレーのハイテク企業上位一五〇社の利益を合計すると、じつに、その約半分がインテルによって占められていた。マージンで丸々と肥えた大きな牛が、やせっぽちの低価格路線のライバルたちを余裕綽々《しゃくしゃく》で迎え撃っているという構図だ。事実、インテルは、どのマイクロプロセッサ市場でも、ほぼ独占状態を維持している。なのになぜ、定期的に二〇ないし三〇パーセントの値下げを断行しているのだろうか。答えは簡単だ。CEOのアンドリュー・グローブを中心とした同社経営陣は、トルネード・マーケティングに関して書籍で学ぶまでもない。みずから一冊執筆しているほどで、しかも同社の合い言葉は、「極度の心配症だけが生き残る」なのだ。

マイクロソフトもよく似ている。一九世紀、ペーコス・ビルという伝説上のカウボーイは、トルネードの上に乗ったり、その動きを操ったりできたと言い伝えられている。しかし二〇世紀には、同じビルでもビル・ゲイツという人物が、ワシントン州レッドモンドに君臨し、トルネードを自在に操る術を実演してみせた。

インテルとマイクロソフトの成功ぶりを分析すると、これまで考察した四つのポイントに加え、トルネードのなかでいかにしてホールプロダクト、パートナー、提携企業を管理すべきかがわかる。手順は以下のとおりで、単純明快ながらも情け容赦がない。

①パートナーをつのり、共同作業によって強力なホールプロダクトをつくる。
②このホールプロダクトを普及させ、マーケット・リーダーに立つ。
③パートナーを片っ端から追放して、ホールプロダクトを一般ユーザーにまで広める。

要するに、ひとまずパートナーを招き入れ、あとで追い払うのだ。

とりあえず最初はパートナーをつのる。ボウリング・レーンで勝利するための鍵は、慎重に顧客を選んでホールプロダクトを提供し、ホリゾンタルな汎用マーケットに先立ってニッチ市場を開拓することだ。CD－ROMを例にとれば、マイクロソフトは、トルネードが発生する七、八年ほども前の一九八五年から、パートナーを念入りに育成したり、年次カンファレンスを開いたりしはじめた。インテルも、PCMCIAカードのベンダー、並列コンピュータの設計者、ビデオ・オン・デマンドの起業家などを、まずは味方につける戦略をとっている。

次に、このホールプロダクトを普及させて、マーケット・リーダーの地位を得る。なんらかの自社製品がもしトルネードに向かいはじめたら、今度は、あらかじめ選んでおいたパートナー各社と共同で、マーケット・リーダーの地位固めをすることが目標だ。利用者にとって絶対に不可欠なソリューションを供給する。

DOSのトルネードに関して言えば、不可欠な構成要素とは、インテルのマイクロプロセッサ「286（のちに386）」、マイクロソフトのオペレーティング・システム「MS—DOS」、ロータスの表計算ソフト「1—2—3」、マイクロプロ社のワープロソフト「ワードスター」、アシュトンテイト社のデータベースソフト「dBASE」、シーゲート社あるいはコナー社のハードディスク、ヒューレット・パッカードのプリンタ、さらに、ファイルや周辺機器を共有するためのノベル社の「ネットウェア」という組み合わせだった。DOSトルネードの最中は、これら各社が非常にスムーズに連携し、共存共栄した。

仕上げは、パートナーを追放して、ホールプロダクトを一般ユーザーにまで広めることだ。ゴリラとしてのポジションを確立できたら、今度は、いままでのパートナーを駆逐する番だ。一九九一年に業界がウィンドウズのトルネードへ移行したとき、マイクロソフトは戦略を大きく転換した。新たな序列のなかでは、インテルが、486やペンティアムといったマイクロプロセッサを擁して、引き続き中心的な役割を果たしたほか、シーゲート社およびコナー社のハードディスク、ヒューレット・パッカードのプリンタも、重要な位置を占めた。しかし、ロータス1—2—3とワードパーフェクト（DOSトルネードの途中でワードスターにとって代わったソフト。詳しくは後述）は、マイクロソフトによって追い散らされた。

きっかけは、ロータス1—2—3とワードパーフェクトがウィンドウズになかなか対応せず、約二年間もエクセルとワードに市場を占有させてしまったことだ（理由は本章のなかで説明する）。のちに、両製品ともウィンドウズ版が完成して追撃態勢に入ったが、マイクロソフトはもう次の段階へ進んで、ワープロソフト、表計算ソフト、プレゼンテーションソフト、電子メールソフト、データベースソフト（いずれも市場シェア一位）を一つにまとめ、オフィス統合パッケージとして販売する戦略に打って出た。このパッケージを購入した一般消費者ユーザーは、すでに一番人気のワープロソフト「ワード」と表計算ソフト「エクセル」を必然的に選択するのはもちろん、同梱されたほかのマイクロソフト製アプリケーションもいつのまにか導入することになる。このオフィス統合パッケージには、ライバル製品を蹴散らすにとどまらず、完全に締め出す意図が込められている。トルネード期の戦いとはいえ、まったくもって非情きわまりない。

こうしてパートナーを駆逐しようとするのは、ゴリラが貪欲だからという理由だけではない。ホールプロダクトを一般消費者市場に本格的に浸透させるには欠かせないプロセスだからだ。トルネードのマーケットでは、定番製品としての地位を確立（インスティテューション化）したあと必ず、誰もが持っていて当たり前のものとして広く普及（コモディティ化）していくという段階が訪れる。つまり、マーケットがすでに標準と認定ずみの各種製品の組み合わせに、うまく溶け込むわけだ。

マーケットは本来、コストを抑え、スムーズな流通によって必要な物品をできるかぎり幅広い顧客に行きわたらせようと作用する。標準の組み合わせを構成する製品が少ないほど、マージンを求める供給業者の数が減り、ホールプロダクトの価格を下げることができ、流通もサービスも安定して容易になる。ホールプロダクトのコモディティ化は、一般消費者市場の必然的な方向性だから、遅かれ早かれ必ず起こる。あとはただ、あなたがその流れに自社の戦略をどう合わせるか、だ。

さて、マイクロソフトはいま、クライアント側ではウィンドウズ95、サーバー側ではウィンドウズNTという、次のOSトルネードへ移行しつつある。その移行に合わせて、ノベル社を排除しようと狙っている。クライアント側にもサーバー側にもネットワーク機能を完備した以上、別個のネットワークOSはもう必要ない。同様に、長期的には、ヒューレット・パッカードのプリンタが備える付加価値を「マイクロソフト・アット・ワーク」という技術で、ロータス・ノーツ（つい最近、実質的なパートナーとして迎え入れたばかりの製品）を「マイクロソフト・エクスチェンジ」で、オラクルのデータベースを統合パッケージ「バック・オフィス」で、それぞれ置き換えたいらしい。しかし、短期的にみると、マイクロソフトはどのベンダーとも提携しているし、ベンダー各社もこころよく応じている。なぜだろうか。

動機は金だ。マイクロソフトと手を組んで儲けた企業は数知れない。同社のプラットフォームは普及度が高く、無数のインフラで採用され、標準規格となっている。大手ベンダーは、マイクロソフトを排除する戦略を温めているが、両者が手を組んで休戦状態に入れば、間違いなく相互に利益がある。

しかし、もっとはるかに小さな企業の場合――ゴリラがまだ参入を見送っているニッチ分野で、コア・システムに細々と付加価値を追加する企業などの場合――マイクロソフトに肩入れしてどのくらいの得になるかは、やや心もとない。アップルから独立した個性的な人物、ジャン＝ルイ・ガセーは、この種の提携戦略を「ローラー車の前での小銭拾い」と表現した。いつ押しつぶされるかわからない。本書の比喩に合わせて表現するなら、「他人のトルネードにタダ乗り」と言ってもいいだろう。

トルネードをみずから発生させることができるほどの強い影響力を持つ企業は、ごくわずかしかない。さいわい力がある場合は、マイクロソフトやインテルにならって、ここまで説明したように他社を締め出す戦略を用い、持てるパワーを最大限に活かすべきだ。それ以外の企業は、締め出し戦略をやむをえないものとあきらめて、ゴリラの周辺でどうにかして儲けるべく最善を尽くすほかない。

たとえばスタック・エレクトロニクス社は、まさしくそのような姿勢をとり、「ウィンドウズが、ファイル圧縮機能の特許を侵害している」とマイクロソフトを告訴し、和解を勝ち取ったあと、晴れてパートナーとして提携した。ちょうど、映画『ゴッドファーザー』のなかで、裏切りがばれて捕まったマフィアがつぶやくシーンのように。「ボスに伝えてほしい。悪く思わないでくれ、たんなるビジネスだったんだ、と」

失敗から学ぶ四つの教訓

さて、ハイテク企業がトルネードに乗じていかに成功したかという例をいろいろとみてきたが、このあたりで、失敗例も検討しておくべきだろう。膨大な富が渦巻くトルネードに遭遇していながら、苦労してつかんだものが「敗北」だったとなると、これ以上の悲劇はない。しかし、実際にそういうケースは、けっして珍しくない。

先にひと言弁護しておくと、以下に挙げる企業の「失敗」は、その時点においては「なかなかよさそうなビジネス戦術」だった。だから、ある程度は仕方ない。だが、われわれが同じ過ちを繰り返すのは恥ずかしい。

①どんな大企業であれ、トルネードを一社でコントロールしようとするのは無理がある。試みるなかれ。

ビデオデッキを例に説明しよう。かつてビデオデッキのトルネードが発生した時点では、マーケット・リーダーはソニーで、優勢な技術はベータマックス方式だった。しかしその後、ベータ方式のビデオデッキは姿を消し、一般消費者向けのビデオデッキは、すべてＶＨＳ方式になった。なぜこんな事態が起こったのだろうか。

それはソニーがトルネードをコントロールしようとしたせいだ。同社が他社に技術をライセンス供与したがらなかったため、ほかの企業がマーケットから締め出されたうえ、ビデオソフトの流通業者は、たった一社の狭い門を通じて顧客に接するほかなかった。ソニー側の言い分としては、「ベータマックスはうちの技術だ。多大な投資をしてマーケットをこの段階まで育ててきた。いまさら、よその企業と技術を共有する必要があるだろうか？」ということになる。だが、現在の目で振り返ると、「その必要がある」と断言できる。トルネードの需要を満たさなければいけないからだ。

トルネード期の需要は、供給をはるかに上回る。それなのに、ベンダーが供給を制限するような行動をとるのなら、それはトルネードに戦いを挑んでいるに等しい。マーケットにそっぽを向かれて、孤立し、自滅するはめになる。他のビデオデッキ・メーカーやビデオソフト流通業者は、ソニーに対してまさにそのような反応を示した。

もっとも、事態の決着がつくまでの数年間、レンタル店はベータとＶＨＳ両方の機器を扱い、ソフトについても二つのコーナーを併設していた。この期間のうちにライセンス供与に踏みきれば、ソニーは窮地を脱することができたかもしれない。ＶＨＳを追い落とすまでにはいたらなくても、ベータの生き残りは可能だっただろう。しかし、同社はその道を選ばなかった。

似たような事例が、パソコン業界にもある。ＩＢＭは、マイクロチャネルという三二ビットのバス・アーキテクチャを独自開発し、その使用にあたってライセンス契約を義務づけることで、ＰＣトルネードの主導権を取り戻そうとした。しかし、コンパックを中心にほかのＰＣベンダー各社が反旗を翻して、ＥＩＳＡアーキテクチャなる対抗規格をつくった。最終的にはどちらの規格も勝利せず、実利主義者たちは従来のまま一六ビットのＩＳＡバスを使いつづけたが、ＩＢＭの顔に泥を塗ることに成功したコンパックは、新しいマーケット・リーダーとして浮上し、ＩＢＭは面目丸つぶれとなった。これより前、ＰＣは「ＩＢＭ互換」と呼ばれていたが、以後、「ＤＯＳ互換」「ウィンドウズ互換」と称されるようになった。

トルネードをコントロールしたい誘惑に駆られた点では、アドビ・システムズも同様だった。同社は「ポストスクリプト」というフォント技術をフェニックス社などのサードパーティにライセンス供与していたものの、三段階あるレベルの第二段階までしか対象としなかった。フォント規格の完全なコモディティ化を求める動きが高まっているにもかかわらず、あくまで第三レベルを占有して優位に立とうとするアドビに対して、業界は「トゥルータイプ」と「ロイヤル」という二つの対抗規格を開発した。

二方向から攻めたてられたアドビは、強行姿勢を崩したものの、すでにマーケットでの評価はかなりのダメージを負っていた。何より注目してもらいたいのは、このトラブルを招いた元凶が、アドビの姿勢にあったという事実だ。コモディティ化を望むPC業界のニーズに応えられず、自身が生じさせたボトルネックを解消することに消極的だった。トルネードに逆らう者は、吹き飛ばされる。先ほどのマフィアのせりふをもじって、こう言ってもいいだろう。「悪く思わないでくれ。たんなるトルネードの作用なんだ」

トルネードの需要は誰かが満たすことになるのだから、戦略としては、先頭を切って精力的な供給に努めるにかぎる。IBMのPC事業が好調な滑りだしだった理由はそこにある。互換機を容認する戦略によって、供給量にゆとりが生まれて、同社のアーキテクチャがインスティテューション化し、次いでコモディティ化していった。そのような状況のもとでは、現状を維持することが業界全体の利益につながる。本来、マーケット・リーダーの地位も安泰である。

ところが、IBMは途中から新しいバス・アーキテクチャを提唱するなど、流れに逆行したせいで、マイクロソフトやインテルほど効率よく優位性を活かせなかった。いまにして思えば、IBMは、マージンの低さに怖じ気づいてしまったのかもしれない。じつは、ヒューレット・パッカードがプリンタ事業で実証したとおり、低価格かつ低マージンこそ、市場シェアに直結する。トルネードに製品を送り込むためには、価格の引き下げを繰り返す必要がある。

②トルネードのさなかに不連続性を交えるべからず。

あなたがどんな製品アーキテクチャをたずさえてトルネードへ飛び込むにせよ、トルネードの期間中はそのアーキテクチャを守り通すべきだ。多少の問題点があっても、不連続的な見直しをすべきではない。かつての人気ワープロソフト「ワードスター」がどのような運命をたどったかをみれば明らかだろう。

PCのトルネードが発生した当初、たちまち定番化してマーケット・リーダーになったソフトウエア製品が三つあった。ロータス社の表計算ソフト「ロータス1―2―3」、アシュトンテイト社のデータベースソフト「dBASE」、マイクロプロ社のワープロソフト「ワードスター」だ。いずれも、初期のDOSマーケットで五〇パーセント以上の市場シェアを持っていた。ところが数年後、何の新しいパラダイム・シフトも起きていないのに、ワードスターはワードパーフェクトにマーケット・リーダーの座を奪われてしまい、二度と返り咲くことはなかった。

メインストリーム市場では、さまざまな点でマーケット・リーダーが圧倒的に有利だから、ワードスターの人気急落は、にわかには信じがたい話だ。しかし、じつは以下のような経緯がある。トルネードが巻き起こって、ワープロソフト分野のマーケット・リーダーに立ったと気づいたマイクロプロ社は、ただちに、あらゆる開発努力をほかの方面に向けた。なぜかといえば、当時の常識では、一つの製品だけに頼っていては経営が行き詰まると考えられていたからだ。ロータス社とアシュトンテイト社も、同様の行動をとった。三社いずれも、自社が本当に誇る製品をほったらかしにして、別のビジネス機会を追い求め、莫大な金を費やした。

ただ、マイクロプロ社は他の二社と違い、強力なライバル製品が出現したとき、唐突な行動に出てしまった。ロータス社とアシュトンテイト社が、通常どおり、既存の製品をアップグレードしたのに対し、マイクロプロ社は、よそのベンダーからプログラミングコードを買い取って、「ワードスター2000」というまったく別物の新製品を発売した。機能面ではたしかに従来をはるかに上回る製品だったが、多くの長所を帳消しにする致命的な短所を一つ持っていた。それまでのワードスターと、ファイルフォーマットの互換性がなかったのだ。

その結果、ワードスターの利用者は、不連続的なイノベーションをよけいにもう一つしいられるはめになった。テクノロジー・ライフサイクルがまた振り出しに戻ったといってもいい。どのみち移行に手間暇がかかるとなれば、マーケット・リーダーの製品にしがみつく理由はない。過去の投資は御破算になったのだから、ワードスター2000は、とりたてて優先候補ではない。折しも、対抗馬の「ワードパーフェクト」が徐々に勢いを増しており、そちらを選んだほうが賢明に思えた。トルネードのなか、何かしらのワープロソフトは必需品だった。ユーザーは早急に決断を下した。一度ワードパーフェクトを選択したユーザーを、マイクロプロ社が取り戻すのは、もはや不可能だった。

いま振り返ると、このような状況では、既存の製品アーキテクチャを堅持するのが正しい戦略だった。たとえ時代遅れの使用感であってもアーキテクチャを変更しない、せめて、すでに普及しているデータ形式との互換性は保つべきだった。ウィンドウズはDOSとの互換性を維持したし、IBMのAS／400も、トルネード中にシステム／38およびシステム／36との互換性を確保した。インテルが286から386のマイクロプロセッサに移行した際も、アーキテクチャを若干ゆがめてまで、互換性にこだわった。

原則として、連続的なイノベーションはマーケット・リーダーに有利に働くが、不連続的なイノベーションは、むしろ競合他社を利してしまう。あなたがもし現在、トルネードのなかで勝者なら、マーケットの連続性を守ったほうが得策だ。ゴリラの地位に立っていなくても、現状で十分な利益があるなら、連続性をキープしたほうがいい。不連続性を追求すべきなのは、いまのところ業績が振るわず、今後新たなトルネードが起これば勝算があるという場合のみだ。

③トルネード中にサービスを売りにするな。

目下進行中のパソコン業界のトルネードをみると、受難者が最も多いのは、ＰＣディーラー・チャネルだろう。大手のコンピュータランド社やビジネスランド社は、かつて急成長したが、すでに姿を消してしまった。年々、トルネードの大量需要が積み重なり、パソコン関連製品がコモディティ化したため、専門的なサービスは必要なくなって、それを特長にしていた業者は深刻な打撃を受けたわけだ。

先行きが風前の灯火になってきたころ、ビジネスランド社は、法人向けのサービス・プロパイダに転身しようと、懸命の売り込みをかけた。製品販売については赤字にならない範囲でぎりぎりまで値段を下げ、サービスの提供によって利ざやを稼ぐ戦略だった。トルネード後期やメイン・ストリートのマーケットでは、コモディティ化のせいでマージンが低下するため、この手の戦略をとることが珍しくない。実際に、メインフレームやミニコンピュータのメーカーが、システム構築を請け負うシステム・インテグレータに商売替えしようと試みた。

しかし、この戦略はたいてい成功しない。コモディティ化の本質は、いままでにない低価格が可能になるという点にあるのだから、マーケットは、せっかく浮いた経費をサービスに注ぎ込もうとはしたがらない。

いずれにせよ、多くのパソコン・ディーラーの戦略は失敗に終わった。現在、マーケットで顧客に受け入れられている業者は大きく三種類ある。コモディティ化の流れをとらえた量販店チェーン、まだコモディティ化にいたらないニッチな需要に向けて、高度な付加価値ソリューションを提供する専門的なVAR（付加価値再販業者）、店頭での一般消費者向け販売をあきらめ、法人向けに販売を働きかける方式に転向した、従来型のパソコン・ディーラー。いずれも、トルネードのなかで生き残っていけるポジションだ。しかしこの時期、ホールプロダクトはすでに統合が完了ずみとみなされているだけに、システム・インテグレータの出番はない。いまさら統合サービスを看板に掲げるのは、トルネードに逆らうも同然だ。

④トルネードを防ごうとあがくのは無駄。

一九八〇年代の後半、オペレーティング・システムをめぐる標準争いが勃発し、PCマーケットは初めての激震に見舞われた。当初は誰もが、新しい標準規格はOS／2になると考えていた。だが、しだいにウィンドウズの形勢が有利になってきた。未熟なOSを二つもサポートしなければいけないとなると、ISV（独立系ソフトウェア・ベンダー）は過大な負担を強いられることになる。そこで、ロータス社、ワードパーフェクト社など、多くのベンダーはOS／2のみサポートする道を選択した。

当面は、たしかに妥当な戦略だった。ところが、徐々にウィンドウズの存在感が増してきてもなお、ロータス社とワードパーフェクト社は方針を軌道修正しようとせず、結果的にウィンドウズ用のワープロソフト、表計算ソフトウェアの分野で、マイクロソフトに二年間の先行リードを許してしまった。この差によって、両社ともゴリラの地位をマイクロソフトに奪われ、ワードパーフェクト社は完全にお手上げ状態（のちにノベル社に買収された）、ロータス社も甚大な被害を被った。

こうした事態を招いた原因は、トルネードを否定しようとしたことにある。両社の意図は明らかだった。主力製品であるワープロソフトや表計算ソフトをウィンドウズに移植するには、開発作業にたいへんな手間暇を費やさねばならない。おまけに、どうせマイクロソフトの後塵を拝する格好になる。このままウィンドウズには移植しないで、OS／2が正当な標準オペレーティング・システムだと主張しつづければ、ウィンドウズはホールプロダクトとして不完全に終わり、マーケットの圧力によって、逆にマイクロソフトがOS／2へ移行させざるをえなくなり、こちらがリードできると考えたわけだ。

最初しばらく、とりわけウィンドウズ2・2がつまずいた時点あたりまでは、この戦略は上々だった。ただ、これほど重量級の製品が二つ、標準の座をめぐって激突しているとなると、どちらが勝つかは予断を許さない。そこで、実利主義者の顧客は、いかにも実利主義者らしい態度を示した——つまり、成り行きを静観することに決めたのだった。

ウィンドウズ3・0が出荷されるころまでに、形勢はほぼ決し、大多数のISVが、OS／2ではなく、ウィンドウズを支持しはじめた。また、マイクロソフトのワープロソフトと表計算ソフトは、機能がきわめて充実してきた。しかし、この段階にいたってすら、ロータス社とワードパーフェクト社は、はかない望みにすがって従来戦略に固執した。心理学者も説いているとおり、流れを否定するような戦略は、手痛い敗北につながる。

あなたが大企業クラスの資源を有しているのなら、標準規格争いが起こった場合、ひとまず、どれが勝っても大丈夫なように資源を分散し、おいおい勝敗が決まってきたら、敗者たちから少しずつ手を引き、勝者に比重を移していくという策をとるのが正解だろう。つまり、どれか一つでも形勢不利となったら、それはすぐに見捨てて、上昇気運に乗っているほかの選択肢に資源を回す。こうして一つずつ減らしていき、最終的に一つだけに絞り込む。どの時点においても、希望的観測に頼ってはいけない。ギャンブルは御法度だ。浅く広く賭けておいて、あとは淡々と、失敗を切り捨て（成功を拾い）、地道に進んでいくのだ。

一方、もしあなたが資源にそれほど余裕がなく、あちこちに同時に賭けることができないなら、以上の点はたいした問題ではない。もちろん、賭けにしくじれば、トルネードのプラットフォームにあやかりそこなう。しかし会社の規模からいって、どのみちゴリラになれる可能性などなかっただろう。今回のトルネードに乗れなかったからといって、致命的な事態にはなるまい。いや、かえってよかったのかもしれない。もっと小さな市場分野で、やがてマーケット・リーダーになれる可能性があるのだから。

アップルのマッキントッシュ戦略は失敗だったか

マッキントッシュの発売当初から現在にいたるまで、アップルの戦略をめぐって、やれ成功だ、やれ失敗だと、過ぎたことを結果論でとやかく騒ぐ人々が、シリコンバレーにはおおぜいいる。おおかたは、「トルネードを起こしかけては、失敗してばかり」という意見だろう。けれども私は、真っ向から逆の見解を示して、本章を締めくくりたいと思う。

まずは、アップルのいままでの戦略を明確にしておこう。同社は、PCトルネードを阻止しようとしない代わり、じかに飛び込みもしないという立場を選択した。その代わり、IBM互換ではないパソコンを扱う唯一最大の企業となった。また、オペレーティング・システムのライセンス供与をいくどとなく検討しながらも、PCトルネードがとうに過ぎ去った一九九四年まで、他社への供与を見送った。より高い付加価値によってマーケットを育てる戦略に出たのだ。

トルネードのなかでそのような戦略をとった場合、結果はどうだろうか。型どおりの予想で言えば、こうなる。

- 当面は、つくったものをすべて売り切ることができる。トルネードの最中は、あらゆるベンダーが豊富な需要に恵まれるから、他社に見劣りしない好業績を残せる。
- 魅力的な製品カテゴリーであるばかりか、高い付加価値まで提供しているため、法外なマージンを得られる。
- しかし、トルネードの戦いにはやがて敗れる。低価格路線をとるどこかほかの企業が、コモディティ化を図り、ひたすら出荷する。

●市場シェア争いのゆくえがはっきりしはじめ、他社が勝つことが明確になるにつれて、トルネードからは追い出され、ニッチ向けあるいはハイエンド向けの企業というレッテルを貼られる。

いま振り返ると、パソコン革命期のアップルは、まさにこのとおりの道をたどったようだ。同社は当初、あくまで製品カテゴリーとしてパソコン市場に参入した。少なくとも法人向けには、マーケット・カテゴリーという扱いをしなかった。なぜ法人を相手にしてゴリラになる道をはなから放棄したのだろうか。

当時、法人向けにトルネードを起こし、マーケット・リーダーになれる企業は、IBMのみとみなされており、実際そのとおりだったからだ。すなわち、一九八〇年代初頭の状況下では、IBM以外の企業が巨大なコンピュータ市場を先導し、支配することなど、まったく想像できなかった。IBMがパソコン市場に参入するのを、誰もが待ち望んでいた。そんなわけで、IBMがついに参入を果たした時点で、アップルには勝ち目がなかった。事前に講じられる防御策もなかっただろう。

そこでアップルは——私に言わせれば、賢明な戦略だが——トルネードから身を引いて、グラフィックス用、ビジネス・プレゼンテーション用、家庭用、教育用のマーケットを狙い、強力なニッチ市場リーダーという地位を築いた。その甲斐あって、IBM互換パソコンがPC市場全体の八〇パーセント以上ものシェアを占めているにもかかわらず、アップルのマッキントッシュも、ニッチ市場では同様に支配的な市場シェアを確保できた。

さて、このような戦略をとったアップルは、勝者なのか敗者なのか。私の見解では、「配られたトランプ札の範囲で、的確にゲームを進めた」。競争の次なる段階として、マーケットがマッキントッシュのGUI（グラフィカル・ユーザー・インタフェース）を受け入れた局面でも、アップルの戦略は筋が通っていた。

少なくとも理屈では、この時点で同社がマッキントッシュOSを他社に広くライセンス供与しはじめれば、ウィンドウズの快進撃を阻止したり、せめて影響力を鈍らせたりするチャンスがあったはずだ。アナリストの大半は、こう論じる。「もしライセンス供与に踏みきっていたら、マッキントッシュ互換のパソコンはもっとはるかに普及したはず。ただでさえ、マッキントッシュに特別なこだわりを持ち続けているISVが少なくないのだから、普及率が伸びれば、ソフトウェア開発に拍車がかかったに違いない」

今日、結果論でものを言う人々の多くが、「ライセンス契約という切り札をなぜ使わなかったのか」と、アップルにやや批判的だ。しかし、トルネード理論に照らしてみると、OSのライセンスを他社に供与したところで、期待するような効果は得られなかっただろう。DOSシステムのマーケット・リーダーであるマイクロソフトが、既存のアーキテクチャとの互換性を維持しつつ（乗り換えのコストを顧客に強要せずに）、GUIインタフェースへの移行を進めているかぎり、アップルが王座を奪うのはとうてい無理だ。マイクロソフトと違ってDOS規格をコントロールできる立場にないから、肩を並べる水準まではめざせない。

アップルがライセンス供与に本腰を入れても、サン・マイクロシステムズやヒューレット・パッカードの戦略と同じ運命に終わった可能性が高い。これらのRISCマイクロプロセッサ・ベンダーは、OSライセンスで企業間提携を推進したものの、たとえばサンからOSライセンスを受けた有名企業、ソルボーン・コンピュータ社は、すでにハードウェア製造から撤退した。

ヒューレット・パッカードとPA–RISCマイクロプロセッサのライセンス契約を結んだ大手二社、日立とサムスンも、これといって重要な製品をマーケットへ投入するにはいたっていない。ライセンス戦略に多大なマーケティング・コストを費やしてきたにもかかわらず、ほとんど成果が出ていないのだ。そう考えると、アップルの場合、ひとまず著作権訴訟を起こしたのはいたって妥当な線だろうが、訴えを却下されたあとは、ますますニッチな役回りに徹するしかなかった。

ところがその後、アップルの地平線上に、第三のチャンスが見えてきた。みずから旗振り役となって開拓した一般家庭向け市場が、あらたなトルネードを巻き起こす気配に包まれたのだ。アップルは今度こそ、違う展開でゲームを進められるのだろうか。ウィンドウズがバージョンアップするに従い、アップルのGUIインタフェースの優位性は薄れつつあるが、独自のシステム・アーキテクチャを活かしたプラグ・アンド・プレイ機能（パソコンに周辺機器などを接続した際に、自動的に機器の検出と設定をおこなうシステム）の便利さでは、いまだにかなりのリードを保っている。一般家庭の消費者にアピールするという意味で、この点は非常に有利に働くはずだ。しかも、消費者の心をつかむマーケティングにかけては、競合他社よりもつねに優れている。こうした長所を持つからには、何かしら息の長い製品をつくれるのではあるまいか。

具体的にどうやって、となると、私には予測が難しい。ISV各社はすでにマイクロソフトのアーキテクチャにすっかり深入りしているから、アップルが必要とする十分なサポートは望めそうにない。ISVがマイクロソフト製品から離れたがらないのは、必ずしも愛着があるせいではなく、普及率が高く、流通チャネルにも不安がないうえ、単純にいってマーケットの規模が巨大だからだ。

アップルが今日まで成功してきた要因は、一つには、マイクロソフト=IBM=コンパック連合よりつねに革新的なテクノロジーを披露し、ISVに刺激を与え続けてきたこと。もう一つは、美的センスを多少なりとも感じさせる大手パソコン・ベンダーがほかに存在しないことだろう。このような強みは、とりわけ一般家庭向け市場の場合、侮れない競争優位性につながる。ただ、ライバル他社もこうした部分を少しずつ見習いはじめているため、市場シェア争い全般で苦戦を強いられるなか、アップルの地位はじわじわと危うくなりつつある。いつも後ずさりしながら戦っているような状況に、どうしても歯止めがかからない。トルネードの戦闘に勝利できなかった代償だ。マイクロソフトやインテルのようなゴリラがしっかりとした企業連合を形成してしまうと、チンパンジーでありつづけることさえ徐々に難しくなってくる。

アップルに勝利へのシナリオが残されているとすれば、第二次世界大戦中のイギリスに似た戦略をとることだろう。つまり、敵軍と手を組む機会をあえて拒んだ以上、敵よりも強大な存在を味方につける必要がある。活力と資源にあふれる同盟国を、一般家庭向けパソコンの戦闘に引き入れるのだ。そのような同盟国は、コンピュータ業界内にはまず見あたらないものの、通信、エンターテインメント、出版、写真といった業界からは探し出せる可能性がある。これら四つの業界をみると、さまざまな新しい方向性が提案されているわりに、どれもあまり軌道に乗っていない。アップルが先導すれば、閉塞感を打破できるかもしれない。少なくとも、別業界からの参入を受けることにより、パソコン業界では、先行きの予測が不能な新しいゲームが始まるはずだ。アップルは久しぶりに、新たなチャンスにめぐり合えるかもしれない。

まとめ――ボウリング・レーンとトルネードの比較

本章の最も大切なポイントは、「トルネード期における成功のカギは、ボウリング期とまったく正反対の戦略にある」という点だ。したがって、ボウリング・レーンで大成功を収めた企業が、同じやり方をいつまでも引きずっていると、トルネード市場では二級のプレーヤーになり下がってしまい、マーケットが発展するにつれて、存在感はさらに小さくなる。

決定的な違いを、あらためて次ページにまとめておこう。

こうして比較してみて明らかなとおり、マーケットは現在、テクノロジー・ライフサイクルのどの段階にあるのか、経営陣が共通の認識を持つことが、なによりも重要だ（次章の末尾でも、トルネードとメイン・ストリートを、同じように表のかたちで比較する）。共通認識がなければ、社内の部署やワークグループが正反対の目標を掲げて、おたがいの成果を打ち消し合う、といった事態を招きかねない。あちこちで混乱が生じ、マーケットからのフィードバックも解釈が不可能になってしまう。逆に、何らかの同じ方向へ力を合わせれば――たとえ間違った方向であったとしても――ただちに明らかな成果が現れ、すぐさま勝利に結びついたり、方向違いに気づいてすばやく修正後、成功を手に入れられたりする。

とすると、そのような共通認識を得るための正しい仕組みづくりも必要だから、本書のなかでぜひ説明したい。ただ、その前に、テクノロジー・ライフサイクルの第三の（そして最後の）転換点である、トルネードからメイン・ストリートへの移行について検討しておこう。

ボウリング・レーン	トルネード
●エコノミック・バイヤーとエンド・ユーザーを重視。販売プロセスの終盤で、インフラ責任者に接触を図る。	●エコノミック・バイヤーとエンド・ユーザーは無視する。交渉相手はインフラ責任者のみに絞る。
●投資に対する見返りの大きさを力説し、購入の強い動機をつくってやる。	●投資に対する見返りについては触れない。信頼できるインフラをタイミングよく配備することの重要性を説く。
●特定の業務に向けて、ホールプロダクトの差別化を心がける。	●あらゆる業務向けの汎用製品として、ホールプロダクトをコモディティ化する。
●付加価値流通チャネルと提携し、個別にカスタマイズしたソリューションを着実に販売していく。	●大量の製品を低コストで扱う流通チャネルを活用し、マーケットにおける露出度を最大限に高める。
●価値にもとづく価格設定をおこない、利益幅を最大限に確保する。	●競争にもとづく価格設定をおこない、市場シェアを最大限に確保する。
●競争を避け、ニッチ市場でシェアを獲得する。	●競合他社に攻撃を仕掛け、大衆市場でシェアを獲得する。
●バーティカルな（垂直型の）市場セグメント内に自社製品を位置づける。	●全社規模のインフラとして、ホリゾンタルに（水平型に）自社製品を位置づける。

第5章

メイン・ストリート——「勝者の壁」を攻略する

ようこそメイン・ストリートへ

竜巻《トルネード》に運ばれて、オズの魔法の国に舞い下りた主人公ドロシーは、新たな運命をすんなりと受け入れ、ほんのわずかのあいだに環境に慣れて、さっそく黄色いレンガ敷きの道を歩きはじめる。なんとまあ、臨機応変なことか。ハイテク企業もこのような勇気を持っていたら、さぞ素晴らしいだろう。

しかし、トルネードから抜け出たハイテク企業はふつう、現実から目をそむけてしまう。無理もない。メイン・ストリートへの移行当初には、たいがい大混乱が起き、場合によっては以下のような災難がいくつも重なるからだ。

- 売上高や純益の見通しが、急激に下降する。
- 過去一、二年の帳簿を修正する必要に迫られる。
- おおぜいの幹部が次々に辞表を出す。

●株価が大幅に下落する。
●株主訴訟が発生する。和解で決着するものの、ただでさえ悪化している資金繰りがますます苦しくなる。

メイン・ストリートへようこそ。顧客たちはあなたを嫌い、従業員は疲れ果てて士気が低下し、経営陣は権力の駆け引きに明け暮れる。ウォール街は何が起こったのか理解できず、融資銀行がうるさく返済を迫ってくる。ついこの前まで、勝者だったのに。

なぜ悲惨な状況になってしまうのか?

最初にことわっておくが、トルネードの発生や消滅は、まったく突然の出来事というわけではない。必ずいろいろな予兆がある。なのに、つい、どれもこれも無視してしまう。向こう見ずにただ全力で突っ走り、悲劇的な結末を迎える。なぜそんなことになってしまうのか。

うかつな行動はたいてい、その時点では最善の策に思える。流れを振り返ってみよう。過去四年間ほど、あなたの会社は、毎年一〇〇パーセント以上の売上げ成長を記録しつづけてきた。ことさらマーケットを刺激しなくても、需要はいやというほどあり、あとはただ自分に鞭打って、競合他社より多く売り多く出荷するのみだった。

みんなのからだをアドレナリンが駆けめぐり、大胆不敵な経営手法が勝利につながった。「そちらが売上げノルマの二倍売るつもりなら、こちらはノルマの三倍売ってみせるよ。一〇〇〇ドル賭けてもいい。まあ、次回はクアラルンプールのプレジデント・クラブで会おう……」。競争心が麻薬と化して、いやおそらくはホルモンと化して全身にみなぎり、冷静な視点を吹き飛ばしてしまう。だから、成長が減速する兆しが現れても、いっさい意に介さない。「強い者だけが生き残る。実行あるのみ。恐れるな。それ行け。やつらを打ちのめせ！」

しばらくのあいだ、このアプローチは、想像以上にうまくいく。どんなマーケットでも、必死の努力をすれば一度や二度はどうにかなるものだ。ところが、だんだんと不穏な空気が濃くなってくる。ついにあなたも察知するが、問題は、この目くるめくトルネードの渦からどうすれば抜け出られるかだ。つい最近まで強気の経営方針を口にしていたのに、いまここで退却したら恥をかく。そこで、勝つよりも体面を保つほうが優先と考えて、がむしゃらになおもひた走る。

事態はさらに悪化する。四半期末や年度末の決算が近づくにつれて、帳簿をみばえよくしようと、細工しはじめるのだ。年末の売上げを「一二月三八日」まで集計し、将来入るはずの収益を今期の数字に足しておく。流通業者に卸した分は、いずれ返品の恐れがあるにもかかわらず、販売完了とみなす。この種の行為は「疑わしい経理慣習」などと呼ばれている。社内の目をごまかしたいという動機だけではなく、いまや下落傾向の株価を維持したい意図もある。ウォール街から超成長株のお墨付きをもらったおかげで、資産総額はこれまで急上昇してきた。だが、夢のような成長は止まり、トルネードは終わろうとしている。どうすることもできない。当然、株価も下落する。みせかけで高値を維持しようとしたところで、無駄なあがきだ。せいぜい、来るべきものを少し遅らせる程度にしか役立たない。あがけばあがくほど、結末がいっそう悲惨になる。

遅かれ早かれ、修羅場はやって来る。ウォーターゲート事件さながらに、責任者が次々に辞任を余儀なくされ、誰もが躍起になって事態の収拾に当たる。もちろん、やがて最悪の状態に歯止めがかかり、人々は惨憺たるありさまの後片付けをはじめることになる。そのうちに、超成長というドラッグを断ち切って生きていけるようになり、業務規律が社内を支配していく。しかし、それも一時的なものだ。新たなトルネードの前触れが現れたとたん、また全力で走り出す。

要するに、ハイテク業界には、懲りない面々がそろっている。メイン・ストリートに関して、シリコンバレーのきわだった特徴はそこにある。「そこ」というのは、学習能力が足りないことではなく、「ハイテク企業は、メイン・ストリートに安住していられない」という点だ。メイン・ストリートは安定した経済活動が土台になっているが、ハイテクの本質は「急激な変化」にあり、安定志向では魅力が薄れてしまう。各社の経営陣はだから、どうしてもメイン・ストリートから逸れるようなビジネス戦略を立てて、トルネードが永遠に続くことを夢見る。当然ながら、そんな夢が叶うはずもなく、結局、テクノロジー関連の企業も、長く生き延びるためにはメイン・ストリートと折り合いをつけるしかない。

本章の目的は、スムーズに妥協点をみつける方法について検討することだ。しかし、従来のやり方のミスを修正する前に、なぜそんな失敗を犯したのかを知っておく必要がある。

腰を落ち着けている余裕はない

「ハイテク」を根本的に定義するとすれば、価格対性能比がとどまるところなく上がり続ける摩訶不思議な電子装置、すなわち半導体集積回路を土台にしてつくられたあらゆる製品と言えるだろう。

第1章でも触れたとおり、一九七〇年代には、マイクロプロセッサの価格性能比は一〇年で一〇倍になるペースだったのが、一九八〇年代に入ると七年で一〇倍、一九九〇年代には三・五年で一〇倍と加速しつづけた。同じ値段のチップが、たった一〇年のあいだに一〇倍×一〇倍×一〇倍＝一〇〇〇倍の性能を持つ計算だ。この進化のスピードを自動車に当てはめると、一〇年後には、時速九万キロメートルが実現し、タンク一杯分のガソリンで五五万キロメートル以上も走れる（うれしいかな、給油の必要なし）ということになる。

『アラジンと魔法のランプ』にたとえるなら、半導体チップは、ハイテクという名の魔法のランプに閉じ込められた精霊ジニーに相当する。私たちの願いをすべて叶えてくれるのではないか、少なくとも次世代のチップは何でもやってくれるのでは、と思わず期待をかけたくなる。

しかし、ゲーテの有名な警句にも耳を傾けるべきだろう。「若き日に何を願うかには、よくよく心すべし。その願いが、中年を迎えたのち叶うやもしれぬ」。価格対性能比がこのまま加速しながら上昇しつづけるとすれば、それは夢の実現かもしれないが、と同時に悪夢でもある。

なぜかというと、これまた前に述べたとおり、価格性能比の進歩はパラダイム・シフトの無限の繰り返しを呼び起こすからだ。シフトのたびに、従来のパラダイムが抱えていた制約が取り除かれ、その制約に配慮して立てた現在の戦略は意味がなくなり、まったく新しい機能が可能になる。ベンダーの立場からみれば、既存のパラダイムでいかに安定したポジションを築いていても、今度のシフトにうまく対処できないと、たちまち新しい競合他社の群れに襲われるはめになる。したがって、ハイテク企業はメイン・ストリートに腰を落ち着けている余裕などなく、トルネードの通り道で暮らすほかないのだ。

そんなわけだから、半導体チップは、ハイテク業界を全体として活性化し続ける一方、個々の企業を不安定な状態に陥れている。トルネードがしょっちゅう猛威を振るうような町では、メイン・ストリートに店を構えて末永く商売をするなどというビジネス形態は望めない。ハイテク市場の勢力図が頻繁に塗り変わるのも当然だろう。価格対性能比が揺れ動くたび、そこで生じた波に乗ってホットな新興企業の一群が押し寄せ、マーケットは、ほんのわずか前に定めたルールをまた見直さざるをえない。

こういった事情を踏まえ、ハイテク業界のリーダーのなかには、メイン・ストリートをいっそ完全に避けて新しいマーケットの開拓を図るべきだと考える者もいる。

次のパラダイム・シフトの波に乗るために

メイン・ストリートを避ける考え方の根底にあるのは、テクノロジー・ライフサイクルだ。ただし、前述のようなベル・カーブではなく、S字形が基調になる（次ページ上図）。じつは、ベル・カーブが表す量はその時々の売上高だが、こちらのS字形は累積の売上高を表現している。とはいえ、下敷きになっている事象に何ら違いはない。数学の積分記号に似たこの縦長のS字は、下端が、初期市場からキャズム、ボウリング・レーンまでの時期に当たる。このころは、売上高が緩やかに積み重なっていく。つづいてトルネードに突入すると、累積額は急上昇する。最後ふたたびカーブ

ハイテク分野の成長モデル

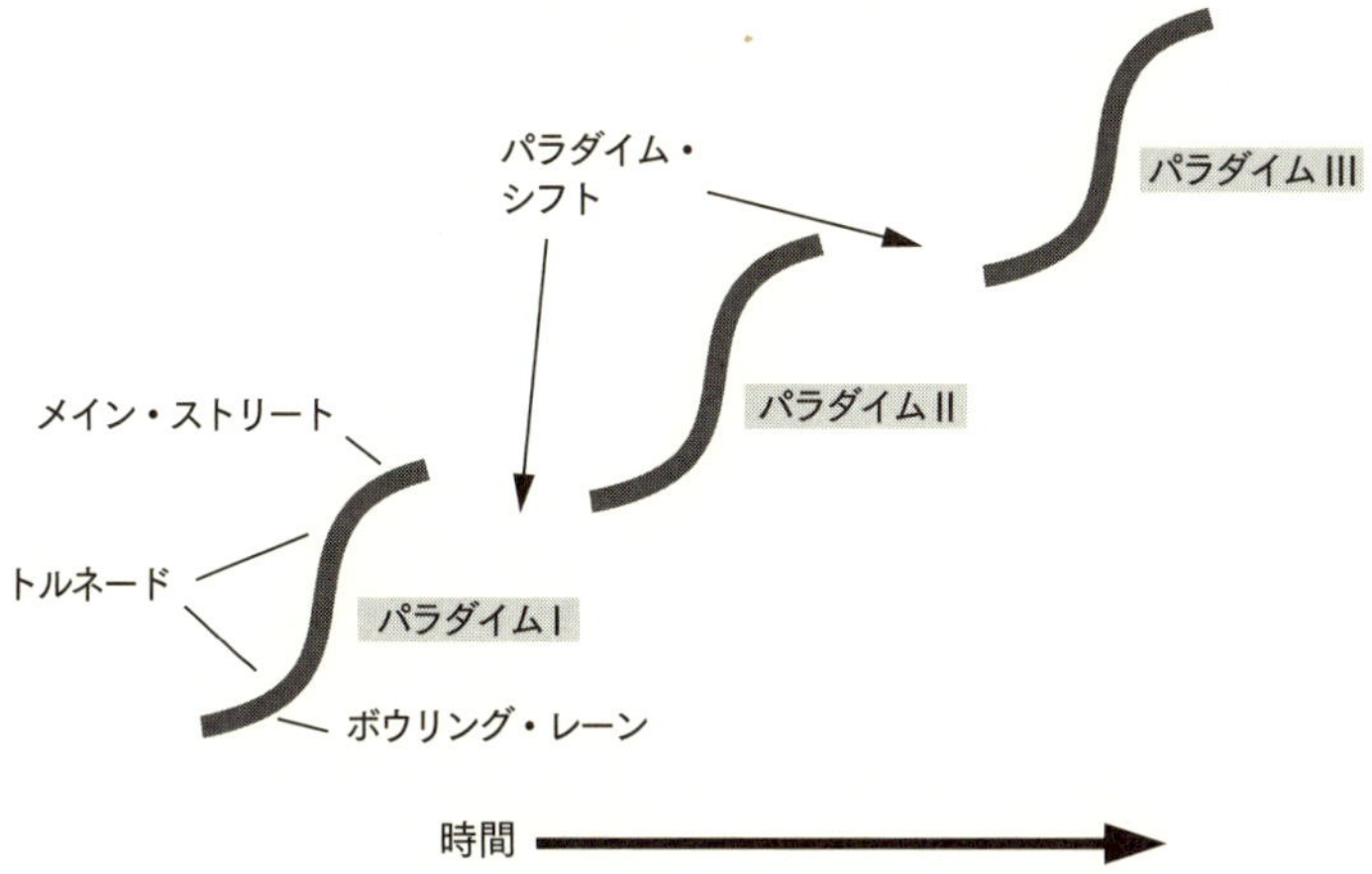

が緩やかになっている上端の部分が、メイン・ストリートへの移行期だ。

このモデルは、トルネード以前のリスクと、トルネード以後の利益を、やや過小評価しているきらいがあるものの、トルネードの本質を明確にする。過去の事例を振り返ってみると、たしかに、テクノロジー関連のマーケティングは、S字形の頂点に近づくにつれ、次のS字形の下端に目を向けようとする。

このモデルを「タツノオトシゴ形の階段」と呼んでもいいだろうが、私なら「希望観測的なトルネード」と名づけたい。高望みがすぎるばかりか、じつはまったく現実にそぐわないのだ。

いや、もう少し正確に言えば、ハイテク業界全体、あるいは、ごく少数の恵まれた企業における中核ビジネスには当てはまるかもしれないが、大半の企業の戦略策定には役に立たない。その理由を考えてみよう。

コンスタントにこの図のとおり奇跡的な成功を収めている企業は、よほどのビッグネームに限られる。たとえばインテルは、8086アーキテクチャのマイクロプロセッサを進化させながら、新製品を出すごとに、S字形の階段を上っている。マイクロソフトも、DOSのトルネードからウィンドウズのトルネードへ飛び移ることができた。アップルはアップルⅡからマッキントッシュへ、IBMはメインフレームからPC各機種やAS／400シリーズへ、DECはPDPからVAXシリーズへ、それぞれ首尾よく移行している。

ロータスも若干あやうい過渡期を挟みつつ、1─2─3からノーツへ主軸を移すことに成功した。ヒューレット・パッカードは、二つのまるきり異なる分野で移行を成し遂げており、ミニコンピュータの分野では、独自アーキテクチャの3000からオープン・アーキテクチャの9000へ、パソコン用プリンタの分野では、レーザー方式の「レーザージェット」からインクジェット方式の「デスクジェット」へ路線転換した。

けれども、ハイテク業界で一大快挙をやってのけた企業を総合的にみた場合、次のパラダイム・シフトの波には乗れずに終わった例がいかに多いかを痛感させられる。

トルネードという名のゲームは、ほんのひと握りのプレーヤーしか勝者になれず、たとえ大物であっても敗れかねない。はなから損なゲームと決まっているのだ。トルネードからまた次のトルネードへ自由に乗り移り、流れをつねに味方につけることができる企業など、この世に一社も存在しない。そんな虫のいい話を前提にビジネスプランを立てるとしたら、宝くじの賞金を毎回あてにして予算を組むようなものだ。早晩、行き詰まり、取り残され、場外へ放り出される。とどのつまり、ビジネスにはもっと安定したよりどころが必要なのだ。

メイン・ストリートに市場を築いていけば、少なくとも部分的には問題が解決する。過去二〇年間、ハイテク企業各社は、次のトルネードを一刻も早くつかもうと焦るばかりで、メイン・ストリートに宝の山を置き去りにしてきた。原因の一端は、「メイン・ストリートとは、低マージンの普及価格商品マーケットをさす」という間違った認識にある（本章を読み終えるころには、そのような誤認識は消えてなくなるはずだ）。また、もう一つの原因は、トルネードを抜け出た企業がまだ新しい自覚を持っておらず、驚異的な成長以外は成長と呼べないと錯覚してしまっていることだろう。

そういった上昇志向の強すぎる企業は、考えを改めてもらいたい。メイン・ストリートは、ライフサイクルの至極まっとうな一期間であり、ないがしろにすると、ほかの時期と同じように高価な代償を支払うはめになる。せっかくメイン・ストリートで成功するチャンスに恵まれていながら、みすみす逃すとすれば、次のトルネードで活用できるはずの絶好の資金源を放棄するも同然だ。

ただし、ハイテク業界の場合、半導体の価格対性能比の上昇が止まらないかぎり、メイン・ストリートが長期的に安定した市場となることはありえない。

大切なのは、次のトルネードの到来に注意を払いつつ、移行期にふさわしいモデルに従って、ビジネスの縄張りを広げることだ。そのような戦略が、いまほど迅速かつ徹底して必要となる局面はかつてなかった。となると、シリコンバレーがほかの業界に先駆けてお手本になるという、珍しい機会かもしれない——無事にやり遂げればの話だが。

メイン・ストリートの市場機会

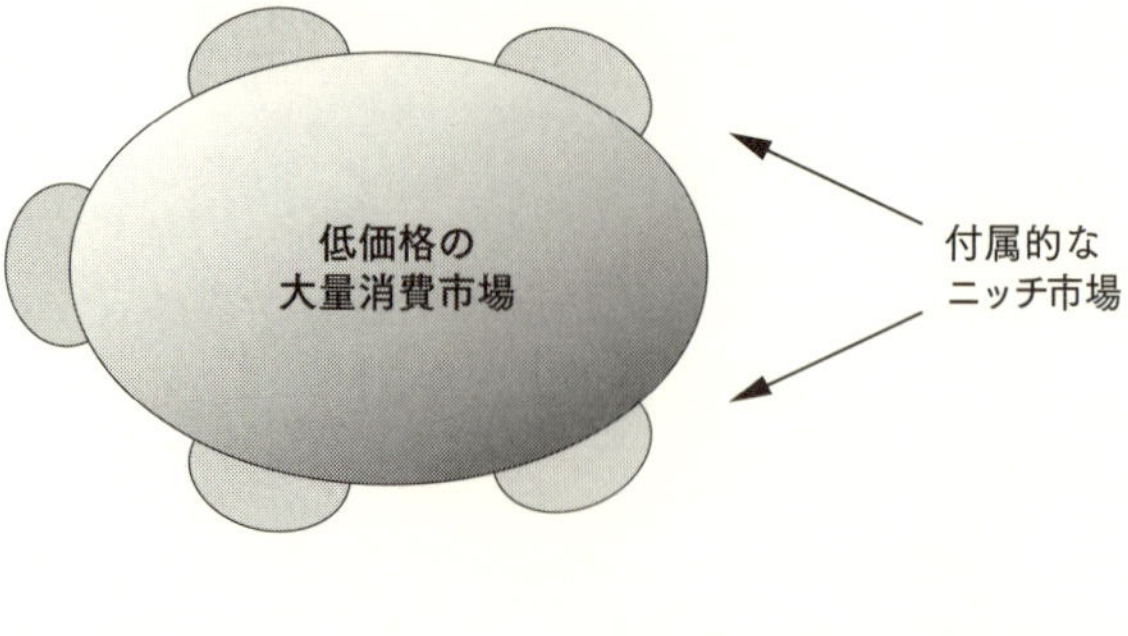

価格と付加価値の競争

熱に浮かされたかのようにインフラの転換が進んだあと、新しいパラダイムが定着しはじめると、メイン・ストリートの市場が幕を開く。コモディティ化した中核的な製品は、引きつづきケタ外れの勢いで消費されるものの、ふたたび供給が需要を上回るようになる。なにしろ、供給が不足しているうちは、各社がすさまじいばかりに生産を増やすから、やがて生産過剰の状態に突入し、混乱のなか倒産も相次ぐ。この経緯は、過去の実例で思いあたるふしがあるだろう。

供給が需要を超えると、購買の主導権が顧客に戻り、ベンダー側は、また顧客獲得を争わなければならない。争いは二つの形態をとる。インフラ責任者に向けての価格面の競争と、ニッチなエンド・ユーザーに的を絞った付加価値面の競争だ。すなわち、上図でわかるように、メイン・ストリートは二つの部分で成り立っている。

低価格の大量消費市場（いわゆるコモディティ市場）に関しては、出荷数がなお増えつづけるものの、価格の引き下げで相殺され、純利益は横ばいとなる。最新技術を備えた製品であっても、純益の伸びの鈍化は避けられない。

コモディティ市場に強い興味を示す顧客は、二種類に分かれる。保守的なエコノミック・バイヤーと購買代理業者だ。代理業者は、製品をなるべく低価格で仕入れれば、儲けが大きくなる。取り扱う製品カテゴリーの標準化が進んで、安さを追求できる段階に入ると、代理業者がメイン・ストリート市場に食いついてくる。

保守的なエコノミック・バイヤーも低価格を求めているが、理由は違う。それまで購入に踏みきらなかったのは、製品に難があったせいではなく、そもそもテクノロジー製品全般にあまり高い価値を感じていないからだ。この種の顧客を納得させるためには、いままでにない徹底した低価格路線を打ち出す必要がある。そうすれば、以下のような前向きな効果が得られる。

- 出荷台数ベースの市場シェアを拡大し、「長きにわたる顧客」を増やすことができる。
- 一部のわりあいマージンの高い製品の販売により、収益性を高められる。

とはいえ、何らかのかたちで付加価値をつけた販売も並行して、マージンのゆとりを確保したほうがいいだろう。そのためには、顧客側の内部に誰か、「こういった付加価値がある製品なら、やや割高でも買うべき」と味方してくれる人物を見つけなければいけない。

ここで注意すべきは、過去に助太刀《すけだち》してくれた二種類の顧客が、メイン・ストリートへの移行後にはもはや興味を持ってくれないことだ。ボウリング・レーンのころに友軍だった実利主義者たちは、新しいインフラが整備されて自分の抱える問題がすでに解決されたので、とっくにほかの方面に気を移してしまっている。IT責任者たちにしても、トルネードの最中は、信頼性の高いインフラを配備したいがために、付加価値にもとづく価格設定を支持してくれたが、思いどおりのインフラが完成したいまとなっては、もう別の問題点に取り組んでいる。

こういった人々をあてにできない以上、あなたの製品に他社製品との違いを認め、「割高やむなし」と口添えしてくれる理解者を新たにみつけなければいけない。そこで、初めて本格的にエンド・ユーザーに焦点を当てることになる。メイン・ストリートで利幅の大きいニッチ市場——先ほどの図でわかるとおり、核となるコモディティ市場の周囲で、プラスアルファをほしがっている市場——を形成するのは、エンド・ユーザーだ。

エンド・ユーザーの狙い方

メイン・ストリート以前の時期には、エンド・ユーザーは脇役にすぎなかった。ハイテク製品の購入に関して参考意見を述べる程度で、エコノミック・バイヤーやインフラ責任者の重大問題を解決することが、あくまで優先された。しかし、そうした課題に対処し終えたいま、今度はエンド・ユーザーの要望が聞き入れられる状況になった。

エンド・ユーザーが求めるものは、「このほうが効率がいい」「楽しい」「疲れない」といった、製品を実際に使ううえでの個人的な満足感だ。仕事用、個人用どちらの目的であれ、使い心地のいい製品を購入したがる。あとは、個人用なら自分が買えるかどうか、仕事用なら上司が買ってくれるかどうかだけだ。

いずれの場合も、ベンダーの立場からみれば、エンド・ユーザー個人の満足感こそが自社製品を差別化する大切なポイントと言える。低価格のコモディティ市場ではマージンをあまり稼げないだけに、この観点を活かしてニッチな顧客を掘り起こすことがきわめて重要になる。マーケティングの目標は、エンド・ユーザーの好みを把握して高いマージンを得ることだ。

もっとも、エンド・ユーザーが持つ影響力は、とくにビジネス面ではさほど強くない。マージンを高めに設定できるといっても、大幅な上乗せは無理だろう。したがって、それほど多額の投資はできない。一台につき数ドルよけいに稼げるとしても、ホールプロダクトを一から再設計するなど、どだい無茶な相談だ。あくまで既存のホールプロダクトを活用し、技術的にはたいした手間がかからないもののエンド・ユーザーが歓迎すること間違いなし、という修正を加えなければならない。

妥当な戦略としては、マス・カスタマイゼーション（顧客が製品構成を選べるようにして、可能なかぎり要望にこたえる方式）が挙げられる。一般消費者向けパッケージ商品のマーケティングなどでは、ごく常識的におこなわれているが、ここハイテク業界では、驚くべき威力を発揮する。

この業界はエンジニアが創造し、支えているが、メイン・ストリートに入ると、彼らの存在意義が霞んでくる。社の原動力になるような重大なテクノロジーはもはや必要ない。マス・カスタマイゼーションには、画期的な技術など不要で、それなりに感じてわかる部分修正だけおこなえばいい。マーケティングの守備範囲内で十分すむはずだ。

ところが、おおかたのハイテク企業にはエンジニア中心の企業文化がはびこっていて、主導権をマーケティング部門に渡すという大転換に踏み切れない。そのため、なおも研究開発をつづけ、マーケットがもはや望んでもいないテクノロジーを無理やり追加して不必要なコストを積み重ねる。その結果、たいした収益増加を生み出せず、そうこうするうち、メイン・ストリートにおける立場がしだいに悪化してきて、例のS字形を後戻りする格好になり、どうにかして別のトルネードに乗り移れないかと、懸命にあたりを見回すはめになる。

メイン・ストリートで肝に銘じておくべき点は、「従来より高度なハイテク・ソリューションなど、もう必要ない。使用感の改善こそが求められている」ということだ。この角度からの見直し作業は必須だ。

「プラスワン」を提供する

メイン・ストリートの最大の特徴を挙げるとすれば、「新規顧客を見つけて基本的なコモディティを売るだけでは、利益を伸ばしつづけることは不可能。既存の顧客層をベースに、付属的なニッチ市場を開拓する必要がある」という点だろう。エンド・ユーザーは、まさにそのような付属的な市場に相当する。では、はたして金を払って購入してくれるのか。……じつのところ、エンド・ユーザーは金を払う必要がない。無料も同然なのだから。

理由はこうだ。価格対性能比が上がりつづけ、二、三年前に購入したのと同等の製品をいまならずっと安く買えるのに、ビジネス顧客も個人顧客も購入予算を組むときは、価格を一定、または少し値上がりするのを前提にしている。だから、いざ買う段階になると、「おや、思ったより安いぞ」となって、予算がいくらか余る。ここでもし、購入代理業者に自由に振る舞わせたら、浮いた金額をそっくり依頼主に返して、「どうです、安く買えましたよ」と買い物上手ぶりをアピールするだろう。しかし、ベンダー側はそうさせてはならない。「どうせ払うつもりだったお金でしょう。その余った予算で、すてきな付加価値を買い足しませんか」とエンド・ユーザーに訴えかけるべきなのだ。

適切な付加価値のオファーを、私は「ホールプロダクト・プラスワン」と呼んでいる。ホールプロダクトに「プラスワン」の付加価値を加える場合は、トルネード期にコモディティ化したホールプロダクトをもとに、副次的な何かを補足して差別化する。メインの機能は強化しない。もちろん、メインも徐々に性能向上させていくが、顧客にしてみれば、それは当然のことだから、マージンはたいして上乗せできない。それに対し、副次的とはいえ使い勝手その他を改良すると、製品自体ががらりと変わったかのような強い印象をエンド・ユーザーに与えることができ、付加価値として認識される。

たとえば、ヒューレット・パッカードは、ホームオフィス用として、非常に低価格のインクジェット・プリンタ「デスクジェット500シリーズ」を販売した。これが、業務の核となるコモディティ製品だ。しかし同時に、ニッチな需要を狙って次のような製品も売り出した。

- 設置スペースを気にする顧客向けに、コンパクトなポータブル・プリンタ「300シリーズ」。
- いまだファックスを所有していない顧客向けに、プリンタとファックス一体型の「オフィスジェット」。
●商用パンフレットを印刷する顧客向けに、高性能のカラープリンタ「1200シリーズ」や、新発売の「850シリーズ」。

インテュイットも、主力製品の財務会計ソフト「クイックン」について、値下げキャンペーンを繰り返し、コモディティ化によって一般家庭向け市場に腰をすえたあと、付加価値によって製品ラインアップを拡充した。

●既存の顧客向けに、上位機能を備えた「クイックン・デラックス」。
●小規模ビジネスをはじめたばかりの顧客向けに、「クイックブックス・ウィズ・クイックペイ」とのバンドルセット。
●クレジットカードを頻繁に使う顧客向けに、課金情報をクイックンのファイル形式でダウンロードできるサービスが付いた「クイックン・ビザ」カード。

いずれも、すでにつくりあげたコモディティのインフラを活用しつつ、特徴的な要素を加えて差別化を図っている「ホールプロダクト・プラスワン」だ。狙いは、それぞれある特定の種類のエンド・ユーザーに訴えかけて、「価値が高いぶん、価格が高くなるのはやむをえない」と感じさせることにある。

よくある戦略ではないのか、と思うかもしれない。なにしろ、日用品や食品などの一般消費者向けのパッケージ商品に関しては、何十年も前からこのコンセプトにもとづいて販売促進がおこなわれている。たとえば朝食用のシリアルならレーズン入り、アルファベット形、シュガーフロストなど、ビールならライト、ドライ、アイス、コールドフィルター処理など。シャンプーにも、コンディショニング、カラーリング、フケ予防といった効果付きタイプがある。

いずれも、割増代金を払ってくれそうな消費者、あるいは、独特の観点で製品を選ぶ消費者がいるセグメントを、うまく切り分けることに成功した。また、広告やプロモーションを通じ、消費者の意識をある一点に向けさせて、「似たり寄ったり」でありながら、明らかな違いを浮かび上がらせている。

やはり、よくある手ではないか。……いやしかし困ったことに、この種の戦術はエンジニアたちの念頭にはなく、それが仇《あだ》となってハイテク企業は動きがとれなくなっているのだ。

マーケティング主導で

「プラスワン」のマーケティングには、エンジニアたちの世界を支える大前提と相容れない面がある。エンジニアたちは、「モノの価値とは、客観的に把握できる実用性にある」と考える。まったく主観的な価値——デザインがおしゃれ、色づかいに好感が持てるなどのたぐいは、エンジニアは理解しがたい。そのようなものが存在し、自分自身も感じるときがあるのはわかっている。それが製品を買うかどうかの判断に影響を及ぼすことも、実際に自分自身、そういった影響に流される場合があることも、きちんと承知している。にもかかわらず、「筋が通らない」と思ってしまう。だから、なるべく距離を置こうと努力する。こういうことは、マーケティング担当者に一任しよう、と。

エンジニアが暮らす時空では、マーケティングとは、実用性の効力が及ばない特殊空間だ。その点に関し、エンジニアは複雑な気持ちを抱いている。一方では、たとえば「製品を赤く塗ると売れ行きがよくなるなら、赤く塗るにかぎる」と肯定的にとらえる。だがもう一方では、否定的な思いもよぎる。「マーケティングは、理性にもとづいていないから信用しかねる。その証拠に、赤く塗っても売れ行きが伸びないケースもある。しょせんマーケティングは邪道であり、まやかしだ。たんなる奇策。理路整然としたルールがなく、詐欺まがいの手口にすぎない」

もっとも、心が揺れているうちは、まだ穏やかな時期といっていい。やがて、双方のあいだで揶《や》揄《ゆ》や冷笑の応酬がはじまる。だが笑っている場合ではない。メイン・ストリートで成功できるか否かの話となれば、会社の死活問題だ。メイン・ストリートでは、「低価格のクローン製品よりも、付加価値のあるあのメーカーの製品を買いたい」とエンド・ユーザーに支持されることが、高いマージンを維持する唯一の手だてであり、エンド・ユーザーにそう思わせるためには、彼らのニーズに合わせて、主観的な使い心地のよさを実現するほかない。したがって、エンジニアはマーケティング担当者へ本格的に権限委譲することを覚えるべきなのだ。

しかし、ここで厚い壁にぶつかる。エンジニアたちは、土台となるメカニズムを理解し、どういう原理でどう機能するのかを飲み込めないかぎり、いかなる部署にも主導権を渡そうとしない。いや、渡したくても本能が許さない。雲の上を歩くような危なっかしさを感じてしまうのだ。そのせいで、メイン・ストリートでの必須課題をいっこうに消化できないばかりか、メイン・ストリートを避ける傾向がハイテク業界全体に蔓延している。

この事態を打破するために、エンジニアたちはマーケティングを「システム間の応対ルール」と概念化してとらえるといい。つまり、いま論じている観点からみれば、マーケットとは経済システムであり、マーケティングの役割とは、マーケットに対して確実に価値を提供し、その見返りとしてマーケットから企業へスムーズに金銭が移動するよう取りはからうことにある。均衡法則に従って、システム同士で対価交換をおこなうわけだ。

もしも、どちらかが相手側のニーズを満たすことができなければ、交換は成立しない。だが、おたがいのニーズが一致すれば成立する。適切な顧客とは誰か、顧客が求める価値とは何か、その価値を提供するために、どのようなホールプロダクトやプラスワンをオファーできるのか――そういった問いに答えを出すところに、じつはマーケティングの意義がある。

研究開発部門がイノベーションを生み出す過程をすべてコントロールするのは、健全な状態ではない。とりわけテクノロジー・ライフサイクルのメインストリートでは具合が悪い。マーケティング部門に主導権を渡せば、顧客と相互にコミュニケーションをとりながら、そこで得たアイデアを研究開発部門にフィードバックしはじめる。従来の、研究開発部門からのアイデアの押しつけとは逆方向の流れだ。他業界は、まさにこの流れで、「ラズベリーの香りの消臭剤がほしいというニッチな顧客グループがみつかりましたよ。うちの会社でつくれますか?」といった具合に機能している。ハイテク業界も、メイン・ストリートではそうあるべきだ。

インテュイットは、この点をみごとにやってのけ、たびたび業界の注目を集めている。スコット・クック会長がかつてP&Gで積んだ経験を活かし、顧客に焦点を当てたマーケット分析、実験、調査などをさかんにおこなって、イノベーションに反映させているのだ。他社も見習うべきだが、そのためには、いくつか新しいツールが必要になる。とりわけ大切なのが、顧客としてふさわしいエンド・ユーザーは誰であり何を欲しているのかを知るためのツールだ。

顧客を再発見する

何度も述べたとおり、メイン・ストリートで高いマージンを得るためには、ニッチなエンド・ユーザーを狙い、すでにコモディティ化して薄利多売の状態になっている製品に、適当な「プラスワン」の要素を加えて、差別化を図る必要がある。では、エンド・ユーザーはどんな要素を求めているのだろうか。その点に答えを出そうとすると、じつのところかなり骨が折れる。トルネードのあとは、どの企業にとっても、エンド・ユーザーのニーズを正しく把握するのは非常に難しい。

というのも、トルネードの超成長のあいだは、顧客を無視することが正しい戦略だからだ。供給網や流通チャネルとの関係を重視して間接流通の量を増やしていくことでコストを削減し、広い範囲の顧客をカバーするのが大切なポイントだった。ところが困ったことに、流通チャネルの各社は、ベンダーには顧客情報を明かしたがらない。うっかり手の内を明かしてしまうと、ベンダーが通信販売などを通じ、顧客に直接売り込むかもしれないと恐れているからだ。

また、流通チャネルがそもそも、まともに顧客情報を管理していない場合も多く、たいがい、ニッチな需要を把握できるほど本格的な情報システムを持っていない。だから、ベンダーも供給チャネルも、トルネードを抜け出たあと、まるで白昼に映画館から出てきて太陽のまぶしさにとまどう観客のように、環境の激変ぶりに驚き、呆然と立ちすくんでしまう。いまさらながら、「顧客についてもっと知らなければ」と思いはじめるのだ。さて、どうすればいいのか。

大事なのは、自分たちがすでに持っている最大の強みを活かすことだ。つまり、現時点では、あなたの会社のコモディティ化した製品を買い求める顧客が、いまだあとを絶たない状態にある。その製品をベースに、試しにプロモーションやバンドル・キャンペーンをおこない、何らかの付加価値を追加してみれば、ターゲットにしたい顧客層を引き寄せて、コミュニケーションの糸口をつくれる。その後、興味を示してくれた顧客に関して、追跡調査をしたり、直接会って意見を聞いたりして、この先もっと魅力的なオファーをするにはどこを改善すべきか、どうすれば売上げの増加につながるかを検討していく。

簡単にまとめれば、メイン・ストリートのマーケティングの基本的な手順は次のとおりだ。

- オファーをする。
- そこから学ぶ。
- 間違いを正す。
- 新しいオファーをする。

ボウリング・レーンにおけるアプローチとは正反対だ。ボウリング期には、慎重に検討を重ねたうえでオファーをおこなう。オファーの内容も、各社との提携など、相当な額の資金を要するものや、裏目に出れば自社の評判に傷がつきかねないものなどが含まれる。それに比べ、メイン・ストリートでのオファーは、はるかに気楽といえる。手早く準備でき、提携先はせいぜい一社、たとえ失敗してもマーケットはまず話題にしない。したがって、積極的にさまざまなオファーを繰り出すことができ、実際さかんに試みている企業が多い。

撃ったあと、照準を定める

この方法がうまくいかないケースの原因は、たいていオファーを正しく「テスト販売」ととらえていないことにある。たんなる販売促進の一種と考え、何かを学ぼうとする姿勢に欠けているのだ。それではあんまりだ。ハイテク製品のオファーのほとんどは、とくに小売り関係の場合、単純に売り買いして終わりではなく、最終的な完了までまだ工程がいくつか残っている。顧客がこの工程に加わってきたら、完了の前にデータを収集する機会が生まれる。そのときこそ、ニッチな需要を把握するチャンスだ。

オファー完了までのあいだ、あなたは「生身の顧客」とじかにつながっている。本当に信頼の置ける回答が得られる、またとない状況だ。もっと早い時点で意見を聞いたところで、相手がはたして実際に顧客になってくれるのか定かではない。逆に、オファーが完了したあとでは、せいぜいアンケートに答えてもらうか顧客登録カードを提出してもらうくらいで、偏ったサンプルしか得られない（ちなみに、「フォーチュン五〇〇」のような大企業は、そんなアンケートにいちいち回答してくれないことが多い）。しかし、購買プロセスの途中で情報を集めれば、じつに貴重なデータがつかめる。

たとえば、顧客が注文する製品の数や種類から、所有するパソコンはどんなタイプか、個人の単体ライセンスなのか法人の複数ライセンスなのかといった情報が、いやでも集まってくる。当然ながら、顧客の購入動機を細かく把握したければ——そのあたりを探ると、ニッチなニーズのほか、デモグラフィクス（職種、地域、年齢その他）やサイコグラフィクス（目的、興味、価値観その他）の分析に役立つ——もっと入念に計画を立てて、もうひと手間かけなければいけない。しかし、この種のデータには、往々にして製品の利益を上回る価値がある。データを与えてくれた顧客に、特別な見返りを提供するという手もある（「さらに以下の質問にもお答えくださった方には、もれなくすてきなプレゼントをお送りいたします」）。

このように、いわば「撃ったあと、照準を定める」という方式が、ニッチを特定する際にはふさわしい。あえて常識とは逆の順序にすることで、次の一文の正しさを痛感するに違いない。

たとえ顧客のニッチな需要がまだつかめていなくても、メイン・ストリートでニッチ狙いのマーケティングをいますぐ実践することは可能である。

どんなニッチを狙えばいいのか不明ならば、どこでもいいから狙ってみればいい。ひとまず何か撃ち込んで様子を見る。とにかく行動を起こすのだ。調査、学習、再テストを反復するコア・コンピタンス（事業の核となるノウハウ）を確立しなければならない。ためらうほどのリスクはないし、たいした労力も費用もかからない。儲かるニッチ市場をいずれ発見できるのだから、最初のオファーが失敗して、一時的に足踏みしたり恥をかいたりしたとしても、大きな問題ではない。

以上の戦術はいたって明快だが、いちおう警告しておく。大半の企業は、なるほどと納得しつつも、この戦術をうまく実行に移せない。学習しながら粘り強く成功をつかむためには、何度も繰り返しトライすることが必要になる。繰り返すためには、あらかじめ一定の手順を決めて、ささやかなアイデアでもすぐ行動に結びつけられるような態勢を整えておかなければいけない。

皮肉な話だが、業績好調の企業にかぎって、そういった身軽さをトルネードの最中に意図的に捨てて、「数百万ドル規模のホームランのチャンス以外、取り組むべからず」という方針に切り替えてしまっているものだ。トルネードのあいだなら、無駄な摩擦をなくす意味で、そのようなニッチ無視のアプローチも正しいが、ニッチが大切な「栄養源」であるメイン・ストリートでは適切ではない。この点もまた、テクノロジー・ライフサイクルの段階に応じて、まるきり正反対の方向性をとらなくてはいけないわけだ。

「プラスワン」の可能性はどこに？

旧態依然としてエンジニアリング部門とマーケティング部門がまともに連携していない関係にある場合は、前者がホールプロダクトを、後者がプラスワンを、それぞれ勝手に開発するかたちになってしまう。どちらも相手方の意向を理解していないため、ホールプロダクトとプラスワンが噛み合わず、無理な組み合わせになるケースも多い。

両部門の意思疎通が不十分だと、広告キャンペーンもみるからに薄っぺらになり、実際の製品ではなく、その時々にマーケティング関係者のあいだで流行っているスタイルやイメージが主役を演じてしまう。これではろくな結果につながらない。正しいアプローチは、マーケットをシステムとして観察し、「従来よりも高い値段でマーケットに製品を買ってもらうにはどうすればいいか。その際、こちらが負担する追加コストをゼロ、または最小限に抑えるにはどう工夫すべきか」と知恵を絞ることだ。

ハイテク業界の外に目をやると、その答えの一つは「つい引き込まれるような、夢のある製品をつくる」というやり方だ。ナイキの靴、モンブランの万年筆、ハーレーダビッドソンのオートバイ、バーモント・テディ・ベアのテディ・ベア、ベン・アンド・ジェリーズ社のアイスクリーム……。いずれも、並外れたプレミア価格で売ることに成功している。マーケティング・コミュニケーションによる誘導で、消費者の経験価値を高めたからだ。「広告マジック」ともいうべき領域だが、わずかな追加コストしか投じていないにもかかわらず、エンド・ユーザーに付加価値を提供している。

ただし、そのような成功はまれであるうえ、パソコン業界人は、ファンタジックな製品づくりがあまり得意ではない。この業界でゲームに勝つ可能性を少しでも増やしたければ、違ったルールにのっとるしかないだろう。そこで、先ほどの質問をもう一度考えてみよう。「追加コストをゼロまたは最小限に抑えつつ、従来より高い値段で製品を買ってもらうにはどうすればいいか」。その答えは大量にある――しかも、すでに製品のなかに存在している。

あなたのお気に入りのソフトウェアが備えているメニュー項目や、テレビのリモコンボタン、電話機の各種ボタンを思い出してほしい。じつに盛りだくさんの機能がそろっているが、はたしてすべてについて知っているだろうか。ハイテク業界人なら詳しいかもしれないが、一般の人々はまず知らない。

これは何を意味するのか。顧客がまったく使いこなせないさまざまな機能に、研究開発の費用を投じたということだ。裏を返せば、ハイテク分野のどのヒット製品をとってみても、内部には、せっかく開発したのにいまだ日の目を見ていない機能が多数ひそんでいるということ。したがって、ごく簡単に「プラスワン」を開発したいなら、いままで活かされていない内蔵機能に脚光を当てればいい。そういった機能を一つずつ検討し、これを重宝する顧客はどんなニッチ層かを考えて、その層に向けてマーケティング・キャンペーンを展開するのだ。

つまり、「ユーザーが活用してくれないのでは、機能の存在価値がない」という単純な理屈に目をつけるわけだ。各種のハイテク製品が持つ、知られざる価値を顧客に教える――このマーケティングは、メイン・ストリート期だからこそ可能なものだ。顧客が新しいインフラを配備するのに忙しい時期には混乱を招くので慎まなければいけないが、状況が落ち着いたいまなら、顧客にも、まだ使いこなしていない機能を試してみるだけの余裕がある。ただし、こちらがうまく導いてやればという条件つきだ。そこで、「プラスワン」マーケティングの出番となる。

一度に一つでも複数でも、埋もれた機能を発掘してほこりを叩き、どんな顧客に喜ばれそうかを吟味して、現時点で活用されていない原因を探る。適当な研究開発によってその原因を取り除いたら、新たな完成形にして、特定のニッチ顧客を狙い、「プラスワン」を大々的にアピールする。

こうすれば、誰もが得をする（購入代理業者だけは蚊帳の外だが）。エンド・ユーザーは従来以上の価値を享受でき、エコノミック・バイヤーはよけいな予算を使わずにすむ。テクニカル・バイヤーは、信頼できる標準的なインフラを引きつづきそのまま使えるし、ベンダーは、いままでより高いマージンを懐に収められる。

「プラスワン」のマーケット・リサーチは、研究開発部門とマーケティング部門の共同作業だ。研究開発部門が、製品のなかに眠っている機能を浮かび上がらせ、マーケティング部門が、その機能をもっと利用しやすくする。どんなニッチ顧客が目を輝かせるかについて分析し、これぞという取り合わせが見つかったら、次は、いかにしてそのニッチに製品を送り届けるかを目標にする。

ニッチに注目するという点では、なにやらボウリング期に逆戻りしたような錯覚に陥るが、実際に製品を供給するメカニズムに関しては、ボウリング・レーンとメイン・ストリートでは非常に大きな隔たりがある。

「プラスワン」をマーケットに供給するには

ニッチ・マーケティングは、ボウリング・レーンとメイン・ストリートのどちらにおいても頼りになる戦術だ。しかし、顧客に価値を提供するうえでの成功要因は決定的に異なる。

ボウリング期には、あなたのホールプロダクトを支えるインフラがまだ存在しないので、必要なサポートをすべて添えてニッチ顧客に送り届けなければいけない。バックパック一つで旅行に出たときのように、必需品を詰め忘れていないか点検することが、きわめて大切な作業になる。この作業は、おもに流通チャネルの付加価値再販業者らにまかせるほかない。あなたとしては、経験の蓄積につながらず、コストばかりかさむが、なにしろマージンはたっぷりあるから心配いらない。

これに対して、メイン・ストリートでは、インフラの存在を前提にしてよいので、業者と提携する必要はない。マージンが少ないこの時期に、利益を業者と分け合わなくてすむのはありがたい。その代わり、トルネードによって生まれた薄利多売の流通システムという制約のなか、みずから「プラスワン」の価値を付加しなければいけない。

パートナーシップに関して言えば（コモディティ化したあなたのホールプロダクトと組み合わせて使うような製品のベンダーは別にして）、メイン・ストリートではせいぜい一社としか提携できない。しかも、「プラスワン」の要素にその会社がどうしても欠かせない、という場合に限られる。提携の形態としては、その会社の製品をバンドル（付属）するのが一般的だ。ただ、バンドルによっていくらか利益が増えても、あなたかその会社のどちらか一方が潤う程度の額にすぎないので、もう片方は別のかたちで利益を追求することになる。

たとえば、バンドルによってコストをかけずに拡大できた自社製品の利用者層を対象にして、のちのちアフター・マーケットで儲けられるかもしれない。いわゆるデータベース・マーケティングの手法が注目を集め、過去の取引データを記録することが重視されるようになったので、「プラスワン」の顧客の名前と連絡先をすべて入手できれば、おおいに役に立つ。

ところで、顧客側は「プラスワン」を購入する際、トルネードの時期に利用しはじめた流通チャネルをそのまま使いたがる。すなわち、いったん低価格のチャネルで顧客のニーズを満たしはじめた以上、コスト高のチャネルに戻らせることは不可能だ。となると、「プラスワン」のオファーは、トルネード期の流通チャネルが扱えるサービスの範囲内にとどめざるをえない。小売りチャネルなら、通常はいっさいサービスをおこなわない。小売りチャネルが協力してくれることといえば、陳列スペースの拡大ぐらいだろうが、その場合、貴重なスペースを割いてもらう見返りに、マージンを増やさなければならなくなる。

見返りが高くつくうえ、小売りチャネルにはどのみち付加価値がほとんど期待できないため、「プラスワン」のマーケティング・プログラムはふつう、通信販売やカタログ販売のほうに主軸を置く。カタログ販売はメッセージを正確に伝えられ、データベース・マーケティングによってターゲット顧客を徐々に絞り込んでいけるから、「プラスワン」のオファーに使うルートとしては非常にふさわしい。また、オファーがもともとサービスを伴わないのであれば、無駄なコストがかからないという意味で、通信販売やテレセールスが適している。

メイン・ストリートでの戦い方

トルネードで成功した企業であっても、メイン・ストリートでの効果的な戦い方を知っているかとなると、話はまったく別だ。

トルネード期の戦いはゼロサム・ゲームであり、末永く顧客になってくれる人々をできるだけ多く獲得するために、ほかの企業と奪い合いを繰り広げる。ところがメイン・ストリートでは、その戦いはすでに終わり、市場シェアの境界線が引かれている。囲い込める顧客層がまだあるとしても、遅れてマーケットに入ってきた新規顧客や、他社製品に乗り換えてもいいと考えているごく一部の人々くらいだ（「乗り換え組」は、なにしろ浮気性だから、長期的な顧客にはなりそうにないが）。にもかかわらず、トルネードで成功した経営幹部たちにこの現実を理解させるのは難しい。彼らは「目的を達成する方法はただ一つ。ライバルに勝つことだ」と思い込み、はるか昔の戦争の記憶から抜け出られない退役軍人さながらに、なおも同じ調子で戦いつづけようとする。

そのため、メイン・ストリートで勝者と敗者を分ける肝心なポイントを逃してしまう。じつはこの時期の本当の敵は、ライバル企業ではなく、購入代理業者だ。メイン・ストリートにおける目標は、すでに確保ずみの顧客から最大限に利益を上げることにある。畑はもう柵で囲ったのだから、こんどは耕す番だ。土地面積あたりの収穫量を最大にできた企業が勝者となる。必要なのは農民であって、軍人ではない。今回の競争に勝つためには、他人の農地を奪い取るよりも、自分の農地からの刈り入れを増やすほうに力を入れなければいけない。

ここで目の上のたんこぶなのが、価格競争をあおりつづけて安く仕入れようとする購入代理業者だ。彼らの立場からすれば、比較の基準にすべき対象は、マーケット・リーダーの製品ではなく、クローン製品ということになる。

たとえば、パソコンのトルネードの最中、初めはＩＢＭ製品が価格の目安だったが、やがてもっと安いコンパック製品が基準になった。ほかのベンダーが購入代理業者に売り込むには、コンパック製品以下に値引きするしかなかった。パソコンがメイン・ストリートに移ると、今度はデル、ゲートウェイ、ゼオスといった各社の製品が基準になって、IBMやコンパックは防戦に回り、割高であることを何とか正当化しなければならなかった。互換性の高さについても徐々に差がなくなるにつれ、マーケット・リーダーの絶対性は弱まってきた。また、事実上の標準規格が定着したいま、ブランド製品ではなくてもリスクは低い。となると、クローン製品は大幅に安くしなくても売れる。トップブランドには相変わらず価値があるが、以前よりかなり低下している。だからこそ、「プラスワン」によって、コモディティ製品に付加価値を与えてマージンを稼がなければいけないのだ。

さて、競争という面では、低価格のコモディティ同士のぶつかり合いに比べると、「プラスワン」は、よその「プラスワン」とさほど激しく競い合うわけではない。ポイントは、製品に独自色をもたらし、ニッチ向けの付加価値によって、ほどほどのマージン増加を狙うことだ。同時に、いまだコモディティ製品を購入せずに様子見をつづけている顧客に対し、「プラスワン」の魅力で背中を押してやることだ。

このように、がつがつした戦いとは違うので、ポジショニングに関しても、力の入れ具合は控えめがいい。「プラスワン」がもたらす利益はそれほど大きくないので、大々的なキャンペーンは割が合わない。すでに購入プロセスの最終段階に差しかかっている顧客をターゲットにすべきだ。ぎりぎりの時点で、こちらとしてもう少し儲けの多い選択肢へ導く。したがって、宣伝広告よりもマーチャンダイジング（商品政策）を重視することになる。

現場に販売スタッフを置く場合は、そのスタッフには、顧客を啓発する手法を教え込むよりむしろ、定番の低価格ソリューション製品を買おうとしている顧客にどうやって「プラスワン」を買わせるか（あるいは、高価格のプレミアム製品を買うつもりの顧客に、どうやってもっと安い「プラスワン」を薦めるか）を中心に教育したほうがいい。

トルネード後期と「プラスワン」のあいだの戦術

トルネード期の「ひたすら出荷する」というマーケティングと、メイン・ストリート期の「プラスワン」のマーケティングのあいだには、製品ラインアップの拡充という段階が存在する。トルネード後期、つまり、一般消費者市場に十分な足がかりを築いた時点での戦略と思ってもらえばいい。

ハイテク企業なら、わりあい容易に実践できるだろう。大口発注の顧客があふれる市場分野を狙い撃ちして、トルネード期の販売量を維持する一方で、製品の価値をいくつかに分離して差別化を打ち出す作業に取りかかり、マーケットへのさらなる浸透を図るのだ。

製品ラインアップの拡充で差別化を進めれば、顧客層の幅を広げることができ、いったん迎えた飽和点を乗り越えて、大量の売上げを継続できる。たとえば、デスクトップ・パソコンの法人向け販売は、一九八四年に一度飽和点に達した。しかしそのあと、ベンダー各社が、サーバーおよびノートブック・パソコンという二つの新しい製品グループを追加した。一九九〇年代に入ると、ふたたび飽和状態になったものの、今度は、ビジネス顧客を取り巻く周辺市場に着目し、マルチメディア・パソコンを主力とする家庭用コンピュータを数多く取りそろえた。

製品ラインアップの拡充でとくに成功したベンダーが、コンパックだ。「プレサリオ」シリーズを発売して、ＳＯＨＯ（小規模オフィス／ホームオフィス）コンピューティング向けのコモディティ製品市場へ進出し、デルやゲートウェイなど、低価格路線でコンパックのハイエンド製品の売上げにダメージを与えた競合他社から市場シェアを取り戻した。同社としては初めて、ローエンドの顧客を標的にしたわけだ。これまでは、エンジニアリングの水準を引き下げる結果になりかねないとみて、ローエンド市場に取り組むのを渋っていたが、経営トップの交代に伴って方針を改めた。

コンパックが遅まきながら気づいた事実は、パソコンのホールプロダクトはもうかなりコモディティ化が進んでいるため、「エンジニアリング水準の引き下げ」などとは関係なく、「自社の品質レベルを保ったままで低価格PCを発売するのが、ごく当然の流れである」ということだった。

コンパックが製品ラインアップの拡大で成功したほかの例としては、ノートブック市場へのいち早い参入が挙げられる。裕福な企業幹部や、セールス・フォース・オートメーション（IT技術を用いて営業スタッフの生産性を向上するシステム）などを標的にして成功した。また、マルチプロセッサ搭載の「システムプロ」サーバー・シリーズも同様の成功例だ。メインフレームから、インテルベースのプラットフォームへのダウンサイジング（あるいは、その他からのアップサイジング）を促す役割を果たした。

いずれも、トルネード後期の特徴的なマーケティングであり、トルネード初期における開発方針（ほぼ同一の製品カテゴリーのなかで、価格対性能比をだんだん引き上げていくやり方）と、「プラスワン」マーケティング（とりたてて追加開発をおこなわず、ニッチな需要を狙うやり方）とのあいだの架け橋に相当する。両者の中間的な性格を備えているので、おおがかりな追加開発作業を要するケースも多い（この重大な時期に、デルが適切なノートブック製品を市場投入できなかった原因は、ここにある)。その代わり、ニッチ・マーケティングよりはるかに大量に製品を販売できるため、収益が大きい。

ここで一つ意識しておくべき点は、「プラスワン」マーケティングへの移行を急ぎすぎてはもったいないということだ。トルネードが終わりきらないうちに、後期ならではのマーケティングを精いっぱい駆使して、できるだけ多くの顧客を囲い込み、その後、メイン・ストリートへ舞台が移ったあと、腰を落ち着けて、囲った顧客に「プラスワン」を提供するのがよい。

メイン・ストリートは、一般消費者向けのマーケティング戦略が効果を発揮するわけだが、そもそも、ごく一般の消費者は、おのずとメイン・ストリート沿いに安住の地をみつける。というのも、テクノロジー・ライフサイクルのここまでの段階で、さまざまなソリューションが出そろい、便利に製品を購入できる環境が基本的にすべて整っているうえ、技術上のリスクもすっかり解決ずみだから、安心して買うことができ、あとは、各自の価値観に応じて判断を下すのみとなっているからだ。

メイン・ストリートではこの先、いろいろと活発な動きが起こるに違いない。旺盛な需要を自社の利益に変えられるように、ハイテク各社は、マーケティングのアプローチを大きく転換すべきだろう。ただし前にも触れたとおり、ハイテク企業は、根本的なメカニズム上、いつまでもメイン・ストリートに定住するわけにはいかないという宿命を背負っている。この点をさらに明確にするため、シリコンバレー以外の場所に本社を置くハイテク企業が、この宿命に逆らおうと試みた例をみてみよう。

メイン・ストリートの危険な誘惑

メイン・ストリートにおけるマーケティングで強く念頭に置かなくてはいけないのは、何度も述べたように、半導体の価格対性能比が急上昇しつづけているという事実だ。

収益を上げるうえで最適な条件が整うよりはるか前に、本格的なパラダイム・シフトが発生しかねない。トルネードがまだホールプロダクトをコモディティ化していないうちに、パラダイム・シフトが起こる場合もありうる。そうなると、マージンが非常に高い水準のままなので、マーケットには大きな痛手となる。

独自仕様のメインフレームやミニコンピュータのマーケットは、まさにそんな状況に陥った。一方、そのマーケットのリーダー企業は甘い誘惑に負けて、高利益率という名の檻のなかに閉じこもってしまう。

ホールプロダクトがコモディティ化しないままだと、マーケットではリーダー企業に権力が集中し、顧客は比較的少人数にとどまる。サービス提供業者もそう増えないからたいした競争は起こらず、製品とサービスどちらも高いマージンを維持できる。もしあなたがそんな業者の立場に置かれたら、以前のボウリング・レーンに戻ったような錯覚を覚えるだろう。もっとも、実際にはトルネードで需要が供給を大幅に上回っているあいだにたんまり稼いだので、あなたの会社は「フォーチュン五〇〇」の仲間入りを果たしている。

一見まさしく天国だ。ところが、ハイテク業界の根底には、あの半導体なる厄介な代物が存在する。あなたのシステムが今日の水準でどれほど高性能だろうと、エデンの園のまわりにどれほど高い塀を築いていようと、塀の外の雑草は三・五年ごとに一〇倍の速度で成長している。遅かれ早かれ侵入してきて、あなたの楽園を覆いつくしてしまうだろう。いったい、どう対処すればいいのか。

唯一の正しい対処法は、あなたも雑草になって自分の楽園を先に占拠することだ。しかし、独自仕様のメインフレームやミニコンピュータを手がける企業各社は、当初そんな発想ができず、たえず入り込んでくるたくましい雑草を鉈《なた》で伐採しつづけた。たしかに、その方法でもしばらくは身を守ることができた。取引先担当チームは、ありとあらゆる手段を使って顧客たちをコモディティ化から遠ざけ、自社のローエンド製品さえも売らないように努力した（いやむしろ、自社製品だからこそ、ローエンドに乗り換えられてしまわないよう特別に注意を払った）。

ＩＢＭには、こんな有名な逸話がある。

ある顧客が、同社の取引先担当チームに、あるクライアント／サーバー・アプリケーションに適したＵＮＩＸプラットフォームはどれかと問い合わせた。担当チームは、そのアプリケーションを研究したあと、「お手持ちのメインフレームをアップグレードするといいでしょう」と回答した。それを聞いた顧客側が、「いや、そうじゃなくて、ＵＮＩＸのソリューションを提案してほしいんだが」と言ってきた。担当チームはふたたび検討を重ね、こんどは「ＡＳ／４００がお薦めです」と答えた。顧客が業を煮やし、「うちがほしいのは、独自プラットフォームではなくてオープン・システム、そう、ＩＢＭのＲＳ／６０００のような製品だよ」と、もう一度助言を求めた。

担当チームはまたも検討をはじめ、あきれた顧客がヒューレット・パッカードにもＵＮＩＸのソリューションを打診しているとは知らず、第三の案を出した。「PS/2パソコンでOS/2を動かしてみてはいかがですか」。すると返事が来た。「もう結構。ヒューレット・パッカードと商談がまとまったから」。そこにいたって、ようやく担当チーム側はRS/6000のソリューションを持ち出したが、顧客の反応は「もう結構!」だった。

IBMにかぎらず、DEC、ユニシス、富士通、日立、NECなどの大手各社の顧客担当者が、同じような対処を繰り返している。自社の利害関係の都合上、なんとしてでも現状を維持したいと思う人々が、販売チャネルを牛耳っているのだ。これらのベンダーのうち一社としてUNIXシステムで成功していないのは自業自得と言える。それを尻目に、ヒューレット・パッカード、サン、シークエント、ATT GISといった各社が、業績好調の日々を謳歌している。

勢力バランスがすでに変化したにもかかわらず、IBMなどはいまだに対応できない。これこそが、「高利益率という名の檻」の呪いだ。呪いを打ち破りたければ、第二の営業部隊をつくって、第一の部隊と真っ向勝負させるしかない。さもないと、ローエンドのソリューションは永久にマーケットに普及しないだろう。

取り残された製品は……

さて、メイン・ストリートの再生能力の限界を越え、老齢期を迎えた製品はどうなるのだろうか。尽きることなく繰り返しハイテク業界に吹き荒れるトルネードのなか、戦いに敗れた製品はどんな道をたどるのか。そういえば、CP/Mパソコンはいまどこにあるのだろう。DEC社のPDPミニコンピュータは、ヒューレット・パッカードのペンプロッターは、ＮＢＩ社の英文ワープロ機は、いったいどこへ行ったのか。

じつをいうと、メイン・ストリートを越えたあとは、製品ベースのマーケットが崩壊し、ふたたびサービス・ビジネスの世界に戻る。

最もローエンドでは、非営利の趣味グループが活動をつづけ、メンバー同士でたとえばＣＰ／Ｍのソフトウェアを交換したりする。ハイエンドでは、サービス業者が古いプラットフォームを買い上げ、まだ使える部品を組み合わせて、まともに動くように整備したのち、ミッション・クリティカルなソフトウェアを新しいプラットフォームへ移行させたくない企業、あるいは、移行させようにも必要な知識を持つ者がいなくなってしまった企業に、当座しのぎの策として販売する。その他の企業は、やむなく移行の道を選択し、特殊なツールや技能を持つ契約プログラマーに、データ変換などを頼もうとする。そして多くの場合、ハイテク業界内でも異彩を放つ会社コンピュータ・アソシエイツ社の門を叩く。

コンピュータ・アソシエイツ社は、製品を扱う会社のようでいて、じつはサービス会社だ。メイン・ストリートを越えて行き詰まったソフトウェア会社を買収し、開発部門を解体して、その会社が囲い込んである顧客のシステム保守契約のみを引き継ぐ。そして経済観念を厳しく植えつけ、収益性の高い、金のなる木に変身させる。

そんな調子だから、ハイテク業界内でほとんどの人々の恨みを買っている。買収された会社は、あまりに安い提示額を見て、ついにここまで落ちぶれたかと思い知らされ、過酷な現実を突きつけてきたコンピュータ・アソシエイツ社を恨む。買収後まもなく、本当に必要なスタッフ以外は容赦なく解雇されるので、恨みはいっそう強くなる。開発者たちは、買収した製品に新機能を追加しようとしない態度に腹を立て、なぜ開発に投資しないのかと、これまた恨む。顧客側も、ほかに代わる選択肢がないため、高いメインテナンス料金を払わざるをえず、足もとにつけ込んできた同社を恨む。

しかし実際問題、どんな生態系にも「始末屋」が必要なのだ。生態系の維持に欠かせないこの役割を、ハイテク業界ではコンピュータ・アソシエイツ社が担っている。いやもちろん、そう割り切って考える私も、たまにふと感傷的な思いにとらわれる。そんなときは、詩人ディラン・トマスの有名な一節を、大声で叫びたくなる。もはや亡きＡＳＫ／イングレス社の元従業員たちよ。往年の活気を失ったカリフォルニア州アラメディアの社屋で、いまとなってはコンピュータ・アソシエイツ社の社章バッジを付けて働く人々よ。聞いてくれ。

こころよい夜のなかへおとなしく流されてはならぬ！

死に絶えゆく光に向かって憤怒せよ、憤怒せよ！

だが、そんな怒りは妥当だろうか。もしもコンピュータ・アソシエイツ社がなかったら、結局、同じような会社を別にこしらえなければいけなくなるだけだ。コンピュータ・アソシエイツ社の役割は、何が価値を失い、何が価値を維持しているのかを、感情論を抜きにして分析することにあり、現在までのところ、みごとなまでにこの務めに徹している。

ほかにも、メイン・ストリート期を終えた会社や業務に目をつけて、新たなサービスを展開している例は少なくない。たとえば、メインフレームやミニコンピュータ向けのハードウェアやソフトウェアを手がけて挫折した企業、かつて独占企業だったが分割されつつある電話会社などは、経験豊かなスタッフを自社内に過剰に抱えている。これらのスタッフには長年、顧客サービスを専門に担当させ、儲けを何も生み出さない役どころを与えていた。社の業績が絶好調で、製品販売によって高いマージンを稼いでいたから、そんなぜいたくも許された。しかしいま、そういった企業は、この貴重なスタッフを利潤追求に活かして、システム・インテグレータに転身しようと試みている。現在までのところ、成功したケースも失敗したケースもある。ＩＢＭ、ＤＥＣ、ユニシスの三社は、順当に、専門性の高いサービス組織をつくりあげた。しかし、このような大手でさえ、社への貢献度があまりにも低い人材を再利用するため、いちかばちかの構造改革に取り組んでいることに違いはない。

既存顧客と長らく関係を結んできたおかげで、大きなプロジェクトに優先的にかかわれるなど、有力企業ならではの切り札はまだ失っていないのだが、それでも、価値の薄れてきた資産には思いきってテコ入れをおこなう必要性に迫られている。受注したプロジェクトを活かしながら、次世代のスタッフを育てていかなければ、小回りの利く若い企業にたちまち追い越されてしまう。

まとめ――トルネードとメイン・ストリートの比較

この章の重要なポイントをまとめれば、こうなる。

「ハイテク企業は、メイン・ストリートへの移行を歓迎すべきであって、流れにあらがってはいけない。利益率の高いニッチ・マーケティングをいくつか実践できるチャンスとみなすべし」

少なくとも、次のトルネードがやって来るまでは、ニッチ市場で稼いでおくにかぎる。ただ、厄介なことに、その戦法で成功したければ、トルネード期に磨いた能力を真っ向から打ち消すような態度で臨む必要がある。比較してみると、次ページの表のとおり。

この比較で明らかなように、メイン・ストリートにおける成功要因は、トルネードのときとは正反対だ。振り返ると、トルネードにおける戦略も、ボウリング・レーンのときと正反対だった。非常に面倒だが、私たちとしてはこれを素直に受け入れる以外ない。

一八〇度の方向転換を繰り返すとなれば、ある程度の混乱は覚悟せざるをえない。とくに起こりがちなのが、いま自分たちはライフサイクルのどの段階にいるのか、社内で意見が食い違うケースだ。食い違いを長く放置した場合は、部署によってまるきり逆の目標を掲げ、おたがいの努力を激しく打ち消し合うといった事態を招いてしまう。

したがって、前章の末尾でも述べたように、マーケティング戦略を立てる担当チームは、まず全員で協議して、いまテクノロジー・ライフサイクルのどこに位置しているのか、認識を一致させたうえで行動プランの作成に入らなければいけない。

では、認識を一致させるにはどうすればいいのだろうか。それが次章のテーマだ。

トルネード	メイン・ストリート
●インフラ責任者に向けて売り込む。	●エンド・ユーザーに向けて売り込む。
●信頼できるインフラをタイミングよく配備したい、というニーズを満たすことに力を入れる。	●エンド・ユーザーの個人的なニーズを満たし、製品の使い心地をよくすることに力を入れる。
●汎用製品として広く採用してもらえるように、ホールプロダクトをコモディティ化する。	●コモディティ化したホールプロダクトに、特定のニッチ向けの「プラスワン」を加えて、製品の差別化を図る。
●薄利多売方式の流通チャネルを使うとともに、重点的な広告キャンペーンをおこない、マーケットにおける露出度を最大限に高める。	●引きつづき同じ流通チャネルを使うものの、「プラスワン」マーケティングのメッセージを伝えるにあたっては、広告ではなくマーチャンダイジングを活用する。
●価格を段階的に下げつづけて、なるべく大きな市場シェアを確保する。	●「プラスワン」の付加価値を強く訴えて、低価格のクローン製品よりも高いマージンを確保する。
●競合他社に牙をむき、市場シェアを獲得する。	●自社内の低価格製品に牙をむき、マージンの多さで圧倒する。
●標準的なグローバル・インフラとして、ホリゾンタルな（水平的な）ポジショニングをとる。	●ニッチ市場でバーティカルな（垂直的な）ポジショニングをとり、エンド・ユーザー各自の好みを重視する。

セグメンテーションはいつおこなうか

本書の最大の論点は、「テクノロジー・ライフサイクルが大きな転換点にさしかかるたび、とるべきマーケティング戦略は劇的に変化する。いや、変化するどころか、まったく正反対になる」ということだ。その典型例として、セグメンテーション（市場の細分化）を取りあげるとしよう。

ここまで読んだ内容を踏まえて、次の問いに答えてみてほしい。

「適切なマーケティング戦略において、セグメンテーションをおこなうべき時期、おこなうべきでない時期は、それぞれいつなのか」

正解は、以下のとおり。

- 初期市場では、セグメンテーションは厳禁。ビジョナリーの先導にひたすら従う。
- キャズムを越えてボウリング・レーンに足を踏み入れるためには、セグメンテーションが必須。

ホールプロダクトの戦略の土台として使う。
●トルネードのなかに入ったら、セグメンテーションは厳禁。汎用のインフラを提供して、パラダイム・シフトが進行しているうちに、半永久的な新規顧客をできるだけ多く獲得する。
●メイン・ストリートでは、ふたたびセグメンテーションが必須。ただし、ボウリング・レーンのときとは意味合いが異なる。メイン・ストリートにおけるセグメンテーションは、「プラスワン」戦略の土台として使う。

セグメンテーションは、マーケット重視のビジネスプランのあらゆる要素に影響を及ぼすので、要するに、一つのテクノロジーのライフサイクルのなかでは、戦略全体を三回、まったく逆方向に転換しなければいけないわけだ。

これだけでもだいぶ面倒だが、以下を考え合わせると、事情はさらに複雑をきわめる。

①たいていの企業は、複数の製品を同時に手がけており、製品ごとにライフサイクルの段階が異なる。たとえばロータス社の場合、「1―2―3」は寿命の終わりに近づいているが、「ccメール」はメイン・ストリート期にあり、「ノーツ」はちょうどトルネード期に突入しかけている。
②同一のマーケット内でも、セグメントによってライフサイクルが違う場合がある。たとえば、本書執筆の時点でいうと、米国の場合、インターネットは、UNIX界ではメイン・ストリートだが、大学生のあいだではトルネード、市場調査に関してはボウリング・レーン、マーケティング

情報の流布に関してはキャズム、商取引に関しては初期市場の段階にある。

③ライフサイクル・モデルのある箇所が何度も反復されることもある。つまり、ボウリング・レーンでニッチ市場を狙う際、ピンを一本倒すたびに、ミニサイズのトルネードが発生して、需要が供給を大幅に上回り、やがて終息するという現象が繰り返される。したがって、一つの段階のなかでも、いろいろな戦略モードをミックスさせる必要が生じかねない。現にいま、CAD市場ではメンター・グラフィックス社が、アニメーション市場ではシリコン・グラフィックス社が、そのような状況下にある。

④さらに、ライフサイクルの異なる箇所にあるマーケット同士が、たがいに影響を及ぼし合うせいで、いったい誰が取り組んでいるどのマーケットがどの段階なのか、判然としなかったり、極端な場合には、トルネードが発生しているのかどうか、発生しているとして誰のトルネードなのかさえ把握が困難だったりする。たとえば現在、メイン・ストリート期の財務会計アプリケーションは、ボウリング・レーン期のツールを使い、トルネード期のクライアント／サーバー・プラットフォームへ移植されつつある。

最後に挙げたケースでは、メイン・ストリート、ボウリング・レーン、トルネードと、三つの市場発展段階に同時に直面している。一つひとつへの対処法は明確だが、どれ一つとってみても、ほかの二つとは矛盾をきたす。さて、どうすればいいのか。このような条件のもとで身の振り方を判断するのはきわめて難しいが、よりどころとすべき重要な原則がいくつかある。

製品ではなく、カテゴリーに着目する

いまライフサイクルのどこに立っているかを特定するうえで、まず最初に、「マーケットが位置づけるのは、製品そのものではなく、製品カテゴリー全体である」という点を理解してもらいたい。わかりやすい例として、ヒューレット・パッカードのパームトップPC「200LX」を取りあげよう。ポケットサイズのこの機器には、ロータス1―2―3、数種類の電卓機能、個人情報管理（PIM）ソフトなどが詰まっており、携帯可能な外付けユニット「ラジオメール」など、電子メール接続機能も充実している。この製品はいま、ライフサイクルのどのあたりに位置するのだろうか。

最初に考えなければいけない問題は、この200LXはどんな製品カテゴリーに属するかだ。もしPDA（携帯端末）だとすれば、現在はキャズム期にある。アップル、ソニー、モトローラなどが、使いづらいペン入力PDAを販売中だが、どれも売上げ不振にあえいでいる。それに比べ、200LXは、製品シリーズの三世代目に相当し、それなりに販売実績を積んでいるうえ、ペン入力方式ではない。ただ、属するカテゴリーがもしキャズム期なら、カテゴリー内のどんな会社のどんな製品であれ、キャズム期に分類せざるをえない。

一方、200LXをほかのカテゴリーに分類すると、とたんに評価が変わってくる。たとえば、エレクトロニック・オーガナイザー（電子手帳のたぐい）だとしたら、間違いなく現在はメイン・ストリート期だ。シャープやカシオは、何百万個と売りさばいている。となれば、200LXは、キャズムに陥った「ペン入力非対応のPDA」ではなく、メイン・ストリートのわりには人気にや

や乏しい「高級すぎるエレクトロニック・オーガナイザー」ということになる。最先端のハイテク機能を持つとはいえ、もしここが属するカテゴリーなら、メイン・ストリート期の段階にあるわけだ。

ちょっと待ってくれ、と異議を差しはさむ人もいるだろう。200LXはその両方だと。しかし、それはありえない。「両方」とは「ゼロ」、すなわち存在しないことを意味する。マーケットのなかで位置を定められない製品をマーケティングするのは不可能だ。小売店は、どの売場で売ったらいいのかわからないし、一般消費者も、どこで購入したらいいのか迷ってしまう。価格がはたして適性なのか、どの製品と比較すればいいのかも決められない。

ヒューレット・パッカードがPDA市場へ参入を決めたのは、一九九四年のことだ。私は個人的に、うまい選択だと感じた。市場に将来性があるし、マーケット・リーダーがまだ存在しない。200LXの技術的な長所とも合っている。だが同社は、200LXの好調な売れ行きから、トルネードが間近に迫っていると勘違いし、トルネードを意識した宣伝広告を展開して、「行動派」を自認する一般消費者にふさわしい製品と位置づけた。これはあまりに一足飛びで、かつ時期尚早だった。自分がキャズムにいると認識していれば、早まった戦略であることにすぐに気づいただろうが、ボウリング・レーンにいると思い込んでいると気づきにくい。ヒューレット・パッカードは、ボウリング・レーン期だと信じていたのだ。

以上でもわかるように、製品がテクノロジー・ライフサイクルのどこに位置するかを正しく判断できなければ、巨額のマーケティング費を失い、リスクを冒すはめになる。現在、多くの企業が難しい判断に迫られているが、多くのケースで、メイン・ストリートのカテゴリーになんらかの不連続的なイノベーションの要素が交じって、見通しが不透明になっている。そのイノベーションが市場にどの程度まで浸透するかによって、ライフサイクルのどこに位置するのかが違ってくる。こうした場合については、以下で説明するモデルを参考にしてほしい。

不連続性とライフサイクル

テクノロジー・ライフサイクルに波紋を広げる不連続性は、二種類に分かれる。一つは「パラダイム・ショック」。エンド・ユーザー、あるいはエンド・ユーザーを支えるインフラに影響を与えるタイプだ。

たとえば、電気自動車は将来、エンド・ユーザーにもインフラにも変化を強いるだろう。修理工、ガソリンスタンド、車の所有者はもろちん、車で通勤する従業員を抱える会社など、さまざまな人々や組織が、新しいアイデアを学んだり、新たに投資したり、新しい行動パターンに慣れたりしなければいけない。だから、電気自動車は、非常に高いレベルのパラダイム・ショックをもたらすといえる。

一方、ノートブック・パソコンがもたらすパラダイム・ショックは、わりあい低いレベルにとどまる。バッテリーに関して少し煩雑な知識が必要になったり、場合によっては、携帯型のバッテリー充電器を買い足さなくてはいけなかったりする程度だろう。飛行機のなかで文章を書くといっても、操作はデスクトップを使うときと大差ない。

さて、第二の不連続性は「アプリケーション・ブレイクスルー」だ。テクノロジーの進化によって、いままでにない新機能が現れ、エンド・ユーザーの役割を劇的に変えるとともに、投資収益率を大幅に押し上げる。たとえば、顧客サービスセンターは、生身の人間ではなく、音声応答装置が電話に応対するようになった。当初、電話をかけた側はパラダイム・ショックを感じたものの、新聞社、映画館、航空会社など、大量の電話応対を要する企業は、多額のコストを削減できた。また、インターネットは、文字文化を復興したとも言えるだろう。大学の新入生は、高校時代の旧友とメールで近況を報告し合える。手紙だと時間差が生じるが、電子メールによって、間髪入れず返事を受けとることができるようになった。いまや年配の人々までが、メールのやりとりを楽しんでいる。

アプリケーション・ブレイクスルーによって、「劇的に便利になった」とエンド・ユーザーに実感させることができれば、テクノロジーの普及が加速し、逆にパラダイム・ショックを感じさせると、普及にブレーキがかかる。この二つをX軸とY軸にしてモデル図を描いた場合、ライフサイクルとの関係は次ページの図のようになる。

この図は、テクノロジー・ライフサイクルを別の角度から描いたもので、次のように読みとってもらいたい。

●ライフサイクルは、左上の区画からはじまる。ここでは、パラダイム・ショックが大きく、利益は少ない。たいていは、新技術のまともな活用手段がまだ生まれていないせいだ。純粋科学やプロトタイプ（試作品）の世界にとどまっている。また、この段階では、テクノロジー・マニアしか興味を示さない。たとえば超伝導の技術は、医療機器の一部では次の段階に移ったものの、大半がいまだこの領域内にある。

●第二の区画では、初期市場が誕生する。一人、あるいは複数のビジョナリーが、新しい技術の長所に気づき、出資を通じて最初のアプリケーション・ブレイクスルーを引き起こす。ビジョナリーの予見どおり、劇的な競争優位につながることが明らかになる。パラダイム・ショックを緩和しなければいけないという面倒が生じるものの、それを差し引いてもなお、多大な利益をもたらす。

ただし実利主義者は、このアプリケーション・ブレイクスルーを吟味したあと、「なるほど、うちの業務にもこんな便利な機能を組み込みたいものだ」と感想を漏らすものの、「いまのところは、パラダイム・ショックによる代償が大きすぎる」と判断する。こうして実利主義者が購

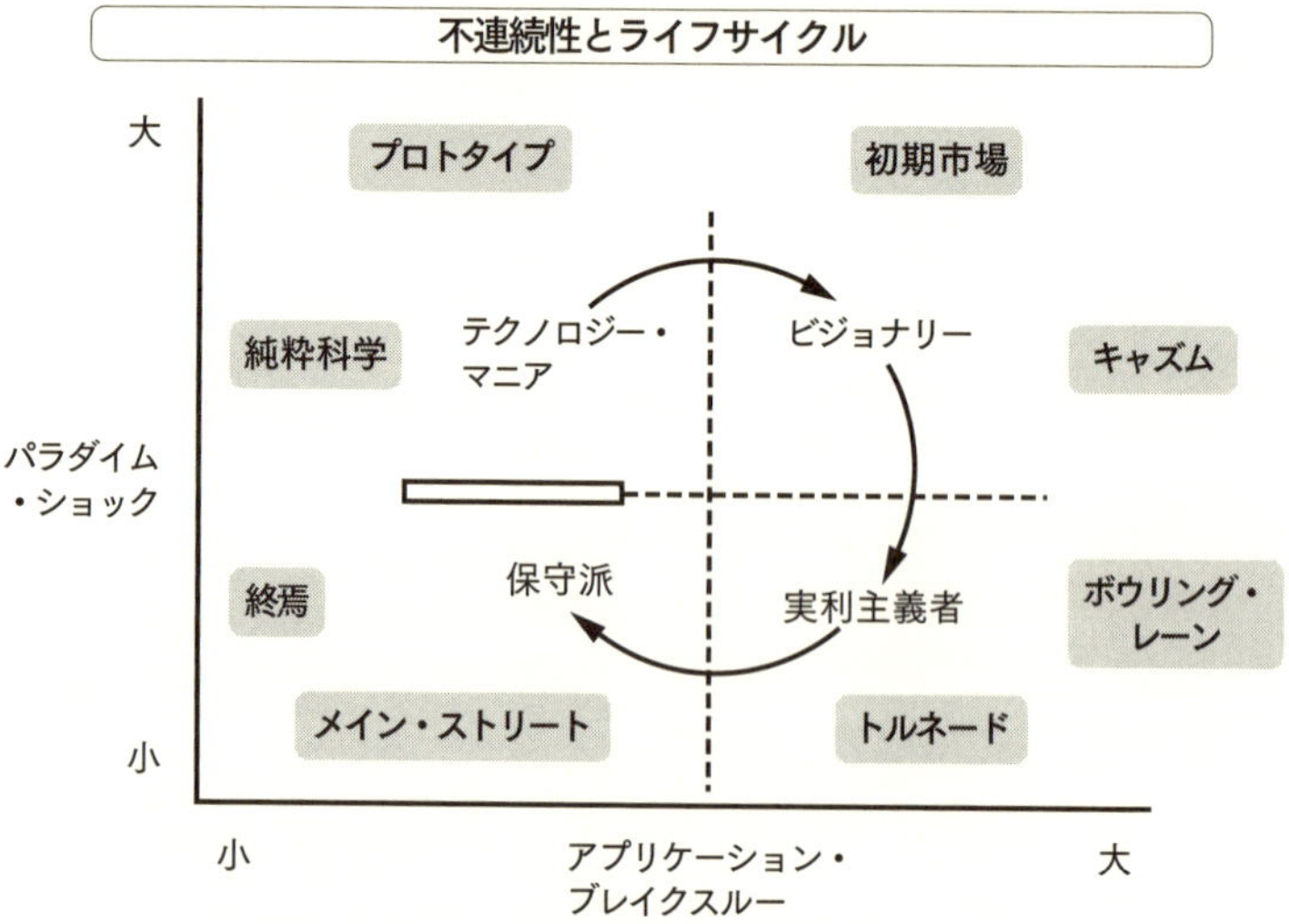

入をためらうせいで、キャズムが形成されてしまう。

●なるべく早く第三の区画へ突入したければ、企業各社は、足がかりにしたいニッチ市場を特定し、そのセグメントが抱える問題点を洗い出さなければいけない。さまざまな汎用ソリューションを提供する前に、まずはニッチに限定したソリューションを出して、パラダイム・ショックを和らげる。つまり、ボウリング・レーンの段階だ。この頭脳的なマーケティングにより、下手をすると長びきかねないキャズム期を短縮することができる。

ボウリング・ピンに相当するニッチ・セグメントを次々と倒していくうちに、汎用のインフラ・ソリューションが普及するだけの条件が整い、やがてある時点で、おおぜいの実利主義者が採用しはじめる。実利主義者は集団行動を好むので、この汎用ソリューションが事実上の標準規格と認められ、幅広い業者のサポートが得られるようになって、パラダイム・ショックを払拭でき、アプリケーション・ブレイクスルーを円滑に広めることができる。このダイナミズムにより、トルネードが猛威を振るう。

●トルネードが終息に向かうころ、ようやく保守派が重い腰を上げる。すでにパラダイム・ショックは完全に消えて、アプリケーション・ブレイクスルーが標準的な業務手順に組み込まれている。マーケットはメイン・ストリートの段階だ。新たなイノベーションは、付加価値をターゲットにしたものに集中する。つまり、前章で紹介した「プラスワン」戦略の時機が到来する。

その一方、従来のパラダイムにあまりにも長くあぐらをかいている顧客は、のちのち、ほかの人々以上に深刻なパラダイム・ショックに襲われるはめになる。世間一般のインフラが新しい標準規格に移行し、古いパラダイムは見捨てられはじめるからだ。

●このモデル図でもう一つ注目してほしいのは、左上の区画と左下の区画が、厚い壁で仕切られていることだ。右側の区画をぐるりと経由しないかぎり直接行き来するのは不可能、という事実を表している。つまり、すでに成熟してメイン・ストリートにある応用分野に関して、コスト削減や生産性向上の効果だけしか持たない不連続的な新技術を開発したところで、基本的にはマーケットに売り込みようがない。

なにしろ、保守派の人々はパラダイム・ショックに耐えられないし、ショックを段階的に和らげてもらうため、わざわざベンダーに金を払って工夫を頼むなどということもありえない。保守派が新しいテクノロジーを購入するのは、実利主義者が入念にチェックしたあとであり、実利主義者が購入するのは、業務に画期的なブレイクスルーを導入できると納得したあとだ。となると、開発者側はまず、ビジョナリーに向けてブレイクスルーを積極的にアピールし、支持を得なければいけない。左上の第一区画から次の第二区画へ進むためには、ビジョナリーの心を刺激するようなブレイクスルーが必要になる。いきなり第四区画へ飛び込むことはできない。

自社製品はライフサイクルのどこにあるか

ライフサイクルに影響を与える要素は、パラダイム・ショックとアプリケーション・ブレイクスルー以外にもある。しかし、この二つを軸にしたモデル図を活用すれば、製品がライフサイクルのどこに位置しているのか、ひとまずおおよその見当がつくはずだ。したがって、ここを出発点として、必要に応じて修正を加えるといい。

これまで検討した事例に当てはめてみよう。

●ロータス・ノーツは、すでに業務の流れにブレイクスルーをもたらしている。したがって、モデル図の右側に位置することは間違いない。ポジショニングするうえでやや曖昧なのが、ホールプロダクトのパラダイム・ショックの大小だ。エンド・ユーザーはほとんどパラダイム・ショックを意識せずにすむものの、IT担当者たちはいまだに手を焼いている。その結果、需要が供給を上回ってトルネードに近い状態にありながら、サポートする側に過大な負担がかかる点がネックになって、マーケットの勢いはまだ十分ではない。ノーツがせっかく、トルネードに乗って早く舞い上がりたがっているのに、そうはさせまいと、複雑性が足を引っぱっているというのが現状だ。

●オブジェクト指向データベースは、登場から一〇年以上も経ったにもかかわらず、明らかに、大きなパラダイム・ショックを伴ったままだ。標準の座を確立した製品はほとんどなく、いまだに試行錯誤が続いている。となると、モデル図のなかで上半分のどこかに位置する。同時に、「理屈からいって、この技術はいずれアプリケーション・ブレイクスルーをもたらすに違いない。おもに、開発の効率や、ランタイムのパフォーマンスに関して、かなりの好影響を与えるだろう」という点には、誰もが同意している。よって、モデル図の右上の区画がふさわしい。ベンダーに残る問題は、初期市場なのかキャズムなのか、だ。この区別は、おおいに実用的な意義を持っている。ベンダー各社は、四半期ごとに機会をとらえ、手間はかかるものの、ビジョナリーの特殊な業務プロジェクトに合わせたソリューションを用意する。その代わり、多額の報酬を受けとる。もし初期市場であれば、このやり方は賢明だが、キャズムであれば、こんなことをしていたら、ますます深みにはまってしまう。どう判断を下せばいいのだろうか。

判断基準は、「キャズムを越えるために必要なものを支えるコア・プロダクトの開発作業が、どのくらいまで進んでいるか」にある。つまり、右上の区画にいるあいだは、キャズムを越えてボウリング・レーンに取り組むために、準備を進めることだ。トルネードで汎用目的をサポートするのはまだその先にすぎない。したがって、ボウリング・レーンで必要のないニッチ用途を開発サポートしても、費用と時間の無駄づかいであり、キャズムに陥ったまま破滅しかねない。逆に、キャズムを越えるために役立つ開発サポートなら、正しい方向性と言える。

狙うべきニッチ、参入に要するホールプロダクトの構成を考えたうえで、コア・プロダクト開発の残り作業量と、ニッチ攻略に役立つ特定用途向けの開発作業量とを、それぞれよく検討してもらいたい。コア・エンジンが順調に動き出すまでは、ニッチ攻略に取りかかりたくないだろうから、コア開発がまだしばらくかかりそうなら、当面、初期市場にとどまり、少々骨が折れるのは我慢して、ビジョナリー向けの特殊なソリューションを用意すべきだ。裏を返せば、コア開発が完了したら一刻も早く前進したほうがいい。ビジョナリーの新たなプロジェクトにまた付き合っている暇はない。

もう一つの壁

いま述べたケースはすべて、パラダイム・ショックのなかでも、技術的なショックにかかわるものだが、テクノロジーの普及を阻む障壁には、文化的なショックや心理的なショック（客観的ではなく、あくまで主観的な壁）も含まれる。これもまた、パラダイム・ショックの一部分だ。以下に二つの例を挙げておく。

カラー・プリンタは、技術面からみると、インフラに与える負担はごくわずかでしかない。動作は基本的にモノクロ・プリンタと同じで、複数のカラー・インクカートリッジを使う点だけが違う。パラダイム・ショックが発生するとすれば、技術サポート担当者よりもむしろ、エンド・ユーザーの側だろう。先ほどのモデル図では、下半分の区画に当たる。

ニッチな存在である、熟練のグラフィック・アーティストたちは、カラー印刷をすでに業務で活用しているが、ごく一般のエンド・ユーザー向けの汎用インフラとしてはまだ目新しい。したがって、右下の区画に位置するとみるのが妥当だろう。

エンド・ユーザーは、グラフィックを扱い慣れないせいで、何か失敗するのではと神経質になっている（その昔、使えるフォントの数が一気に増えたときのように）。エコノミック・バイヤーはさらに神経をとがらせ、ユーザーが上級幹部向けのプレゼンテーションを作成する際、細かな色にこだわって生産性が落ちるのではないかと心配している。

ベンダーの立場からみれば、このままボウリング・レーンにとどまって、永遠に抜け出られないのでは、という不安をぬぐえない。カラー・プリンタは低価格なので、現状では普及しつつあるものの、ユーザーがあまりカラー印刷をしようとしないからだ。プリンタ本体を扱う事業部は笑顔でいられるが、インクカートリッジの事業部は頭が痛い。安全カミソリにたとえれば、柄《え》は売れるものの刃が売れないという状況にある。平均的なユーザーが二五ドルのカートリッジを年に四個買うとすれば、プリンタ一〇〇万台につき一億ドルの収益が得られる。カラー・カートリッジは割高だから、マーケット全体が数十億ドル規模に膨らんでもおかしくない。とすれば、インク事業部としては、カラー印刷を広く普及させることが急務になる。

ここで必要なのは、グラフィックの専門家だけが集う狭い空間を突き破って、メイン・ストリートへ飛び出すという、ボウリング・レーン後期の戦略だ。一つの案としては、グラフィックスとは別のボウリング・レーンを攻略しはじめる手が考えられる。「グラフィック」ではなく、「グラフ」に照準を合わせ、データをカラーで表現するニーズを掘り起こす。「色分けすれば、データをはるかに分析しやすくなる」と、販売促進キャンペーンで訴えかける。報告書やプレゼンテーションに表計算グラフを多用するユーザーであれば、すべてターゲット顧客と考えていい。財務の専門家、市場アナリスト、戦略プランナー、品質管理マネジャーなどだ。

あるいは、まったく別の顧客層として、サービス業者に狙いを定める。たとえば、高額商品を販売する保険会社の場合、案内パンフレットの見ばえのよしあしによって、契約の成立数に大きな差が出てくるに違いない。

いずれにせよ、ターゲットに適した顧客を探すのは簡単だろう。問題はホールプロダクトだ。とくに、従来、オフィス内での利用が広まらない典型的な理由は、手頃な価格帯のカラー・プリンタが存在しないという点にあった。データや提案をせっかくカラーで作成・印刷しても、配布時にモノクロ・コピーしなければいけないとなれば、魅力が薄れるどころか、肝心の情報が失われてしまう。しかし、低価格のカラー・プリンタでも印刷速度がずいぶん上がってきたので、資料を大量に配布したいときも、プリンタ印刷だけでまかなえるようになるだろう。そうなったら、専門技能を持つスタッフが一名いれば、資料作成を最初から最後まで処理できるわけで、急ぎの報告書をまとめる場合も、本格的な提案書をつくる場合も、おおいに生産性が向上する。

ただし、いままでコピー機の出番だった場面でプリンタを使うとなれば、また新たなパラダイム・ショックが生じる。「コピーはコピー機で、印刷はプリンタで」が従来の文化的なパラダイムであり、ようやくコピー機がトルネード期を迎え、どこのオフィスにも置かれるようになりつつあるのに、「コピーも印刷もプリンタで」のパラダイムは、真っ向から衝突してしまう。コピー機業界とプリンタ業界のどちらでも前々から指摘されていたとおり、デジタル化のコストが低下するにつれて、両者の基本技術は融合しはじめた。いまやさらに進化して、両者の区別がなくなりかけている。

ここまででわかるとおり、この融合に伴うパラダイム・ショックは、エンド・ユーザーの側で起こるだろう。ユーザーは、コピー機とプリンタがもともとまったく異なる世界で誕生し、成長してきたのを知っている。コピー機は総務部の管轄だし、プリンタはＩＴ部門の管理下にある。プリンタは資料を一部だけ作成するとき使い、コピー機は大量作成したいとき使う。だから、「プリンタで何十枚も印刷する」という作業工程には違和感を覚えてしまう。同様に、スキャナーにもまだ馴染めない。構造上、コピー機とまったく同じで、カラースキャナー機能付きのプリンタはカラーコピー機と同等なのだが、テクノロジーの融合を心理的に受け入れにくい。

さて、以上を踏まえ、はたしてプリンタ／コピー複合機は、ライフサイクルのどこに位置するのだろうか。ごく自然に考えると、左下のメイン・ストリートの区画のように思える。プリンタ機能もコピー機能も、既存のテクノロジーを徐々に改良している段階だし、このような製品が役立つ業務にしても、けっして新しい種類のものではない。ところが、この認識は重大な間違いだ。実際には、心理的に受け入れがたいぶん、パラダイム・ショックが大きい。しかも、技術が完成ずみなのに、私たちユーザーは、アプリケーション・ブレイクスルーに結びつけられずにいる。よって、左上の区画に分類されてしまうのだ。

したがって、本来位置すべきメイン・ストリートまで進むためには、まず、業務上のブレイクスルーを生み出す努力をして、ビジョナリーの心をとらえ、しだいに実利主義者の支持を集めてから、あらためてメイン・ストリートへ加速する、という順序を踏むことになる。このプロセスは、技術的な壁ではなく、心理的な壁を取り払うだけの意味だから、通常の製品のライフサイクルよりはるかに短い時間ですむ。しかし、いつもどおり、たどらざるをえない道筋だ。

マーケットの受け入れ状況を把握する

さて、ここまでは理論上の予測モデルをマーケットにあてはめて、不連続性の分析をおこなってきたが、現時点までのマーケットの実態を分析して、実証的なアプローチをとる分析方法もある。この場合、ライフサイクルの段階を示す、特徴的な要素に注目すればいい。

そんな要素の一つが雑誌記事だ。一九九三年一二月二七日付のPCウィーク誌から、一面記事を三つほど抜粋してみたい。いずれも、ライフサイクルのポジショニングに触れている。

ウィンパッド採用のモバイル・コンピュータ、六月に各社が第一弾を発売予定

マイクロソフトに近い開発者筋によると、OSに「ウィンパッド」リリース1・0を採用したモバイル・コンピュータが、六月にも新発売される見通しという。「ウィンパッド」は、16ビットの標準的なウインドウズから派生したOSで、ハンドヘルド機器向けに最適化されている。

マイクロソフトは、「ウィンパッド」に関して具体的なプランを明らかにしていないが、「ウィンパッド」のユーザーインターフェイスには、コンテンツの一覧機能、タブ機能、ドラッグ可能なアイコン、ズームレンズ、トレイふうのクリップボードなどが含まれるらしい。

初期市場の製品の明らかな特徴は、開発元がコメントを拒否することだ。また、記事の焦点は、初期市場の関係者が最も知りたがる技術や製品の機能面に向けられる。これとは対照的に、メイン・ストリートにいる人々は、むしろマーケット情報や企業情報に興味を持つ。

ウィンパッドをキャズム以前の段階に位置づけたこの記事と、同じPCウィーク誌がノーツについて報じた記事を比較してみよう。どちらも一九九三年一二月時点の内容だ。

ノーツ、エンタプライズ規模の展開はやや難航中

「ネットワーク管理者やアプリケーション開発者はいま、ロータス・ディベロップメント社のノーツを、部署規模から全社規模に広げようと努力しているところですが、いくつか障害にぶつかっています」

「ノーツ3・0はユーザーにおおむね好評ですが、企業顧客が、社内全体で使えるエンタプライズ規模の強力なアプリケーションを開発しようとすると、なかなか難しいようです。ロータス社は『ノーツで暮らそう』と宣伝しているものの、現実には、ノーツを導入した五〇万にのぼる法人のほとんどが、いまのところ、『見物しよう』ぐらいにとどまっています」

「UNIX上ではノーツを使えないことが、うちにとっては深刻な難点です」

ケビン・ダヘニー（ミルポープ社ワークグループ・アプリケーションズ開発責任者）

「データベースの接続性を改善してほしいですね。とくに、DB2上の大規模なコーポレート・データベースに向けて、ノーツから便利なリンク機能が必要です」

ジョン・マーフィー（トラベラーズ社テレコミュニケーション部長）

この記事でわかるのは、ノーツが徐々にメインストリーム市場へ移行していることだ。製品ではなく、かかわっている人々について、大きな紙面を割いている。「部署規模から全社規模に広げようと努力」や「ユーザーにおおむね好評」といった表現からみて、ノーツはすでにキャズムを越えたといえる。しかし、逆接の言葉が多いことから、全盛期を迎えるにはいたっていないようだ。総合すると、ユーザーがトルネードを欲しているのに、IT担当者たちは「この製品はまだ、トルネード級のインフラ配備に似つかわしくない」と考えているらしい。

よって、ニッチ・マーケティングの気配はないものの、ノーツは現状ではボウリング・レーンにあると結論づけることができる。トルネードの特徴（すさまじい需要）とキャズムの特徴（ホールプロダクトの欠如）との、不安定なバランスの上にある。

サイベース、SQLサーバーの性能を大幅に改良

サイベース社は、重量級のデータベースを抱える企業顧客のニーズにこたえるため、処理性能、機能、容量のすべてに改良を加えた「SQLサーバー10」をリリースした。システム10製品シリーズのデータベース・サーバー・コアに当たる。

SQLサーバー10は、去る10月から出荷開始されており、価格は1995ドルから。データベースの作成、大容量ファイルの読み込み、インデックスの作成など、各種機能が大幅に改善されている。

企業ユーザーが分散システムへ移行するのに合わせて、サイベース社のほか、ASKグループ、インフォミックス・ソフトウェア、オラクルなどの競合他社も、システム10と同様の製品を発売中。

この記事が出たあとでサーバー10の欠点が明るみに出たのは皮肉だが、この内容からは、サーバー10がきわめて安定した状態にあることが読みとれる。言及されているイノベーションは、処理性能、機能、容量と、いずれも連続的なものであり、名だたるライバル各社が「同様の製品を発売中」とある。製品やテクノロジーではなく、企業とマーケットに的が絞られている点に注目してほしい。

以上を考え合わせると、ポジショニングは、トルネードの最中、または終了後のあたりがふさわしい。もしトルネードの真っ只中なら、熾烈な競争についてもっと記述があるはずだが、それが見当たらないところをみると、サイベース10はメイン・ストリート期にあると結論づけることができる。

マーケットに関する第二の手がかり

マスコミ記事に加えて、マーケットの状態に関して第二の手がかりを探すとすれば、同じインフラに属するほかの企業の動きを観察するといい。たとえば、ヒューレット・パッカードのリュー・プラットは、ソフトウェア・ベンダーから商用UNIXサーバーをめぐる問い合わせの電話がさかんにかかってくることに気づいて、自社のこの事業分野がトルネードのなかにあると判断したという。

トルネードが進行中とわかったうえで、ゴリラが誰なのかを把握するためには、各社が真っ先にサポートしているプラットフォームはどれかを考えればいい。もしどこか一つのベンダーのプラットフォーム向けに移植作業が活発化しているようなら、たとえそのベンダーがあなたの会社ではなくても、いい兆候だ。あなたも含め、製品カテゴリー全体がトルネードのなかにあるのだ。

インフラから読みとれる二つめの兆候は、クローンの登場だ。通常、ある製品がトルネード期を迎え、かつゴリラの地位にあるからこそ、クローンの対象となる。そうでなければ、わざわざクローン製品をつくっても十分な需要が存在しない。

クローンが出回りはじめると、インフラからつかめる第三の兆候、いわば「トルネード警報」として、製品カテゴリーの内部のいたるところで値引き合戦が勃発する。ゴリラの製品も、顧客を店に呼び込む目玉商品として安売りされ、クローン製品も、最安値をつけるためにディスカウントされる。

ビジネスウィーク誌やウォールストリート・ジャーナル紙などのビジネス系の刊行物のほか、PCウィーク誌やコンピュータランド誌などのIT業界雑誌を読み、コンピュータ・リセラー・ニューズ誌のような雑誌を通じて間接チャネルの声を聞き、日々の新聞広告にも目を通して、以上にしるした角度から情報を分析していけば、マーケットがいまライフサイクルのどの段階にあるのかを、複合的な観点からほぼ把握できる。

ただしその際、マスコミはとかく初期市場にある製品を熱心に取りあげるということを念頭に置いて（ハイテク業界で真の意味のニュースといえば、そのたぐいしかないわけだから）、マーケットも同じように熱いまなざしを向けているなどと勘違いしないよう注意してもらいたい。事実、年末の特集記事で「プロダクト・オブ・ザ・イヤー」の栄冠に輝いたはいいが、その前にマーケットからは死亡宣告を下されている、といった製品が過去にいやというほどある。また、値引きについては、たんにマーケティングの失敗によるもので、マーケットのライフサイクルとは無関係な場合も多々あるので、短絡的な結論を出さないように留意しなければいけない。

全員の見解を一致させよ

ライフサイクルに関するポジショニングの判断が一〇〇パーセント正しいかどうかは別にして、チーム全員が合意し、それをもとに行動することは非常に大切な成功要因だ。みんなが同じ方向を向いていれば、前進しながら途中で方向転換するのも容易だろう。

チーム全員の方向性を一致させるうえで、参考になる注意事項をいくつか挙げておく。

- 製品を初めて出荷するからといって、初期市場であるとは限らない。出荷時にライフサイクルのどこに参入することになるかをチーム内でまとめ、合意した位置にポジショニングすべきだ。たとえばDRAMは、新世代の製品であっても、出荷されるとただちにトルネードに突入する。
- グローバルな視点でみると、同じ製品でも、国によって異なるライフサイクル段階にあるかもしれない。たとえば、日本、アメリカ、ドイツのマーケットは、それぞれ別個のライフサイクルを持っている。チームで話し合うときは、どの地域を俎上《そじょう》に載せるのか明確にしなければならない。

●トルネードを通過せずにメイン・ストリートにいたるケースもありうる。そのような製品を、私は「永遠のボウリング・レーン」と呼んでいる。汎用のインフラにはけっして成長せず、マーケットが熟した時点で、ホールプロダクトがそのままニッチ市場内でコモディティ化する。トルネードが来る可能性はまずないと明らかになりしだい、メイン・ストリートの「プラスワン」マーケティング戦略に切り替えるべきだ。

●製品の勢いが失われる一方だからといって、キャズム期にいるとはかぎらない。ライフサイクルのどの段階でも、頓挫する恐れはありうる。ただし、トルネード中にもかかわらず失速した場合は、特別な措置をとらなければいけない。

●前にも触れたが、ボウリング・レーン期に特定のセグメント内で小規模なトルネードが発生する場合もある。需要が供給を上回り、スタッフは対応に追われるものの、株主に分け前を配るほどのトルネードではない。ボウリング・レーン戦略が的中したととらえるといいだろう。

さて、本章の論旨は、ここまでですべて説明し終わった。が、最後にもう一つ、いつも次のような疑問が生じると思う。

トルネードが始まる時期は、どうすれば予見できるのか?

この点に答えずに本章を締めくくるわけにはいくまい。ライフサイクル・モデルにもとづいて検討をはじめると、たいていの人がこの質問を口にする。もっとも、私がこれにはっきりと答えられ

ると は誰も期待していないに違いない。もし何もかも予見できるぐらいなら、私はいまごろ、南国のリゾート地で、ピニャコラーダのグラスを片手に持ち、膝の上にすてきな小説本を置いて、青い太平洋をぼんやりと眺めながら、まだ昼前なのにまぶたが重くなってきたのを感じているだろう。
とはいうものの、次の六つの点をもとにすれば、ある程度の見当はつけられるはずだ。

●第一に、ボウリング・レーンにおける成功こそが、トルネードの発生を促す。ニッチ市場で人気を博せば、限定的な環境のなかとはいえ、製品アーキテクチャの正当性が認められるかたちになるからだ。ボウリング・レーンでの成功がないと、トルネードはきっかけをつかめない。なにしろ、事実上の標準の座をこれからつかむ可能性のある候補が数多く存在する。したがって、ニッチ市場でいくつか成功例が現れたら、トルネードの準備が整った兆候とみていい。
●第二に、小売価格の動向がトルネードの予兆となる場合が多い。目安としては、一五〇〇ドルを下回るとスモールオフィスのマーケットで成功しはじめ、一〇〇〇ドルを下回るとトルネードが発生することが多い。七〇〇ドルを切ると一般家庭向けのマーケットに火がつき、三〇〇ドルを切った時点でトルネードが起こる。もちろん、つねにこの法則が当てはまるわけではない。予測には例外がつきものだ。
●もう少し抽象的に言い直せば、トルネードが発生するためには、ホールプロダクトのコモディティ化が前提になる。多少とも専門技能がないと統合できないコンポーネント（部品）が一つでも残っているかぎり、マーケットに摩擦が生じて、トルネードの段階へ進めない。逆に、この障害を取り除くと、マーケットにトルネードが起これば、ただちに吹き荒れる。障害を取り除いてもトルネードが発生しないのなら、おそらく、キラー・アプリケーション（爆発的な普及を呼び起こす、きわめて強い魅力を持つソフトウェア）が存在せず、どうしても購入すべき理由が存在しないのだろう。

●トルネードの最大の特色は、キラー・アプリケーションが存在することだ。ただ、キラー・アプリケーションが登場したからトルネードが起こるのか、あるいは、トルネードがキラー・アプリケーションをつくりだすのか判然としない。明らかなのは、キラー・アプリケーションは、汎用インフラの土台になって大衆市場にアピールすること、コモディティ化が可能であるということだ。

●もしゴリラ企業が台頭しはじめたら、トルネードはもうはじまっていることになる。もっとも、はじまったあと気づいたところで、歴史を変えるには遅すぎる。

●最後に忠告しておくが、ある特定の時点で「そろそろトルネードが起こるはず」と決めてかかるのは、宝くじを買って、「当たるはず」と思い込むのに等しい。不確定要因が多すぎるので、この種の賭けは危険だ。

第一部の結論、そして第二部への序論

第一部「超成長市場の発展」では、マーケットのインパクトについて探りつつ、テクノロジー・ライフサイクルというモデルがきわめて有効であることを説明した。また、ライフサイクルのそれ

ぞれの段階に応じて、どんな戦略が適切かをおおまかに述べた。全体にみて、ナビゲーションの訓練だったといっていい。ライフサイクルのナビゲーション・マップをどう作成し、どう正しく読み解くべきかを練習したわけだ。

このあとはいよいよ、大海原へ漕ぎ出す。航海士が六分儀《ろくぶんぎ》を使ってするのと同じように、不連続性モデルとライフサイクル・モデルを活用して現在位置を確かめながら、前へ進んでいく術を学ぶことにしよう。

この先の第二部では、ここまでの知識と組み合わせつつ、昔からよくある、次のようなビジネス戦略の悩みを取りあげていく。

- 戦略的パートナーシップ
- 競争上の優位性
- ポジショニング
- 組織内のリーダーシップ

この四つに共通するのは、マーケット全般や各企業のなかで、何らかの「パワー」とその配分をどうすべきかという点だ。ライフサイクルを進んでいくにつれ、重大な成功要因が移り変わり、さまざまな人間や組織のパワーが大きくなったり小さくなったりする。比較的長いスパンのライフサイクルであれば、マーケットも組織も変化を吸収できるだろう。

しかしながら、ハイテク業界は（しだいに、ほかの業界も）、いまやあまりにもめまぐるしい。ライフサイクルが短縮化し、多様化している。パワーの持ち主が次々に変わって、従来の市場メカニズムや経営体制では対応が追いつかない。そのせいで、戦略的パートナーシップが実を結ばない、競争上の優位性を長く維持できない、ポジショニングが混乱する、ライン組織のなかで不満が鬱積する、といった問題が生じている。

こうした事態を打開するには、基本的なパワーの関係を見直して、急速に変化するマーケットに釣り合ったかたちで再定義、再構築をしなければいけない。これが、第二部のテーマだ。

第二部

最強の戦略を練り上げ、夢を現実にする

第7章
戦略的パートナーシップの意義と問題点

ライバルとの競合と協力

一九八〇年代を通して、戦略的パートナーシップはハイテク・ビジネスで重要な位置を占めるようになったが、これは、オープンシステムへの移行によるところが大きい。オープンシステムというパラダイムが出現した理由は、一般的には、「顧客が、特定のベンダー一社に縛られることに不満をつのらせたため」と言われるが、乗り換えに要するコストや信頼関係などを考えると、これではとうてい説明がつかない。

囲い込みの柵は、たしかに以前ほど高くないかもしれないが、本来、いったん柵のなかに閉じ込められた馬は、おとなしくとどまっていようとする傾向がある。むしろ、オープンシステムがもたらす最大の影響は、ホールプロダクトの完成にあたって、ベンダー同士がおたがいにどのような影響を及ぼし合うか、マーケットのリーダーシップをめざしてどう戦うか、といった面に現れている。

IBM、DEC、ユニシスなど、大手のシステム企業が中心になって形成していた従来のパラダイムのもとでは、バーティカルな統合が競争戦略の核となっており、パートナーや提携企業は、サメのそばにまつわりつく小魚のような存在であり、サメの顎に近づきすぎないかぎり、危険な目には遭わなかった。

ホールプロダクトに要する投資は膨大だったため、ほんのひと握りのベンダーだけがマーケットを独占し、できるだけ多くの顧客を囲い込んで、初期投資の回収にいそしんだ。この当時のマーケティングは、他社とは無関係に顧客戦略として実践された。ベンダー各社は適度に距離を置き、たがいに依存しすぎず、きちんと自分を自分でコントロールできるように心がけていた。

ところがこの平和な仕組みは、マイクロプロセッサの登場で揺らぎはじめた。ハードウェアの開発投資をはるかに低く抑えることが可能になったため、相当数のベンダーがマーケットで共存し、それぞれが黒字を出せるようになったのだ。しかし、他社とのつながりを完全に断てるほど資金潤沢なベンダーは一社もなかった。

そこで、オープン・アーキテクチャという新しいパラダイムが生まれ、ベンダー間の協力関係が深まり出した。アップルがアップルIIで真っ先にこの新たなパラダイムを導入し、IBMのパソコン事業部とサン・マイクロシステムズが業界全体に広めた。これらの大企業は、パートナーに完全な自由を与えたわけではない。コンピュータ筐体《きょうたい》の空いたスロットを、勝手に埋めるような真似は許さなかった。あくまで、本体ベンダーがパートナーを指名して契約を結ぶという形態だったが、マーケティングも以前よりオープン化し、おたがいの成功のために積極的に情報を共有しはじめた。

オープン・アーキテクチャ・モデルの場合、個々のベンダーは、ソリューション全体に投資する責任を負わずにすみ、自社の守備範囲内で最善をめざすことができる。このような経済原則のもとでは、競争上、小規模で俊敏なベンチャー企業が有利で、従来のパラダイムで栄華をきわめていた大手ベンダーは不利になりかねない。複数の企業が役割を分担し、いっせいに同時進行で開発を進めたほうが、ホールプロダクト完成までの時間を大幅に短縮できるのだ。

この新しい戦略をいち早く非常に効果的に活かしたのが、サン・マイクロシステムズだった。エンジニアリング・ワークステーションのマーケットで、アポロ社を一気に追い上げ、追い越した。これは、アポロ社がすでにゴリラの地位を築いたあとだから、トルネードの原則に照らすと、どう考えても不可能な離れ業だった。

本来なら、マーケットは代替のパラダイムに乗り換えたりせず、ゴリラに忠誠を誓いつづけるはずなのに、なぜ例外的な展開になったのか。それは、オープンシステム戦略によって、サンがアポロの製品供給量をはるかに上回ったためだ。トルネードの最中は、「とにかく出荷する」を実行に移した者が、誰であれ勝者になる。だからサンは、マーケット・リーダーとして優位に立つゴリラを倒すことができた。

サンが供給量で上回ったのは、ホールプロダクトを開発するプロセスのボトルネックをオープンシステムが解消してくれたからだ。同社は戦略的パートナーシップによって、必要な部品をアウトソーシングし、自由市場のメカニズムを活かしてホールプロダクトを完成させた。

ホールプロダクトのソリューションを提示し、指揮したのはサンだが、みずからは部品を製造しないどころか購入さえしなかった。パートナーの側からみれば、いままでは「つくる」か「買う」

かの二択だったのに、第三の斬新な選択肢が生まれたことになる。このようなパートナーシップ戦略の結果、サンは、自分ではほとんど何もコストを負担しないまま、柔軟に製品を供給できた。

ハイテク業界全体に目をやると、オープンシステムの重大性や、それに伴うパートナー関係の急速な変化について、まだじっくり噛みしめる余地があるようだ。オープンシステムにかかわる業務提携が、マーケット内でどのようにパワーを配分しているかに関しても研究途上だ。

そこで、オープンシステムのダイナミズムをもっと深く理解するため、テクノロジー・ライフサイクルが戦略的パートナーシップの締結や解消にどう影響しているのかみてみよう。

ホールプロダクトの進化のなかで

ライフサイクル・モデルとは何かと尋ねられた場合、一つの説明としては、「ホールプロダクトの進化・統合のプロセスを表したもの」だと言える。次ページの図を参照すれば、明らかだろう。ライフサイクルの出発点では、ホールプロダクトは、かろうじて完成といえるコアプロダクトと、それを肉付けするカスタム・サービスで成り立っている。カスタム・サービスが、コアプロダクトを取り囲むようなかたちで、顧客それぞれの業務のニーズを補足する。これは初期市場の段階であり、まだ八割ほどの出来でしかないホールプロダクトを、ビジョナリーが高く評価して、アプリケーション・ブレークスルーを実現する土台として使おうとする。

ただ、望む結果を得るためには、かなりの部分をシステム・インテグレータのサービスに頼って、全体をまとめ上げなければならない。とうてい容易な試みではなく、プロジェクトをやり遂げるには、たいてい、製品自体のコストを何倍も上回るサービスを要する。

キャズムを越えて実利主義者に受け入れられたければ、ベンダーは、コアプロダクトとサービスを系統立てて、ホールプロダクトの質を高める必要がある。

最初は、特定のニッチな顧客をターゲットにする。既存の製品とサービスを、いわば合成するわけだ。初期市場のときとの違いは、あらゆる要素がすでに存在する点にある。ゼロから作成しなければいけないものは一つもない。もちろん、多少の追加的な作業は必要だが、新規の開発作業はいっさい不要だ。したがって、できあがったホールプロダクトは、納得いくだけの一貫性と速度を引き継いでおり、ある顧客で培った経験を次の顧客に活かせる。ニッチから別のニッチへ移行しやすく、結果としてコストを抑え、信頼性を増すことができる。

ホールプロダクトの進化

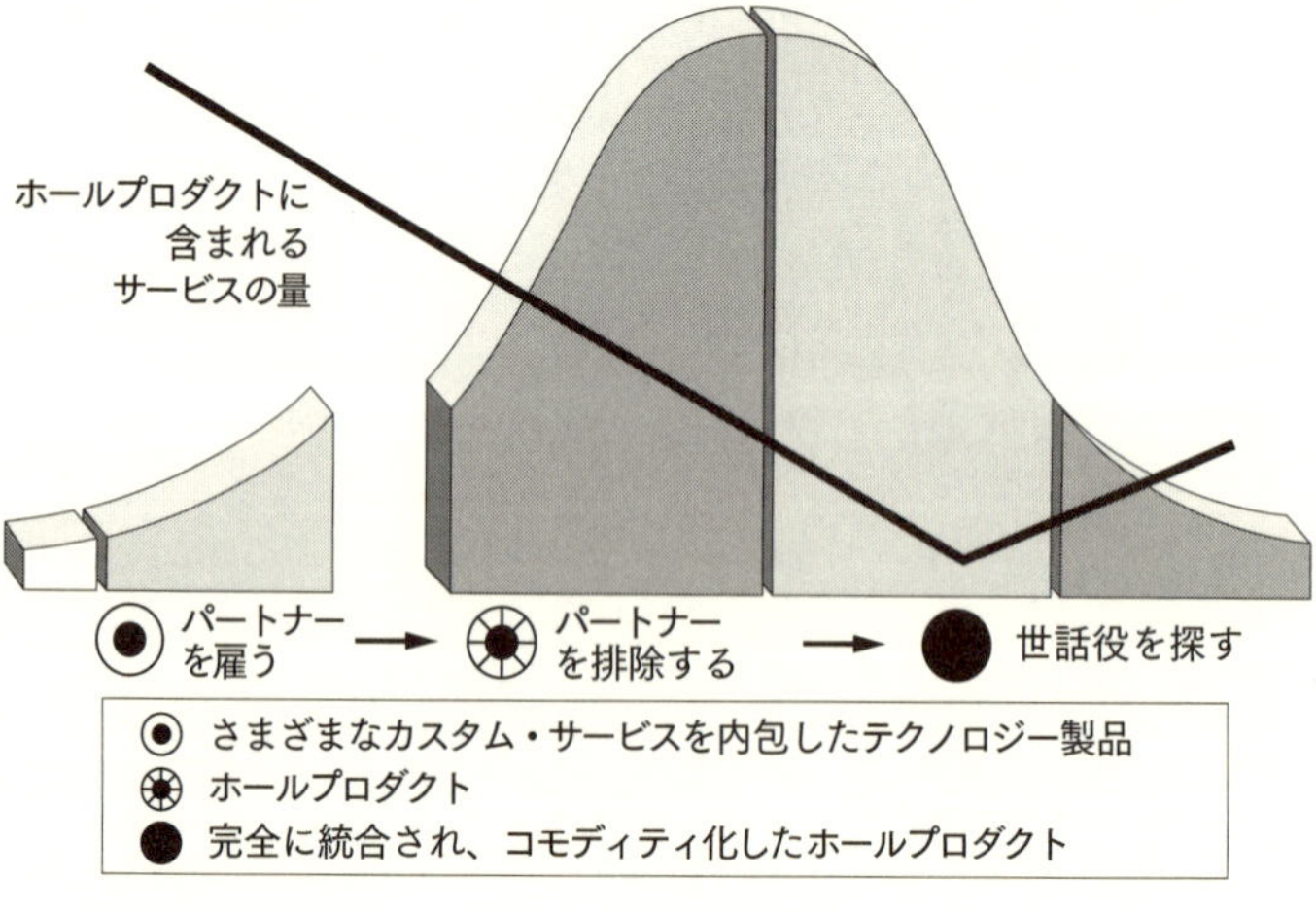

そのようなホールプロダクトを仕上げるべく、主導的な役割を果たすベンダー（たいていの場合、コアプロダクトを供給するベンダー）は、パートナーを何社か選んで、必要なコンポーネントをそれぞれに一つなり複数なり指定して託す。すると自然に、非公式なかたちも含めてパートナーシップのネットワークが誕生し、このネットワーク内での連携がおおかたのハイテク・ビジネスを根底から支えるようになる。

ところが、いったんホールプロダクトがトルネードに飲み込まれると、「ソリューションをもっと標準化してほしい」というマーケットからの圧力が日増しに強くなって、コモディティに似つかわしいシンプルさと価格を追求しながら、より広範囲より低コストの流通をめざさざるをえなくなる。コストを下げて信頼性を上げようと思えば、ホールプロダクトをあらかじめ順次統合しておくほかなく、できるだけサービスを不要にしなければいけない。こうして、確立したばかりのさまざまなパートナーシップを、早くも破棄する作業に取りかかることになる。

パートナー排除は、トルネードのあいだ中つづき、メイン・ストリート期に入って、完全にコアプロダクトのみでホールプロダクトが成立するようになった時点でようやく終わる。この時点まで来ると、いまやコモディティ化してマージンが低くなった製品を差別化するため、「プラスワン」マーケティングが必要になり、ごく控えめながらも、ふたたびパートナーと手を結ぶ可能性が開けてくる。もっとも、まだ口をきいてくれる相手がいればだが。

ライフサイクルの終焉期では、もはや古くなった製品の面倒をみてくれる世話係として、サービスにあらためて存在意義が生まれる。製品を支えてきたインフラが次のパラダイムにとって代わられてしまい、古いプラットフォームに依存する顧客はサポートを必要とするからだ。第5章のコンピュータ・アソシエイツ社の例でおわかりのとおり、こういったサービスは大きな儲けにつながる。

大きな課題――パワーを持っているのは誰か

このように、パートナーシップのあり方は、ホールプロダクトの進化に合わせて変えざるをえないため、当然、矛盾した行動も生むことになる。パートナーシップを前向きに管理するためには、奥にひそむ大きな課題を洗い出すほかない。

数々の課題は、結局のところ、たった一つの論点に集約される。それは「パワー」だ。パートナーシップを効果的に活用し、円滑なコミュニケーションを図るには、パートナーのパワーをマーケット内で適切に配分するモデルを構築しておく必要がある。ほかの要素と同じく、この力関係も、ライフサイクルの移行に従って変容を遂げる。

【初期市場での力関係】

初期市場なら、パワーはテクノロジーを供給する企業とシステム・インテグレータが握っている。前者はビジョナリー顧客を招き寄せる餌を、後者は捕獲する道具を持つ。

初期市場の企業の例として、サビ社とジャイレーション社を取りあげてみよう。両社とも「位置情報」をビジョンの核にすえている。サビ社の製品は、トランスミッターとレシーバーを組み合わせたシステムで、流通拠点や倉庫が、貨物コンテナの現在位置、貨物の中身などをいつでも把握できる。ジャイレーション社の製品のほうはわずか数百グラムで、ゴルフボール大のソリッドステート（非メカニカル）方式ジャイロスコープで物体の動きや角度を検出でき、機器に組み込んで位置や状態の確認用に使うことができる。

初期市場の製品はたいてい、さまざまな業務分野で多様な用途に活かせる可能性を秘めている。そこでサビ社は、複合輸送（異なる交通機関の連携による輸送）に焦点を合わせ、とくにトラックと貨物列車のリレー輸送に特化しようと考えた。ところが、実際に引き合いがきたのは、「自社工場内でコンテナの位置をつかみたい」という自動車メーカーと、「生鮮食品の配送に利用したい」という生活協同組合からだった。

ジャイレーション社も同様だった。狙った用途は「空中マウス」で、具体的には、パソコンによるプレゼンテーション、ゲーム機でのプレイ、テレビ画面上でポインタを操る方式のリモコン操作などだった。しかし現実には、カー・ナビゲーション・システムやビデオカメラの開発業者から問い合わせを受けた。

どちらの会社も、初期市場で舞い込んできたこのようなチャンスに対し、単独で応えられるだけの資源は持っていない。ジャイレーション社のほうは、顧客側に資金提供を求める手もあるが、サビ社の場合、システム・インテグレータの力を借りざるをえない。ビジョナリー的な顧客は、マーケットの誰よりも早く斬新なインフラを試そうとしているので、技術面のノウハウやプロジェクトの管理能力をまだ持っていないからだ。そんな場面で貴重な専門技能を提供するのが、システム・インテグレータの役割だ。プロジェクトにかかわりはじめた時点で、インテグレータがあらゆるパワーを引き継ぐことになる。

テクノロジー供給会社とインテグレータを除けば、あとの関係者はすべて、インテグレータに呼ばれて参加する脇役にすぎない。それなのに、脇役たちがこの段階でなぜ興味を示して寄ってくるかといえば、初期市場の製品には、多くの補完的な製品やサービスが必要になるので、ビジョナリーが多額の買い物をしてくれる可能性が高いからだ。

脇役が、その分野におけるマーケット・リーダーである場合、インテグレータは、脇役のパワーを賢く使って、顧客に好印象を与える材料にしつつも、顧客関係をコントロールする立場を脇役に奪われないように注意しなければいけない。もし、脇役がたんなるコモディティ製品の供給業者なら、ただちに手を結べばいい。


【ボウリング・レーンでの力関係】


キャズムを越えるときや、ボウリング・レーンに入ったあとは、パワーはニッチ市場を攻略するうえで主導的な役割を果たす企業に集中する。

すわなち、ターゲット顧客を特定して、購入につながる強い動機をつかみ、ホールプロダクトを設計する企業だ。マーケットにいまどんなチャンスがあるかを理解しているのは、この企業しかない。だからリーダーになって、金鉱を掘る仲間を募集する。金鉱のありかを示す地図を持っていることが、リーダーのパワーだ。

このパートナーシップが機能するか否かは、リーダーがマーケットのチャンスをどれだけつかんでいるかにかかっている。巨大企業のイメージを持っているかどうかは関係ない。ぜひ強調しておきたいのだが、小さな企業は往々にして、「大企業でなければ、強力な提携相手を見つけるのは無理だ」と考えがちだが、それは間違っている。第2章で、ドキュメンタム社を例に挙げたが、同社のアプリケーション「CANDA」には、サン・マイクロシステムズ、オラクル、コンピュータ・サイエンスなど、数十億ドル規模を売り上げる大企業のサポートが必要だった。そういった大企業からみれば、ドキュメンタムの売上げなど、決算時に四捨五入するとき切り捨てる金額にすぎない。にもかかわらず、ドキュメンタムにプロジェクトの先導をまかせ、その代わり、三社はメイン・ストリートにおける「プラスワン」のニッチを手に入れた。

つまりは、興味深い共生のかたちができあがっているのだ。中小企業にとってのボウリング・ピンは、大企業にとって「プラスワン」になりうる。メイン・ストリートで成長をつづけるため、大企業にはニッチが必要だが、当初の利益が微々たるものなので、上層部が「意味なし」と判断しかねない。彼らはトルネードの後遺症をまだ克服できず、「ホームラン以外はとるに足りない」と感じてしまうのだ。

リーダーシップが欠如しているそんな状態のときに明確な目標と優れたプランを持つ意欲的な小企業の力を利用すれば、メイン・ストリートでたたずんだきりの大企業も、自社だけではたどり着けないような新しい市場にめぐり合うことができる。

乗り気でない上層部の背中を押すカギは、短期間でいくつか成功を収め、その後チャンスを広げるようにすることだ。とかく大手ベンダーの経営陣は短いスパンで物事をとらえるうえ、あちこちの企業からアプローチを受けるため、どれを優先すべきか迷いがちだが、成功をみせつければ、数多くのほかの案件を押しのけることができる。

要するに、ニッチ攻略の主導的な役割を演じる企業は、「めいめいの働きに対して、領土を分け与える」というパワーを持つことになる。意気投合したパートナー全員が、とくに最初の数回のプロジェクトによって、確実に儲けられるように努めなければいけない。この儲けがパートナーシップを強固にする。いったんパートナーシップがうまく機能しはじめれば、おのずと好循環が生まれ、リーダーに立つ企業はますます利益を享受できる。

【トルネード期の力関係】

トルネード期のパワーは、ゴリラとその取り巻き連中が握っている。一種の「社交クラブ」に近い連携かもしれない。ゴリラがまず、ホールプロダクトに必要なコンポーネントに応じてメンバー候補者の名簿をまとめ、その名簿からマーケットが各コンポーネントごとの当選者を選ぶ。当選した候補者たちは、お互いのコンポーネントの互換性を確保し、系統立ったソリューション・セットを生み出す。このソリューション・セットの範囲内なら、顧客は、コンポーネントのベンダーを自由に取り替えることができる。じつのところ適宜、取り替えるケースが多いのだが、ここはいくぶんのリスクを承知のうえとなる。

ＤＯＳの時代の「ＰＣクラブ」は、マイクロソフト、ＩＢＭ、ロータス、マイクロプロ、アシュトンテイトなどが初期メンバーだった。やがてＬＡＮの時代が訪れて、ノベルとコンパックが加わった。インターネットの時代に入ると、シスコ、シノプティクスなどが参入した。一方、「フォーチュン五〇〇」クラスの大企業の本社内では、クライアント・サーバーが革命を起こし、ＩＢＭのハードウェアの牙城を崩し、さらにダン・アンド・ブラッドストリートなどのデータベース・ベンダーやアプリケーション・ベンダーを独占的な地位から引きずり下ろした。代わって、オラクルのデータベース、ヒューレット・パッカードのサーバー、ＳＡＰの財務アプリケーションが中心となって、新しいクラブが結成された。

ゴリラたちがつくったクラブを取り巻くのは、気ぜわしく動きまわるサルの群れだ。ゴリラ同士の競争に乗じて、おこぼれにあずかろうと機会をうかがっている。これらのサルにはパワーなどない、とつい結論を急ぎがちだが、じつは違う。個別にはパワーがなくても、群れ全体としては潤滑油のような働きをする。いずれかのゴリラが周囲と仲違いした場合、すかさず割って入って代役を務めるわけだ。また、サルの群れは、マーケットの価格に重大な影響を与える。とくにトルネードの終盤、ゴリラがパートナーシップ解消に取りかかり、クラブの消滅が近づくころには、サルたちが価格を左右する。

トルネードの最中にいちばん難しいのは、チンパンジーの役割を正しく位置づけることだ。チンパンジーに相当する企業のパワーは、条件によってかなり違う。自社が抱える既存顧客に関しては、ゴリラと同等のパワーを持ち、「クラブ」からも実質上のメンバーとして受け入れられる。この場合、ソリューション・セットのうち自分の担当範囲に関しては、標準規格を決める権利を与えられ、サルの群れからも、ゴリラと同じように敬意を表される。ただ、自社の既存の顧客ベース以外となると、チンパンジーは、「わりあい目立つサル」程度の位置づけに近くなり、「クラブ」のほかのメンバーより明らかに格下になってしまう。ゴリラの標準規格におとなしく従わざるをえず、なんの敬意も持たないサルどもと、横並びで競わなくてはいけない。

このように、トルネード期におけるチンパンジーのパワーは非常に不安定だ。サルとゴリラという二つの役割のあいだで揺れ動く。チンパンジーが競争上の戦略を立てる際は、このジレンマの解消が柱になる。さらに詳しい分析は次章にゆだねたい。

【メイン・ストリートでの力関係】

マーケットがメイン・ストリートに移る段階では、サービス・ベンダーはすでにパワーを持っておらず、製品ベンダーもパワーを剥奪されはじめる。この変化で得をする者、つまりパワーを持ちはじめる企業は、流通チャネルの業者だ。ここで初めて、パートナーシップ内での力関係がうまく機能しなくなる。

そのような状況が、PC業界で明確になりつつある。メイン・ストリートで主流を占める小売チャネルは、いまやパソコン量販店だ。コンプUSA、タンディズ・インクレディブル・ユニバース、あるいはシリコンバレー御用達のフライズなどが代表格になっている。こういった量販店が持つパワーは、顧客とじかに接したり、顧客との相互関係を築いたりできる点にある。店側の目標はもちろん、取引量を最大限に増やし、個々の取引のマージンをうまくコントロールする一方、間接費をできるかぎり節減することだ。しかしこの目標は、ゴリラの利害関係と衝突するケースが多いため、パワーの争奪戦が展開される。

たとえば小売チャネルは、定期的にゴリラの製品をぎりぎりまで値引きして宣伝し、顧客を売り場に呼び込んでおいて、餌に釣られてきた顧客に販売員が話しかけ、もっとマージンが高い別製品を買うように仕向ける。この方法は、チンパンジーやサルが裏でけしかけている。委託料やリベートを上乗せして、小売店をそそのかしているわけだ。いうまでもなく、ゴリラは激怒して、あらんかぎりの対抗策を講じるのだが、いままでのところ、これといって有効な手立ては見つかっていない。いずれにしろ、こうしたベンダー各社の応酬をみれば、パワーがすでに流通チャネルへシフトしたことがわかるだろう。

ベンダーの営業スタッフによる直接販売など、もっとハイエンドの流通チャネルと結びついているマーケットの場合も、じつは同じ事態が進行中だ。看過しがちだが、さもベンダーの管理下にあるかのようにみえるのは幻想にすぎない。現実には、ほかの流通チャネルと同様、販売部門も、みずからの利益を最適化しようとする。この点を理解できないことが、IBMやユニシスといったメインフレーム・ベンダーの足を引っぱっている。実態は次のとおりだ。

ホールプロダクトがきわめて複雑でコモディティ化が不可能な場合、メイン・ストリートでも非常に高いマージンが生じる。理由の一つは、ライフサイクルのこの段階で他社製品に乗り換えるのは、コストがかさみすぎて問題外だからだ。顧客の囲い込み、いわゆるロックイン効果が発生し、流通チャネルの人々は甘いひとときを味わえる。

唯一の心配事は、いつの日か新しいパラダイムへの移行がはじまって、インフラを変更しなければばいけなくなることだ。だから、直接販売スタッフは、新しいパラダイムを紹介するのを何よりも嫌う。その結果、IBMやユニシスなど、メインフレームの既存顧客を一つの直接販売チャネルだけでサポートしている企業は、新しいパラダイムにもとづくソリューションを普及させようにも、道を閉ざされてしまう。競合他社が、顧客ベースをやすやすと蝕んでいくのを、なすすべなく眺めるはめになるのだ。

メインフレーム・ベンダーにしろPCベンダーにしろ、このような状態から抜け出すためには、既存の流通チャネルを弱体化させ、顧客へのルートを独自にみつけなければいけない。にもかかわらず、たいがいの経営陣が状況を変える努力をろくにしていない。まさにその事実が、流通チャネルのパワーの強さを証明している。

なお、パソコン業界には、どの局面でも安定した立場を誇るゴリラたちがいる。中核的なテクノロジーを供給する業者、たとえば、マイクロプロセッサのインテル、オペレーティング・システムのマイクロソフト、ハードディスクのシーゲートやコナー、DRAMの東芝やサムソンといった会社だ。これらのベンダーの製品は、流通チャネルが扱うパソコン本体が、ゴリラ、チンパンジー、サルのどれであろうと組み込まれるので影響を受けない。他社のホールプロダクトがコモディティ化するほど、マーケット自体が拡大し、自分たちの株価も上昇する。

パートナーシップのパワーの配分は、テクノロジー・ライフサイクルの変遷につれて、以上のように移り変わっていく。どの段階でも、顧客関係をコントロールする立場の企業が最大のパワーを持っている。初期市場では、おもにインテグレータ。ボウリング・レーンでは、パートナーシップの取りまとめ役を務める企業。インフラ責任者が製品を購入するトルネードでは、ゴリラの「クラブ」。メイン・ストリートでは、流通チャネルだ。

少なくとも、理論上はそうなる。しかし実際には、分野ごとの特殊な要因やアプローチが諸事情を引き起こし、戦略的に興味深い課題がいろいろと生じる。その典型例を取りあげておこう。

戦略上の五つの課題

①あるパートナーシップが本当に戦略的な意味を持つのか、どうすればみきわめられるのか。

この疑問が生じる場面は、意外に多い。とくに、資源の限られた企業がパートナーからさかんに要求を突きつけられたとき、この問いが頭をよぎる。もしそのパートナーシップが本当に戦略的なら要求に応えなければいけないが、となると、重要度の低いほかのパートナーシップを犠牲にせざるをえない。どのパートナーシップを優先すべきかを、どうやって判断すればいいのか。

ゴリラとのパートナーシップが、チンパンジーやサルとの関係よりも重要だとは限らない。真っ先に考慮すべきは、それが何をめざすパートナーシップなのかである。一回きりの収益機会のために手を組むのか、それとも継続的な収益の可能性があるのか、はたまたマーケットでリーダーシップを獲得しようともくろむ提携なのか。この三つのうち、戦略的と言えるのは、マーケット・リーダーを目標にする提携のみだ。

収益が企業の生命線であることは確かだが、本来、戦略とは、将来的な売上げの可能性を切りひらくものであり、目の前の儲けをつかむ策ではない。なかでも、マーケット・リーダーの地位に向けて前進するための戦略は何より重要だ。ニッチの攻略中であれトルネードの期間中であれ、その点に違いはない。ただ、マーケット・リーダーを狙って縄張り争いをしていると、標的のセグメントで売上げを伸ばそうとするあまり、社内の資源を過剰に投資しそうになる。そのセグメントに力点を置いたパートナーシップを結べば、資源の援護射撃に役立つだろう。

一回きりの収益機会には、この種の戦略に重要性がないことは明らかだろう。しかし、将来にわたって継続して収益が入るかもしれないとしたらどうか。たとえば、ベネズエラ全土であなたの製品が標準採用され、これから数十年間、使用料をもらいつづけることができるというような可能性がある場合、パートナーシップ締結に踏みきるべきなのか。この判断はなかなか難しい。リスクに値するギャンブルなのか迷うところだ。

長くコンサルタントを務めてきた経験に照らして言えば、ほとんどの場合、ギャンブルをする価値はない。継続的な収益の流れは、じかにあなたのもとへ流れ込んではこないからだ。少なくとも利益率の高い部分は、基本的にまずマーケット・リーダーへ流れ、そのおこぼれが、不可欠なコンポーネントを提供する他社に届くことになる。

したがって、おおざっぱにいえば、ターゲット市場でマーケット・リーダーになるために必要なホールプロダクトに焦点を当てている場合のみ、パートナーシップを戦略的とみなすことができる。

②特定のホールプロダクトを意識せずにつくった戦略的パートナーシップは、どうすれば管理できるのか。

一九九〇年代の終盤に入って、コンピュータ、通信、放送、娯楽といった幅広い分野がすべてデジタル化に向かい、関連各社がいっせいに提携を模索するなか、特定のホールプロダクトを意識していないパートナーシップが数多く誕生した。まるで、ダンスの相手をまだみつけていなかった者が、会場から追い出されてはたまらないと大あわてでパートナー探しに走りまわっているかのようだ。

ここではっきりと断言しておく。そういった安易なパートナーシップは、「まずい」どころではなく「とんでもない」。

ホールプロダクトに焦点を当てずにつくったパートナーシップなど、管理できるわけがない。おのずから大量の無駄が生じてしまう。資源を浪費し、なおかつ従業員たちは自分が何をやればいいのか頭をひねるはめに陥り、機会費用という点からみて、効率が悪いことこのうえない。経営トップは、パートナーを組んでおけば何か生産的な成果が得られるはずと思い込むのだが、そうは事が運ばない。失敗が明らかになるころには、取り返しのつかない一、二年が経過して、もっと生産的な作業をやれたはずの時間が失われる。

パートナーシップを推し進めるうえでは、着実にホールプロダクトへ向かっているかどうかが大切な目安となる。ホールプロダクトの定義を思い出してほしい。それは、「標的としたセグメントの顧客が公約どおりの機能を手に入れるために必要な、製品やサービスの最低限の組み合わせ」だ。とすれば、顧客が実際に目的を達しているのかどうかは、普及の進捗度に如実に表れる。普及が進まない場合は、何らかの構成要素が欠けているか、統合が不完全であるに違いない。もしそうとわかったら、パートナーたちと協力し合って、そのやり残した部分に力を注ぎ、マーケットを活性化させるべきだ。

以上のような点に留意すれば、数字ではっきりと進捗状況を把握しつつ、組織的な市場開発をおこなっていくことができる。逆に、状況を明確につかんでいないと、よほど予測が簡単な事柄以外は、手探りで進むほかなくなる。

もしあなたがいま、総力を注ぐべき特定のホールプロダクトを事前に選ばないうちにパートナーシップを結成してしまっているなら、何はさておきターゲット市場を決めなければいけない。あるいは、ただちにパートナーシップから脱退するのもいいだろう。

③「自社で製造する」「他社から購入する」といった選択肢よりも「パートナーシップを組む」という策が適切かどうか、どうすればわかるのか。

一九八〇年代は、「自社で製造する」と「他社から購入する」で迷った場合は、必ずといっていいほど「購入する」が正しい選択だった。時間を節約できるのはもちろん、コストをかけたわりに結果が伴わないなどというリスクを避けることができ、投資に対する見返りが最も大きそうな部分に全精力を傾けられたからだ。業界を支えるエンジニアたちは、よそがつくったものをすんなり受け入れたがらないので、この事実が身に染みるまで、ハイテク業界は思いのほか時間を要した。

だがもっと大きな問題は、めざすホールプロダクトの主要コンポーネントを手に入れるために、「パートナーシップを組む」という第三の選択肢をとるべきかどうかだ。じつのところ、パートナーシップは、エンジニアの思考回路にそぐわない。曖昧さに対処し、信頼関係を築かなければならず、そのどちらもエンジニアはあまり得意な分野ではない。おまけに、他社と提携となれば、なにかとマーケティング部門が口をはさんでくるようになる。厄介事が持ちあがるのは必定だ。

けれども、パートナーシップは市場開拓のカギと言える。前に触れたとおり、オープンシステムを通じたさまざまな恩恵をもたらしてくれるうえ、実際にオープンシステムを運用する場で役立つ、スムーズな「切り替えレバー」を生み出す。つまり、オープンシステムのソリューションでは本来、好きな製品を組み合わせてプラグ・アンド・プレイ方式で使えるはずなのだが、最初のうちは、そう建前どおりにはいかない。手間をかけて互換性を検証してあるソリューションだけが、掛け値なしの統合システムになる。このとき、うまくパートナーを組んで協力し合えば、完璧なソリューションをめざして統合の度合いを高めていくことができる。

また、パートナーシップを結んで、市場開拓の成果を企業間で山分けするやり方をとれば、マーケットに複数の屋台骨を持つことになる。あなたの会社の成功を、ほかの会社も望むようになるからだ。裏を返すと、完全にバーティカルに統合されたベンダーがマーケットで勝者になった場合は、他社には何のメリットもない。よって、同じマーケットにいる他社はすべて敵に回る。

このように、パートナーシップには絶大な効力がある。とはいえ、維持管理にかかる経費や労力もばかにならない。

おおまかな原則としては、一つの市場機会に対して、二社か三社のパートナーを持つのが適当だろう。チーム内では、めいめいが何かしら本格的な難題に取り組み、努力に見合うだけの報酬を得られなければいけない。こういった条件がそろうならば、まずたいてい、「自社で製造する」「他社から購入する」よりも、「パートナーシップを組む」が最善の戦略だ。

④もう一度聞くが、パートナーで山分けなどせず、自社で独占してはなぜいけないのか。

たしかに当初は、単一のベンダーがホールプロダクトをバーティカルに統合したほうが、ベンダーにも顧客にも得であるように思える。ベンダーは、すべての利益を独り占めできるばかりか、ホールプロダクト全体をきめ細かく品質管理できる。おかげで、顧客側も質の高いソリューションを手に入れられる。ところが長い目でみると、この戦略ではむしろ損になりかねない。その理由は二つある。

理由①　ほかの企業は利益を上げるチャンスがないので、マーケットへ参入してこない。競争原理が働かないと、マーケットの成長は独占ベンダーの成長速度にゆだねられ、そのベンダーの速度は、ボトルネックになっている要因に左右されてしまう。もし、このベンダーが製品のおもな構成要素を幅広いパートナーと手分けして開発すれば、制約に苦しまずにすみ、より早くより大きく成長できる。

理由②　前にも説明したとおり、サービスの利益率が魅力的なため、ベンダーがボウリング・レーンにいつまでも居すわってしまう場合がある。そうなると、ホールプロダクトがコモディティ化せず、トルネードは発生しない。そのベンダーはしょせん無防備な状態であり、やがて失うものなどない大胆不敵なライバル企業が台頭するや、たちまち危機に陥ってしまう。本書執筆時点で、UNIXサーバーのベンダー各社がマイクロソフトNTのグループの出現におののいているのは、まさにそんな事情のせいだ。

パートナーシップが方向性を維持できさえすれば、オープンシステムのマーケットでは、やはり、仲間と手を組むことが最善の策と言える。結局のところ、ものを言うのは金であり、大事なのは顧客の金のゆくえだけだ。ほかのパートナーのためにマーケットを用意することが、マーケット・リーダーの責任となる。

実際に利益が得られるまでは、パートナーシップは動き出さないアニメーション画像のようなもので、刻一刻と色あせていく。パートナーシップを結んだ瞬間から、時間との戦いがはじまるのだ。関与する企業の関心を保つためには、プロジェクトが第一、第二、第三段階と、スケジュールどおりに進行しなければならない。

したがって、いまあなたにビジネスのチャンスがあり、独り占めするか、パートナーに一部分を分け与えるかを選択できるのなら、それが戦略的パートナーシップであるかどうかを自問すべきだ。戦略的でなければ、もちろん独占したほうがいい。稼げるものは稼いでおくにかぎる。しかし、パートナーシップが戦略的ならば、適切なパートナーにビジネスの一部を与えることで、市場開拓のコストを最小限に、投資効率を最大限にすることができる。

⑤トルネードの最中に手を組んだゴリラと、どうすれば、その後もいっしょに利益を享受しつづけられるのか。

ゴリラの製品が生む副次的な需要を満たす企業は、まったくもって興味深い運命をたどる。初めのうちは、ホールプロダクトに必要な追加サービスをおこなうパートナーとして重用されるが、ホールプロダクトのコモディティ化が進むにつれて、ゴリラがパートナーの駆逐をはじめると、生き残りを賭けた椅子とりゲームに巻き込まれてしまう。ゴリラ以外の企業は、遅かれ早かれ、ふたたびマーケットから去る運命にあり、その運命に従って行動するほかない。

トルネードが静まってくると、まず、ゴリラ企業がパートナーたちにまかせていた業務を我が物にしようとたくらみはじめる。顧客も、いままで以上に統合されたホールプロダクトがほしいと考えて、ゴリラのパートナー排除の動きを支持する。

つまり、ゴリラとパートナーを組んだ各社は、ゴリラの縄張りのなかで一時的に製品を売る許可を受けていたにすぎない。許可証の期限切れが近づいてきたら、別の新しい、できれば関連分野のビジネスへ移行し、コモディティ化されてしまったものについてはゴリラや低価格クローン企業に明け渡すしかない。換言すれば、マイクロソフト、インテル、IBMなどの巨大ゴリラとつるんだハイテク企業は、排除されることを怨むよりむしろ、なるべく長いあいだ便乗し、あとは感謝して去るべきなのだ。

ところが、ほとんどの企業が潔くそうできない。それはなぜか。原因は、トルネードが生成する富の量があまりにも膨大なため、ほかのビジネスへの移行が考えられなくなってしまうことにある。手放すなど、もってのほかに思えてしまう。

早い話、株主にどう説明すればいいのか。じつはいままでずっと、ゴリラの領土で小作農として働いて稼いでいただけだなどと、この期に及んで言えるだろうか。もし投資家がそれを認識していなかったとすれば、当人たちが（ひょっとすると企業自身も）、資本価値の評価を誤っていたことになる。

このジレンマから抜け出す方法は、ただ一つ。短期的、中期的に言えば、イノベーションを起こしつづけて、ゴリラから付かず離れずの距離を保つことだ。長期的には、みずからがゴリラになれる適所を探さなければならない。

サービス・プロバイダとして手を組む

ここまでは、ホールプロダクトを補完する製品ベンダーの視点から、パートナーシップの課題を検討してきた。ホールプロダクトにはほかに、サービスを提供する業者が必要であり、こちらもまったく同じライフサイクルに対処しなければいけない。

サービス業者の目には、ライフサイクルが下図のように映る。

ホールプロダクトの構成要素のうち、サービスの部分は、事前の製品統合が進むにつれて価値が低下する。ライフサイクルの初期は、統合の度合

付加価値サービス業者とライフサイクル

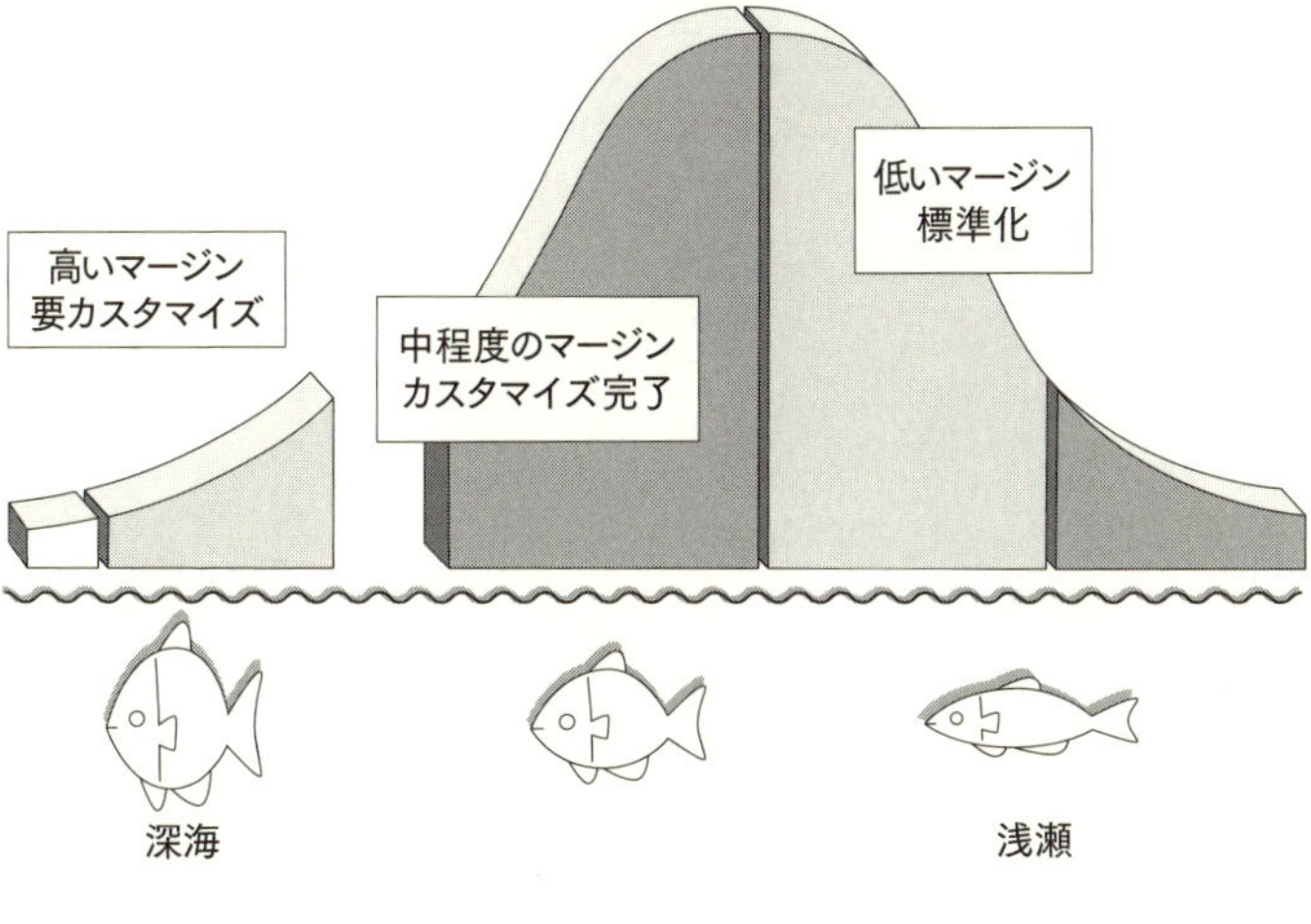

いが低く、サービス提供業者は、マージンの高い「深海」に安住できる。これに対して、ライフサイクルの終盤ともなると、統合度が高まり、サービス業者はマージンの低い「浅瀬」で暮らさなければいけない。浅瀬で生きられるのはせいぜい一社だから、残りはいずれ販売チャネルと合体せざるをえなくなる。

しかし、進化のいずれの段階でも、魚たちが繁栄することは可能だ。ただし、適宜、かたちの異なる組織構造に変化していく必要がある。どのサービス業者も、ホールプロダクトの進化過程のどこかに、自社のコア・コンピタンス（強みやノウハウ）とニーズがぴたり一致する最適な場所をみつけられるはずだ。その場所は、一時的なものでもあり、長期的なものでもある。というのも、一つのホールプロダクトの進化の流れは、左から右へたゆまぬ動きをつづけ、魚たちに近づいて、通り抜け、やがて去っていく。その意味では、ほんの一時的なものにすぎないが、どの魚も最適な場所にできるだけ近づいて、次のホールプロダクトを待ち構えるべきであり、その点では長期的な意味合いを持つ。

つまり、生き長らえて肥えたければ、サービス業者は進化の流れに逆らって泳ぐ必要がある。特定のホールプロダクトにくっついていっしょに流れていくのではなく、ライフサイクル上の適所にとどまらなくてはいけないのだ。特定のホールプロダクトに固執していては、破滅を免れない。前ページの図のように、年々ライフサイクルは右へ移動し、サービスのマージンが小さくなり、やがて残らず水の外へ追い出されてしまう。

要するに、サービス業者と特定のホールプロダクトとの関係は、つねに一時的にすぎない。ただ困ったことに、われわれ人間は、変化を、とくに自分自身に起こる変化を嫌い、何かにしがみつ いて、永遠にこのままだと思い込みたがる。そのせいで、サービス業者は致命的な失敗を犯しやすい。DTP、LAN、CAD、MRP（生産管理パッケージ）など、特定のホールプロダクトと密着して、そのマーケットに永遠にとどまろうとするのだ。この戦略は、これまで説明してきたさまざまな理由により、ぜったいにうまくいかない。サービス業者はむしろ、まず自分自身の強みをみきわめ、テクノロジー・ライフサイクルのどこにかかわるのがふさわしいかを検討すべきだ。

さらに具体的に言えば、サービス・ビジネスで長期的に安定して成功するためには、何よりも、「毎年、同じ粗利益率を維持できること」がポイントになる。粗利益率の数字は、ライフサイクルのどこが適所なのかによって異なる。適所がどのくらいの統合サービスを要する段階で、そのサービスの市場価値はいくらのマージンに相当するのかが影響する。

システム・インテグレータは、ここを非常によく理解しており、きわめて高いマージンを維持するため、ライフサイクルのごく初期に関与しつづけようと努める。小売り量販店も、この仕組みを十分把握したうえで、わずかなマージンでも黒字を保てるように、コストを低く抑えられるライフサイクルの終盤に位置しようとする。一方、ライフサイクルのなかばあたりに陣取るVAR（付加価値再販業者）などのサービス業者は、粗利益率の維持が難しく、たいがいは四年から七年ごとに、新規参入や撤退を繰り返す。

しかし、VARも付加価値を毎年新たにする必要があると正しく認識すれば、ビジネスを安定させることができる。つまり、前年までは通用していたサービスも、一部は価値が薄れてまともなマージンを取れなくなるので、古くなった部分は毎年切り捨てなければいけない。と同時に、いままで自社の技術では不可能だった高度なサービスが、今年は可能になっている場合もあり、そうであれば、ビジネスの幅を広げるべきだ。

毎年更新の原則をつかんだサービス業者は、製品ベンダーよりも安定した事業展開ができる。製品ベンダーの場合、成功する製品をつくれるかどうかに命運を賭けなければいけないが、サービス業者は、何らコストを使わずに、マーケットが勝者を決めてくれるのを待ち、その勝者のホールプロダクトを巧みに補うことだけに専念すればいい。

この戦略をみごとに実践してみせたのが、一九八〇年代末からジョン・アディソンという人物が率いたサン・マイクロシステムズのVAR事業部だ。一九八七年の時点で、同事業部は、人気の図面作成ソフトウェア「AutoCAD」を稼働させるだけで、かなりのマージンを得られた。AutoCADはもともとDOS用のプログラムとしてサンのワークステーション向けに移植されたが、特殊な調整をしないとうまく動作しなかったからだ。

おまけに、AutoCADのユーザー層はパソコンしか使った経験がなく、UNIXには詳しくなかった。そこで、VARがあれこれと手を貸して、おおいに儲けたというわけだ。

ところが一九八八年に入ると、ユーザーのニーズが進化して、VARは、「サードパーティがつくったAutoCADの拡張機能も、合わせて組み込んでほしい」と求められた。翌八九年には、「文書管理システムの『フレーム』や『インターリーフ』に対応するためのインターフェイスもサポートしてくれ」と、また要望が膨らんだ。すでにエンド・ユーザーは、AutoCADに絶大な信頼を置き、図面をもっと魅力的に仕上げて自社顧客に見せたいと欲を出しはじめていた。

九〇年には、「図面の修正歴を管理するため、バージョン・コントロール用の画像データベースを導入したい」という声が聞かれるようになり、九一年になると、さらに次元が進んで、「資材明細データを図面からMRPシステムへ受け渡せるように、リレーショナル・データベースを組み込みたい」との高度な要求まで出てきた。

このように、VAR側は少なからぬ金額のマージンを正当化すべく、毎年、新しい課題をこなさなければならなかった。しかし一九九一年の時点では、サンのワークステーション向けにAutoCADをただ再販するだけといったビジネスは、薄利多売の業者が担う仕事になっており、VARは以前とは比較にならない安いマージンしか手に入れられなくなった。

この「魚モデル」は、製品ベンダーが、パートナーのサービス業者（とくに間接流通チャネル）と付き合っていくうえで、非常に参考になる。両者は再販業者のマージンが減るばかりであることを言い争うよりも、次の二点を軸にして議論を交わすべきだ。

①そのサービス業者が健全な経営をつづけるには、どれだけのマージンが必要なのか。
②その額のマージンが確保できるビジネスについてのみ、業務提携しよう。

以上の二つを明確にすれば、製品ベンダーとサービス業者を対等に置くことができ、前者が後者を一方的に利用するという、ありがちな状態を避けられる。なにしろ双方は、ホールプロダクトの進化のせいでおたがいの関係が変化しつつあるという現実に、手を取り合って立ち向かわなければならないからだ。最も建設的な策は、次のような方向性を追求することだろう。

- サービス業者のマージンを一定に維持するためには、現時点で、どのホールプロダクトを対象から外していくべきか。
- 短期的にみて、サービス業者がいままでの経験を活用してコストを切り詰め、あともう一、二年、同じサービスを提供しつづけられる方法はないか。
- 将来的にみて、あきらめざるをえない収入源に置き換わるような、新しい市場機会はあるか。
- 短期的にみて、製品ベンダーは、そうした市場機会をどのように迅速に切りひらき、サービス業者のビジネスを拡大させることができるか。

おおざっぱに言えば、製品ベンダーとサービス業者は、あたかも兄弟のようなもので、長期的にはたがいに依存し深い絆を保っているものの、短期的にはひっきりなしに喧嘩しているようにみえる。兄弟喧嘩の原因は、製品ベンダーのホールプロダクトがライフサイクルに沿って流れていくのに対し、サービス業者はライフサイクルの一定の場所にとどまらなければいけないという宿命にある。

このダイナミズムに双方が気づくまでのあいだ、憤慨や猜疑心がおたがいの関係をそこねる。しかし、ひとたび仕組みに納得がいけば、古いチャンスがついえたら新しいチャンスをみつけようと、ホールプロダクトのさまざまな可能性をめぐって協力し合うことができる。

まとめ――パートナーシップの意義

オープンシステムの事業戦略では、新しい技術市場をすばやく開拓するために、パートナーシップがとりわけ大きな意義を持つ。しかし同時に、ホールプロダクトがつねに進化しつづけるせいで、どんなパートナーシップも一時的なものに終わらざるをえない。

こうした条件のもとで、いかにパートナーシップを組み、いかに狙いを定めて突き進むかは、昨今のハイテク企業幹部にとって二番目に難しい課題だろう。

最大の難題は、このような環境のなかでどうやって競争上の優位性を確立するかにある。次章では、この重大な点を論じることにしよう。

第8章

優位に立つための必須条件

いかにして優位を得るか

ハイテク業界のすべての富はトルネードに由来し、トルネードは各社の競争を最も激しく燃え上がらせる。したがって、シリコンバレーで最も議論を呼ぶ問題は、「いかにして競争上の優位性を得るか」だ。この議論の本質には、三つの変数がかかわっている。

①製品リーダーシップ（製品の性能や機能）
②オペレーショナル・エクセレンス（業務運営の優秀さ）
③カスタマー・インティマシー（顧客との親密度）

CSCインデックス社でコンサルタントを務めるマイケル・トレーシーとフレッド・ウィアセーマは、一九九五年に出版したベストセラー *The Discipline of Market Leaders*（『ナンバーワン企業の法

価値基準とライフサイクル

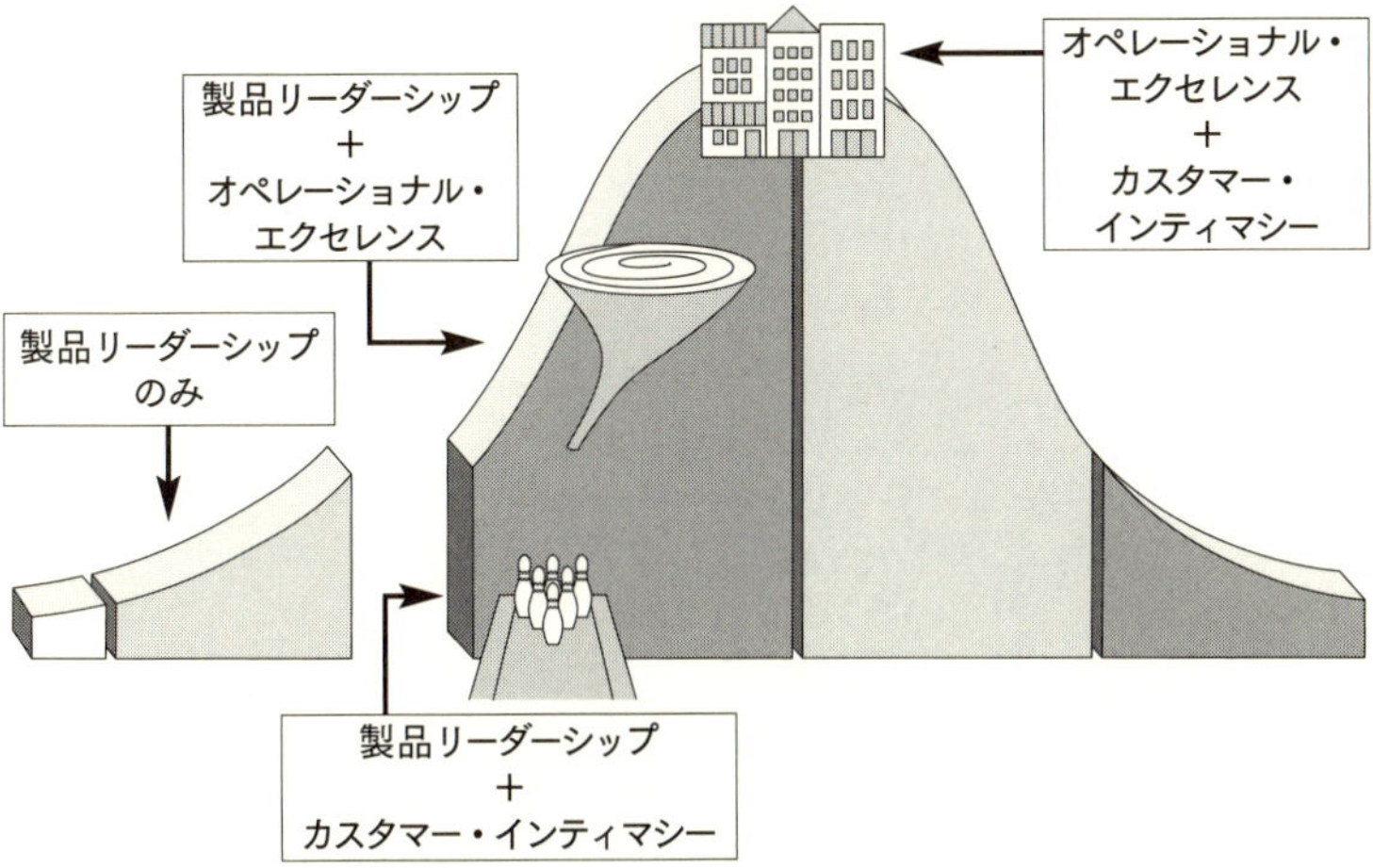

則』日本経済新聞社）のなかで、この三つを「価値基準」と呼んでいる。

三つうちのどれかに秀でるには、他の二つを犠牲にしなければいけない場合も多い。トレーシーとウィアセーマは、一社の力ですべてに抜きん出ることは不可能であると述べている。競争上の優位性をめざしたいなら、自社のコア・コンピタンスはどれなのかを見定め、その一つに傾注した戦略を立てるべきだ、と。

常日ごろ、焦点を絞り込むことの重要性を訴えている私としては、このアイデアは素晴らしいと思う。だが、ことハイテク業界のマーケティングに関して言えば、ライフサイクルの変遷があわただしいため、上図で示すような、もっと複雑なアプローチをとるほかない。

この図でわかるとおり、どの変数がどの時点で大切であるかはライフサイクルによっておのずと決まる。あなたはただ、それに従って優先項目に力を注ぎ、目前の競争を勝ち抜いて、次の段階へ進む権利を手に入れるのだ。

そこで、ライフサイクルをひととおり追いながら、どのような戦い方になるかを考えてみよう。まず、初期市場では、製品リーダーシップが唯一重要になる。ライフサイクルのこの時期には、競争の対象はライバル製品ではない。不連続的なイノベーションであれば、類似品など存在しないから、ほかのブレークスルーの可能性と競い合うことになる。ビジョナリーたちは、従来の枠組みを越えた何らかの手段を使い、圧倒的な競争優位に立ちたいと考えている。だからあなたは、ビジョナリーからの注目や投資を狙って、ほかの「従来の枠組みを越えたテクノロジー」と競うわけだ。

ビジョナリーの気を引こうとするあまり、カリスマ的な営業スタッフは大言壮語を並べ立て、アシスタントが大胆にも、絵空事に近いプレゼンテーションで加勢する。研究開発部門のほうもすっかり調子に乗せられて、カフェインを飲み過ぎた勢いで「絶対に実現してみせる」と意気込む。それもこれも、ビジョナリーの支持を勝ち取りたい一心なのだ。

この際、競争上優位に立つためには、次の二つを組み合わせて訴えかけることだ。

①現状でボトルネックになっている難点を完全に回避し、劇的な変化をもたらす可能性。
②ビジョナリーがいま抱えているプランの特異な条件に対応できる柔軟性。

①は、製品リーダーシップの範疇に属する。そもそもパラダイム・シフトの威力とは、何をやるにつけても邪魔で仕方なかった障害物を、一刀両断に退治するところにある。その力のみなもとは、

難題に新たな角度からアプローチできる斬新なテクノロジーだ。それこそが、ビジョナリーの関心を引きつける。

②の柔軟性に関しては、ほかのいかなるライバルにも真似のできない、製品の新しさが決め手になる。まだまっさらな状態なので、ビジョナリーが思いのままに絵を描けるわけだ。競合するホールプロダクトが存在しないだけに、初期市場の顧客は希望どおりに製品を仕上げてもらえる。

結果として、ベンダー側は、売買契約を結ぶたびに、それぞれの顧客のニーズに合わせたホールプロダクトを完成させるかたちになる。製品の受注というより、カスタム・サービスを受け入れるのに近く、毎回、個別の開発努力が必要だ。そのせいで、以下の理由から初期市場はやがて幕引きとなる。

①個々の顧客のニーズに合わせて熱を入れるうち、製品の柔軟性が失われていく。
②サービス資源が底を突き、新たな専用プロジェクトを立ち上げることができなくなる。

こうして、好むと好まざるにかかわらず、このキャズムを克服しなければいけなくなる。

キャズム期からボウリング・レーン期にかけての戦い方

キャズムを越えるとき、競合他社を打ち負かすためのテクニックは、ボウリング・レーンで使う戦術と同じだから、両方をまとめて扱うことにしよう。

どちらの場合も、目標は、明確に絞り込んだニッチ市場でマーケット・リーダーシップを確立し、リーダーならではの経済的な見返りを得るとともに、マーケットからの長期的な信頼を勝ちとることだ。あらゆるボウリング・レーンの戦いに共通するカギは、差別化を図ったホールプロダクトを、誰よりも先に提供することだ。そういうホールプロダクトを生み出せば、ニッチな顧客層が群がってきて、ほかのパラダイムのソリューションに追いつかれる心配はなくなる。

つまり、ここでの重要な成功要因は、次の二つだ。

①あくまでもホールプロダクトを提供する。ホールプロダクトができあがらないかぎり、まとまった数の顧客が集まってこないため、他社との競争がつづいてしまう。

②先頭を切ることが肝心。二等賞は存在しない。

ボウリング・レーンでのホールプロダクトが成功を収めるかどうかは、製品リーダーシップとカスタマー・インティマシーという二つの価値基準にかかっている。前者により、あなたの新しいホールプロダクトは、顧客が頭を悩ませている問題に対して、既存のソリューションとは一線を画した優位性を持つ。さらに後者によって、特定のニッチのニーズに合わせていない他社製品との差別化を図ることができる。

たとえば、SGI（シリコン・グラフィックス）社のワークステーションは、エンターテインメントやマルチメディア・アニメーションの分野で独占的な優位を保っている。同社が実現したイノベーションは、強力なグラフィックス処理ソフトウェアと、3D画像をリアルタイムで回転、移動できる高性能マイクロチップだ。しかし、このようなソリューションを提供する企業は、SGIだけではない。たとえば、クレイ社のフライト・シミュレーターでも、すでに同様の組み合わせが使われている。ただ、SGIがユニークなのは、価格を引き下げて、ビジョナリー的な視点から、「ビジュアライゼーション（視覚化）」という新しい生産性向上のカテゴリーを生み出そうとしたことにある。

あいにく、ビジュアライゼーションのマーケットが立ち上がっていなかったので、キャズムを越えるために、SGIは標的とするセグメントを絞らなければいけなかった。候補は数多くあった。工業デザイン、分子モデリングによる医薬品設計、アニメーション……。SGIはそれらすべてのマーケットに売り込みをかけた。

しかし、初めてホールプロダクトを仕上げてライバルに抜きん出ることができたのは、エンターテインメント市場でカスタマー・インティマシーを実践したときだった。デジタル技術とアナログ技術の併用という、独特なニーズをつかんだ結果、顧客と密接な関係を構築できたのだ。

カメラでは撮影しようがない、あるいは、撮影してもフィルムに映らないような映像を、プロダクション品質で作成し、編集したいユーザーに向けて製品購入のメリットを強烈にアピールした。同レベルの処理性能を持つワークステーションはほかにも少なくなかったが、SGIだけが、この顧客セグメントのニーズに密着し、幾多の困難を乗り越えて、ホールプロダクトを完成してみせた。

もちろん、最後の困難をクリアするまで、マーケットからは一セントたりとも利益が入ってこないうえ、すべてをゼロから再調整しなければいけなかった。しかしその甲斐あって、最終ハードルを越えたとたん、価値連鎖のパイプラインから金がなだれ込んできた。同社のシステムで製作された映画『ターミネーター2』や『ジュラシック・パーク』の興行収入が、これを如実に証明している。SGIは一躍、世間に名を馳せた。

では、SGIが戦っていた相手は誰だったのだろう。カスタマー・インティマシーの軸でみると、フィルムやテープに映像をアナログ記録する機器の製造メーカー、たとえばアンペックスやパナビジョンだろう。こういった企業が、長年にわたるカスタマー・インティマシーを通じてマーケットを支配していたものの、SGIは、デジタル画像技術にもとづく製品リーダーシップでみずからを差別化した。

一方、製品リーダーシップの軸でいえば、ライバル企業は、サン・マイクロシステムズ、ヒューレット・パッカード、IBMなど、同等のデジタル処理性能を備えたワークステーションのベンダーだ。こちらに関してSGIは、エンターテインメント業界の編集と製作にまつわる難題にぴたりと照準を合わせることで、差別化をおこなった。

ボウリング・レーンにいる場合、この二方向の争いのうちでは、製品リーダーシップよりも、カスタマー・インティマシーにおける競合他社を重視して、ポジショニングをすべきだ。

第一に、ターゲット顧客は長いあいだ古いパラダイムに投資してきた一方、あなたの社名には馴染みがない。そのハンディを乗り越えて関心を引く必要がある。既存のパラダイムを引き合いに出して比較すれば、あなたの長所を相手にすぐ理解してもらいやすい。とにかく自社のソリューションを理解してもらわなければならない。

第二に、このボウリング・レーン期には、非効率な古いパラダイムと対比しながら価値を設定することで、似たような長所を持つ他社製品との価格競争を避けなければいけない。たとえばアップルは、DTP市場へ攻め込んだとき、IBMのパソコンではなく、パソコンよりはるかに高価な鋳植機《ちゅうしょくき》「ライノタイプ」を比較対象に選んだ。このアプローチのおかげで、IBMの参入を回避しつつ、製品価格を高めに維持できた。

ボウリング・レーンでの競争の特徴は、相手を選択できることにある。ぜひとも選択しなければいけない。これを怠ると、たったいま述べた利点の裏返しの状態を招く。すなわち、類似製品こそがライバルだと思い込むと、顧客にそっぽを向かれてしまう。

ターゲット顧客は本来、ハイテク製品をまだ使っていない人々のはずだから、テクノロジー面の優劣を説かれてもぴんと来ない。また、高額のコストを投じて顧客に製品カテゴリーを理解させ、受け入れてもらったとしても、かえって逆効果だ。顧客は、製品パッケージの基本価格だけを判断のよりどころにして、カスタマイズを含めたソリューション全体のはるかに高い価値に気づかないからだ。そうなったら、「特定のニッチに合わせてホールプロダクトを仕上げ、高いマージンを稼ぐ」という当初のあてが外れてしまう。

十分なマージンを得られるめどが立たないとなれば、ホールプロダクトの完成作業に取りかかることもできないし、報酬を餌にして適切なパートナーを引き込むこともできない。結局、ホールプロダクトがいっこうにできあがらないから、マーケットも出現しない。

つまるところ、ボウリング・レーンでは、成功するも失敗するも、すべてベンダー自身にかかっている。

製品リーダーシップとカスタマー・インティマシーの両面に力を入れ、ターゲット顧客の切実なニーズを満たすホールプロダクトを首尾よく仕上げていけば、圧倒的な競争上の優位を確立できる。そして新しいパラダイムが持続するかぎり、有利に事を進められる。マーケット側がみずからあえて次のパラダイムへ移行したがることはありえないので、一〇年以上にわたって安泰かもしれない(DTP市場に君臨するアップルや、AutoCADを手がけるオートデスク社の例をみるがいい)。

製品のライフサイクルがますます短縮化するなか、ボウリング・レーン期にマーケット・リーダーシップをとっておけば、収益面で重要な意義があるばかりか、素晴らしい製品イノベーションをもたらすどんな企業ともつながりが持てるポジションに立てる。そのうえ、最初に狙ったニッチ・セグメントをうまく攻め落としさえすれば、あとはその立場を利用しつつ、同じボウリング戦略を使って、ほかのセグメントでも次々に成功を収められる。

このように、とるべき道が明らかであるにもかかわらず、多くのベンダーは、ニッチ市場に本格的に取り組むのを嫌がる。コンサルタントを務める私たちとしては、いらだたしいばかりだ。ほとんどの場合、ベンダーの目にはトルネードしか入っていない。

では、本書もトルネードに視点を移すとしよう。

トルネード期の戦い方

トルネードはなにしろ動乱期だから、競争上の戦略を整理するのはかなり難しい。どの時点を取りあげてみても、マーケットの反応が、あなたの行動によるものなのか、上昇気流によるものなのか、区別しづらいからだ。

さらに複雑なことに、マーケットからみてあなたの会社が、ゴリラ、チンパンジー、サルのどれなのかに応じて、とるべき戦略が違ってくる。それぞれを順に検討していこう。

【ゴリラの戦法】

トルネードにおけるゴリラの目標は、特権的な価格水準を保ちつつ、市場シェアを拡大することだ。マーケット・リーダーであるというだけで、製品はおおいに魅力的だから、この優位性を最大限に利用しなければならない。要は、積極的に売り込んで、さっさと売上げを伸ばすにかぎる。

したがって、競争の焦点は流通チャネルにある。ハイエンドで言えば、顧客先へ直接出向く営業スタッフだ。他社より優れたスタッフを採用し、強いモチベーションと高い報酬を与える企業が勝利を収める。あとは、トルネードが勝利を積み重ねてくれる。一度ゴリラとしての評判が得られれば、トップレベルの営業要員を採用でき、さらに売上げで他社を圧倒しはじめ、ますますゴリラとしての地位が固まっていく。

一方、ローエンドについては、営業スタッフが直接顧客に売るわけではなく、小売店の陳列棚を使うにすぎない。こちらでの戦いは、棚のスペースをいかに広く確保し、より多くの商品を潜在顧客の前に並べて、逆に他社のスペースを狭められるかだ。一九八〇年代のパソコン業界では、このせめぎ合いがめまぐるしく、当時、ゴリラの地位を勝ち得たのは、間接販売チャネルをよく理解していて、じょうずに操れる企業だった。

対照的に、直接販売スタッフの力でのし上がってパソコン市場へ参入してきたゴリラ、たとえばＩＢＭやＤＥＣは、間接販売チャネルとの付き合い方が下手で不利に陥った。その後、一九九〇年代に入ると、販売チャネルの種類が豊富になって、デル、ゲートウェイ、パッカード・ベルなどの各社が、ゴリラの地位を争うようになった。

流通チャネルの支配をめざす戦いの場合、重大な成功要因は、製品リーダーシップとオペレーショナル・エクセレンスだ。製品リーダーシップが十分なら、サルの群れと戦うとき、標準規格を一新して、しばらくのあいだサルの製品を時代遅れにしてしまえる。現にインテルは、これを基本戦略にすえて、マイクロプロセッサ業界を支配しつづけ、ＡＭＤ、サイリックス、ネクスジェンなど各社の首根っこを押さえつけている。

新世代の製品をリリースすれば、ゴリラはふたたび当分、独占状態を楽しむことができ、と同時に、旧世代の製品のほうはライバル他社の現行製品と真っ向からぶつかる価格帯まで値下げして、在庫一掃を図ることができる。

たとえばパソコン本体に関しては、おもにカタログや大型ディスカウントチェーン店などの低価格チャネルで、つばぜり合いが起こる。トルネード中は、幅広い顧客への浸透が戦略的に有効だからだ。だが、そうしたチャネルを通じてゴリラの製品が魅力的な安値で販売されるのは、ふつう、ライフサイクルが終焉を迎えた製品に限られる。

では、チンパンジーとはどう戦うか。ゴリラにとっての製品リーダーシップとは、ほとんどの場合、「チンパンジーの製品に追いつくこと」を意味する。とくにトルネード後期ともなると、サポートしなければいけない顧客の数が膨大になるうえ、顧客のあいだにこれ以上の変化を嫌がる保守的な空気が広まるため、ゴリラ自身はあまりイノベーションを生み出そうとしなくなる。それに比べ、顧客ベースがわりあい小さいチンパンジーは、リスクが少ないぶん、積極的に新たなイノベーションを推進する。

たとえば、IBM、アップル、モトローラの三社は、RISCチップ「パワーPC」の開発を進め、インテルに挑んだ。

挑戦者が現れると、ゴリラはマーケットから「同等の機能をいつ実現するのか」と疑問をぶつけられる。「次のリリースで」と答えられるうちは、ゴリラの優位は揺るがない。だがしだいに、ゴリラが追加する新機能はチンパンジーの後追いばかりになってきて、イノベーションの度合いがいっそう薄れてしまう。やがて、ゴリラの製品は技術的な先進性を失って、テクノロジー・マニアから不評を買い、大勢を占める実利主義者に愛想を尽かされ、株主からも見放されはじめる。

製品リーダーシップの威力が弱まるにつれ、ゴリラとしては、オペレーショナル・エクセレンスに力を入れることが大切になる。もともと、ゴリラの座をつかむには、効率のいい業務運営が欠かせなかったはずだ。トルネード期には需要に限りがないので、供給能力いかんに成功がかかっている。オペレーショナル・エクセレンスに多少とも不具合があると、トルネードの勢いのすさまじさが災いして、きわめて深刻な事態につながりかねない。たとえば過去には、インテル、インテュイット、ヒューレット・パッカードなどが、品質上の問題点を指摘され、深い痛手を負った。

ゴリラが、トルネード期に大量の製品が出回るコモディティ市場を支配しつづけ、「規模の経済」を維持するためにも、オペレーショナル・エクセレンスは不可欠だ。大量生産で原価を抑えることが、サルたちと戦ううえでも強力な武器になる。ゴリラが戦略的な価格設定をすれば、サルも値下げを余儀なくされ、しかし「規模の経済」に頼れないので、場合によっては赤字に転落する。

また、ゴリラは、大量生産の効果で稼いだマージンを活かし、チンパンジーよりもふんだんに研究開発に投資できる（たとえばインテルの研究開発費は、業界第二位のAMD社の四倍だ）。

しかし、ローエンドでの競争を軽んじ、高いマージンのビジネスばかり志向するゴリラは、早晩、オペレーショナル・エクセレンスの面でリーダーシップを握ったチンパンジーやサルから攻撃を受ける。防戦の切り札がないせいで、その種のゴリラはじりじりと後退するほかなく、最終的にはハイエンド製品に専念せざるをえなくなる。

以上の戦いを総合してみると、ゴリラの敵は「全員」であることがわかる。「極度の心配症だけが生き残る」という、インテルのCEO、アンドリュー・グローブの名言は、ゴリラが地位を維持するためにどれだけ神経をとがらせなければいけないかを赤裸々に表している。誰もが、ゴリラを攻撃せんと構えている。

では、ポジショニングを決める際、ゴリラが指標とすべきライバルは誰か。困ったことに、どの企業を参考対象に選んでも、ゴリラとはまったく比較にならない。かといって、意識すべきライバルを決めないでいると、いくらゴリラの製品でも、マーケットの目からみて位置づけしようがない製品になってしまう。

過去の事例に照らすと、ゴリラの成功につながる戦略は、次のとおりトルネードの段階ごとに三つに分けて考え、それぞれ異なる仮想敵を設定することだ。

①ボウリング・レーンを抜け出てすぐの段階では、いま置き換えようとしている古いテクノロジーを参考の指標にするといい。この時点ではまだ、ライバルを攻撃するよりも、いっしょに古いパラダイムにとどめを刺すべきだ。

②古いパラダイムが白旗を揚げたあとは、特定の一社を選ぶのではなく、同一カテゴリー内の他企業すべてをまとめて仮想敵と考える。もし、チンパンジーのどれか一社がしゃしゃり出てきた場合は、そこに狙いを定めて徹底的に攻撃する。

③やがてマーケットの支配が固まった時点からは、よその企業ではなく、自社製品を競争相手とみなす。たとえば、インテルは、パワーPCではなく自社の486マイクロプロセッサを比較対象にして「ペンティアム」を位置づけたし、ヒューレット・パッカードは、キヤノンの製品ではなく、自社のカラー・インクジェット・プリンタの上位製品と対比しながら、カラー・レーザー・プリンタをポジショニングしている。

【サルの戦法】

ゴリラと対極に位置するサルたちは、はるかに日和見《ひよりみ》主義的に戦いを進める。資金、開発力、マーケティング予算、影響力など、ゴリラが持つさまざまな優位性のどれ一つを取っても劣るだけに、どのみち、トルネード中に市場シェア獲得を競う立場にはない。たとえ獲得できたとしても、維持するための資源がないから役に立たない。したがって目標は、機会を見つけて儲け、すぐに逃げ去ることだ。日払い制のビジネスというような気構えで臨む。一定のポジションを確保しようとしてはいけない。理由は以下のとおりだ。

トルネードは途方もない量の消費を発生させるから、貪欲きわまりないゴリラでさえ、需要を満たしきれない。そこで流通チャネルは、イノベーションと価格の両面で、もっとほかにいい供給ルートはないかと求めている。ふつう、イノベーション面の要望を満たすのはチンパンジーであり、価格面がサルの役割だ。どの流通チャネルにも低価格のエントリー製品が必要であり、サルがこのニーズに応えることになる。つまり、どの大衆市場においても、サルの参入を求める構造的な需要がある。

ただしサルは、ブランド力もなければ、顧客を囲い込む力もない。その場で売上げを勝ちとることはできるが、マーケットをつかめる見通しはない。なにしろゴリラの穴埋めだから、たまたま販売に成功しても、その顧客を長期的に確保できるわけではないのだ。売上げが累積的な効果を発揮することもなく、乗り換えのコストを足かせにして顧客を引き留めることも不可能だから、市場シェアが一時的に増えたところで得にならない。サルが勝ちとれるものは、売上げのみだ。

では、サルはどうすれば生き長らえることができるのか。「規模の経済」ではなく、たんなる経済性にもとづいて、オペレーショナル・エクセレンスで勝負すればいい。

サルの有利さを考えてみよう。

まず、研究開発費が必要ない。サルにとって、エンジニアリングとはリバース・エンジニアリング（製品構造の分析によって製造方法などを調査すること）をさし、海外の安くて知識豊富な人材でまかなえる。市場を開拓する費用もいらない。基本的にはゴリラのマーケティングの効果に便乗するだけだし、マーケットに伝えたいメッセージはいつも変わらない。すなわち、「われわれは、ゴリラと同等の製品を、はるかに低価格で提供できる」。さらに言えば、画期的な新製品の発売にあたって、事前に在庫を蓄えておくコストもいらない。画期的な製品など出さないからだ。ゲームに参加するための資金と、成長をカバーできるキャッシュフローさえあればいい。

トルネードの最中、サルが比較対照すべき相手は、つねにゴリラの製品だ。それに対抗できるような製品を出してこそ、ゴリラのマーケティング活動に便乗できる。しかし、本当の戦いは、ほかのサルとのあいだで起こる。低価格競争ではどんぐりの背比べだとすれば、流通チャネルとの結びつきの強いサルが勝つ。それでも勝負がつかない場合は、掛け売りができるかどうかが、おもな差別化の要因になる。しかしあいにく、掛け売りまでしなければいけないとなると、サルの節約戦略に相反する。賢いサルは、このマーケットは密集しすぎたとみて、ほかへ移動する。

投資せず防戦もしないというこの戦法を正しく貫けば、サルは敵なしだ。窮地にはまるとすれば、一定の成功を収めたあとで図に乗って、「さらに成長してゴリラになり、名を成そう」などと欲をかいたときだろう。そのせいで、競争上たいして有利にもならないのに、きわめて高いコスト構造を築きあげてしまう。残念ながら、それではライフサイクルの進化の法則を打ち破ろうと努力するも同然だ。

ボウリング・レーンのアプローチでニッチ市場を攻略していくうち、サルからチンパンジーへ進化することはありうるし、もし運よく、いずれかのニッチが開花して次のトルネードを巻き起こした場合は、チンパンジーからゴリラに変身できるかもしれない。しかし、サルがいきなりゴリラには絶対になれない。

だいいち、サルはふだんゴリラばかりに神経を集中しているので、チンパンジーの動きを観察しておらず、いざという場面でチンパンジーらしく振る舞おうにも、振る舞い方がわからないだろう。もしかすると、チンパンジーの戦法が、多少は役に立つかもしれない。


【チンパンジーの戦法】


トルネードのなかでチンパンジーの役割を適切に演じるには、きわめて微妙な戦略をこなさなければならない。

具体的に社名を挙げると、リレーショナル・データベース業界では、ゴリラのオラクルに対してインフォミックスとサイベースが、ルーター業界では、シスコに対してウェルフリート（現在のベイ・ネットワーク）が、プリンタ業界では、ヒューレット・パッカードに対してキヤノン、エプソン、レックスマークの各社が、パソコンのオペレーティング・システムについては、ウィンドウズに対してマッキントッシュ、UNIX、OS／2が、オフィススイート製品については、マイクロソフトに対してロータスとノベルが、クライアント・サーバー財務アプリケーションについては、

SAPに対してオラクルが、それぞれチンパンジーに相当する。

どのチンパンジー企業も、自社技術に多大な投資をしている。だから、サルのように短期的な勝ち逃げ戦略をとるわけにはいかない。かといって、ゴリラと直接対決をして勝てる見込みはない。どうしたらいいのか。

チンパンジーとして成功する第一歩は、何をめざして戦っているのかを明確にすることだ。トルネード期にはいつも、まずは流通チャネルを確保するために戦って、満たされずにいる顧客の需要とじかにつながるルートを手に入れなければいけない。問題は、市場シェアがチンパンジーにとってどんな価値を持つのかだ。

市場シェアは売上げ量を反映するのだから、チンパンジーにとって、大きいに超したことはない。パートナーや提携企業からみても、製品やサービス供給の対象となるマーケット全体は大きければ大きいほどいい。しかし、マーケットの視点からみると、チンパンジーがある程度のシェアまで成長するのはありがたいが、それ以上は好ましくない。

メイン・ストリート市場で購入の意思決定権を握る実利主義者たちは、明確なマーケット・リーダーのほかに、いくつかの企業が一定の市場シェアを持っていてほしいと望んでいる。何かのときに、ゴリラ以外の選択肢もあったほうが安心だからだ。

けれども、ゴリラが標準規格を決める権限をなくしてしまうほどチンパンジーが巨大化するのは困る。実利主義者たちは、こぞって標準規格を支持し、すでにたくさんの製品を購入し、予算を注ぎ込み、計画を立て、アーキテクチャを構築してしまっているからだ。いまさら乗り換えなければいけないとなれば、どう考えてもコストが高くつきすぎる。したがって、ゴリラがたびたび自滅行為に走ったり、末期的な症状を示したりしないかぎり、マーケットは、一度決めたゴリラを見捨てて、新たなゴリラを選び直そうとはしない。

というわけで、ゴリラから首位の座を奪おうとするチンパンジーの前に立ちはだかるのは、ゴリラ自身ではなく、マーケットなのだ。マーケットに逆らうことはできない。

たとえば、アップルのマッキントッシュやIBMのOS／2は、パソコンOSの市場シェアの一〇ないし一二パーセント、せいぜい一五パーセントまでなら占めることを許されても、五〇パーセントを超えることは許されない。IBMがOS／2を「ウィンドウズ・キラー」に位置づけようといくら繰り返し挑戦しても、実現するはずがない。本質的に無駄な努力なのだ。

それぞれの製品の品質とはまったく関係なく、既存のパラダイムに投下された巨大な富がものを言っている。企業のIT担当部門をはじめ、ISV（独立系ソフトウェア・ベンダー）、ハードウエア・ベンダー、流通チャネルなどが、もはやゴリラの製品から離れられないのだ。もしこのバランス・オブ・パワーを覆したら、あまりにも多方面に甚大な被害が及んでしまう。マーケットがそんな事態を許すはずがない。

よって、チンパンジーが市場シェアの争いに臨むうえでの金科玉条は、「思いきって行け。しかし行きすぎるな」だ。じつは、トルネード中に縄張りを広げすぎるとまずい理由が、もう一つある。いずれトルネードが終息したあとは、縄張りを防衛するのがしだいに難しくなってしまう。その先も市場シェアを維持したければ、チンパンジーは、進化をつづける標準規格に遅れをとらないよう、たゆまぬ努力をしなければいけない。しかし、規格はあくまでゴリラの支配下にあり、ゴリラには、追ってくるチンパンジーに好意を示してやる義理などない。

たとえば、マイクロソフトをめぐって、反トラスト法違反の告発が何度もおこなわれている。匿名のソフトウェア開発ベンダー五社が共同で訴えた件（まもなく取り下げ）のほか、インテュイット社の買収案（結局、マイクロソフトが断念）などだが、こういった訴訟が相次ぐこと自体、マイクロソフトが、優位な立場を利用して、公平な競争をいかに妨げているかがよくわかる。

私の見解では、このような妨害行為を非難することはできても、撲滅することは不可能だ。第一に、ゴリラにはアーキテクチャを最善のものに修正する権利がある。どこからが権利の濫用で、ライバル排除のみを目的にした規格変更だとして糾弾すべきなのか、明確な線引きはできない。

もっと重要なことに、この状況の背後には、ゴリラのパワーよりもっと大きな力、すなわちマーケット自体のなれ合いの力学がひそんでいる。公平か不公平かにかかわらず、マーケットは、一貫した支配力を受け入れたがるのだ。特定の企業の悪習ではなく、マーケット全般の癖なので、矯正しようにも手の打ちようがない。

では、チンパンジーにできることは何か。

OS／2を例にとれば、おおぜいのコンサルタントがかねて推奨しているとおり、IBMは現時点でゴリラの野望を捨てて、どこか特定のサブセグメントに傾注し、そこで独占的なシェアを得ることをめざすべきだ。業界随一のソリューションでなければ対応できないようなサブセグメントを慎重に選ぶといい。

チンパンジーは、ゴリラの縄張りのなかでゴリラと戦ってはならない。縄張りの内部ではルールが改ざんされ、審判も買収されている。だから、もっと中立的な競技場を探す必要がある。チンパンジーならではの自由さ——つまり、特定のセグメントだけに力を入れ、イノベーションをもたらすことができる能力を活かして、まだゴリラに追従していない地域をみずからの領土にするのだ。

基本方針としては、トルネード中にボウリング・レーン戦略を実践するようなもの、と考えてもらえばいいのだが、おそらく感覚的にはしっくりこないだろう。「製品が飛ぶように売れ、満たしきれないほど需要が急増しているのに、なぜあえて、限られた数しか売れない特定のセグメントに専念するのか」と。たしかに、四半期単位でみれば、一つのセグメントを狙うより、その時々で売れそうなところへ売り込むほうが、利益が上がるだろう。だから、営業スタッフもセグメントを絞り込むアプローチには賛同してくれない恐れが大きい。

それでも、このアプローチが必要な理由は、トルネードのあとに目を向ければわかる。トルネードの最中、チンパンジーであるあなたが、行き当たりばったりの販売方法に一〇〇パーセント頼りきりで、ポジショニングの差別化をまったくおこなわなかったとすると、トルネードが終わってマーケットが落ち着きはじめたとき、あなたには引き下がる場所がなくなってしまう。それから先、マーケットを開拓するための拠点がどこにもない。

イングレスは、まさにそんな運命に見舞われた。トルネードのあいだ、オラクルに着実にリードを広げられていくことを気に病んで、その対策だけで頭がいっぱいだったため、さまざまなコンサルタントから助言があったのにもかかわらず、一つのセグメントに重点を置くアプローチなど一顧だにしなかった。「標的を絞り込んだりしたら、当面、販売数が限定されてしまい、オラクルにますます後れをとる」と感じたからだ。イングレスは、不成功に終わるとわかっていながら、なおも「打倒オラクル」の路線をひた走った。

やがて、トルネードがおさまった。マーケットは、ごく一部のベンダーのまわりに固まりだした。そのベンダーとはもちろん、まずはゴリラだ。つづいて、トルネード期よりはるかに少ないものの、ある程度の数のサル。さらに、ひとにぎりのチンパンジー。しかしチンパンジーの場合、手がけている製品に何かしら独自色があることが条件になる。

だから、分散型コンピューティングの技術に秀でていたサイベース社は、歓迎された。インフォミックス社も、あいかわらずVARとの連携にかけてはナンバーワンで、UNIXサーバー市場のローエンドをサポートできたので歓迎を受けた。ところが、イングレスはとりたてて独自の価値をみいだせなかった。存在意義が薄れ、特定のセグメントという身を寄せるよすがもなく、将来巻き返しを図るための優位性もなかった同社は手詰まりになり、消滅の道をたどるほかなかった。

マーケットのメカニズムからいって、チンパンジーがゴリラと戦っても勝てる道理はなく、戦うこと自体、はなから間違っている。正しい戦略は、ゴリラの領土から離れた辺境の地をつかみとり、業務の拠点を確保して、次のトルネードに向けて構想を練ることだ。ゴリラはおおぜいを敵に回すから、今度また逆襲の機会が訪れたときには、あなたのほうに味方が増えるだろう。

しかし、今回のトルネードがやむまでは、そうはいかない。大半の人々は、いまゴリラに反旗をひるがえすと、失うものが大きすぎる。

したがって、トルネードのなかでは、チンパンジーはボウリング・レーン戦略に立ちかえって、製品リーダーシップとカスタマー・インティマシーの組み合わせを心がけるべきだ。製品リーダーシップを高めておけば、ゴリラが満たしきれなかった需要をサルと争う際に有利に働き、たいていはかなりの額の収益につながる。

また、カスタマー・インティマシーの面では、特定のセグメントにきちんと照準を合わせておくと、その狭い範囲内でマーケット・リーダーシップを確立できるはずだ。ただし、ここでよく注意してほしい。何ら照準を合わせていないカスタマー・インティマシーは、温かい反応は得られても、戦略的資源の深刻な無駄づかいになる。

つまり、漠然と「顧客サービスがいい」だけでは、顧客からの評価は高まるものの、利益が増えるわけでも、長期的な領土が増えるわけでもない。特定のセグメント向けのホールプロダクトという、具体的なかたちでのカスタマー・インティマシーを築きあげることが、ぜひとも必要なのだ。それを築いておけば、トルネード後、市場に飢えたゴリラが侵入しようとしてきても、防護壁として作用してくれる。

トルネード期の戦い方を締めくくるにあたって、いちばん覚えておいてほしいのは、「マーケットの力は途方もなく強い。どんなベンダーが一社で抵抗しようと、たとえゴリラだろうと、とうていかなわない」ということだ。戦略上、まず優先的に考慮すべきなのは、このマーケットの力であり、競合他社ではない。とにかく、トルネードに刃向かうことは不可能なのだ。

メイン・ストリート期の戦い方

トルネードからメイン・ストリートへ移行するにつれて、売上げの超成長が止まり、いままで戦いに明け暮れていた各社は、新規顧客を獲得する戦略から、すでに囲い込んだ顧客を相手に商売をする戦略へと主軸を移さなければいけなくなる。

新規顧客がいなくなったわけではないので、この先も新規顧客をつかむ努力は肝心だ。しかし、既存の顧客に追加機能を販売することで得られる儲けのほうが大きいため、既存顧客から利益を上げるべく社内の組織再編をおこなわないと、膨大な金をみすみす手に入れそこねる結果になり、次のトルネードに参入するための資金づくりができない。

では、競争上の優位性を確保するには、力点をどこへ向けるのが最善の策なのか。

第5章で学んだ内容を思い出してほしい。メイン・ストリートの顧客は、おもに、トルネード中に配備したインフラを拡充するために金を使う。互換システムを買い足したり、古い機器をアップグレードしたりといった具合だ。いずれも、テクノロジー上のリスクは小さい。だから、IT担当部門のテクニカル・バイヤーは、メイン・ストリートでの購買決定にはさほど関心も不安も抱いていない。全社的なガイドラインの範囲内であれば問題なし、と考えているのだ。同様に、エンド・ユーザー層のなかにいるエコノミック・バイヤーも、メイン・ストリートではとくに神経をとがらせておらず、年度の予算内に収まるなら文句は言わない。

となると、関心を寄せる集団は二つだけ――一般的なエンド・ユーザーと、企業のCFO（最高財務責任者）たちだ。ＣＦＯは、高額のブランド製品よりも低価格のコモディティ製品を買って経費を抑えたいと考えて、購入担当者に働きかける。一方、エンド・ユーザーは、使い勝手や個人的な満足度を上げるため、付加価値のある製品をほしがる。クリスマスプレゼントを待つ子どものように、希望どおりの品物が届くのを楽しみにしている。

この両者の期待に応えることが、メイン・ストリートのマーケティング戦略の基礎になる。あなたがサルであれば、低価格の製品を提供して、購入担当者のニーズに応じるのが最善の策だろう。付帯的なコストを最小限に切り詰めたコモディティ製品の供給をめざし、自分たちなりのオペレーショナル・エクセレンスを確立するのだ。

もしあなたがチンパンジーなら、付加価値をアピールして、エンド・ユーザーの支持を得る。特定のエンド・ユーザーの業務をターゲットにすえ、ホールプロダクトに「プラスワン」を加えて、カスタマー・インティマシーの向上を図るのだ。

あなたがゴリラであれば、両面作戦をとれる。すなわち、ローエンドの製品でコモディティ市場に襲いかかりつつ、ニッチ向けの「プラスワン」をあれこれと取りそろえて、利益率の高い市場を狙う。と同時に、積極果敢なゴリラなら、イノベーションの創出もつづけて、サルの群れを混乱におとしいれる。事実上の標準規格を微妙に進化させていき、「顧客側は容易に対応できるものの、クローン製品をつくるには、またあらためてリエンジニアリングが必要」という状況を生み出すわけだ。そうすれば当分のあいだ、クローンは不完全となり、マーケットに受け入れられるために、さらなる値下げに踏み切らざるをえない。

この過程のなか、ゴリラの「プラスワン」で追い上げを受けたチンパンジーは、用心しなければいけない。さしあたっては、製品カテゴリーの進化のゆくえをいち早く予測して新技術を開発ずみなので、優位に立てるだろう。

たとえば、ゴリラのヒューレット・パッカードと比較した場合、チンパンジーのキヤノンは従来、実売価格三〇〇ドル以下のインクジェット・プリンタにかけては一日の長があった。ブラザーは四〇〇ドル以下のレーザー・プリンタで、レックスマークは１２００ｄｐｉの出力解像度で、それぞれヒューレット・パッカードをリードしていた。同様に、ゴリラのコンパックに比べ、チンパンジーのデルやゲートウェイは、価格競争力の面で先行しており、コンパックの既存顧客ベースにかなり食い込んだ。

しかし以上のどのチンパンジーも、「プラスワン」を達成したぶん売上げ急増に恵まれたものの、いったんゴリラに追いつかれたあとは、市場シェアを維持できなかった。

メイン・ストリート全般に共通する心得は、「製品リーダーシップではなく、オペレーショナル・エクセレンスおよびカスタマー・インティマシーが成功要因である」ということだ。価値ある低価格製品をつくり出すのはオペレーショナル・エクセレンス、「プラスワン」でマーケットを開拓する戦略はカスタマー・インティマシーに相当する。

これに対し、製品リーダーシップは、ごく一時的な市場シェア獲得にしかつながらず、多額の経費を要するわりに、長期にわたって頼れる武器にはならない。つまりコストに見合わない。それならむしろ、「プラスワン」のニッチ・マーケティングに資金を投じて顧客を囲い込む、あるいは研究開発に投資して次のパラダイムシフトに備える、といった方策が賢明だ。

メイン・ストリートでの市場競争の基調をなすダイナミズムは、ゴリラではなくサル、すなわちクローン製品の供給ベンダーが決定づけている。サルは、マーケットの最安値を設定することで競争のルールを決める。この価格が、実質上、他社にとっての目標となる。もし他社が反応を示さず、エンド・ユーザーが購入決定にかかわらないのなら、サルの勝利が確定し、CFOや購入代行業者も胸をなでおろす。

もし、ここでチンパンジーがサルを負かしたければ、追加機能など、価格以外の要素を購入の判断基準に割り込ませて、戦いの場をほかへ移す必要がある。購入代行業者はなにせやり手だけに、そういった「プラスワン」を無視したり、無料で追加すべきだと要求してきたりする。よって、チンパンジーとしては、エンド・ユーザーを購入決定に関与させて、自分たちの味方につけなければいけない。

ボウリング・レーンでは、エコノミック・バイヤーを味方にして、導入の手間を嫌がるIT担当者の口を封じ、コスト節減の意義のほうが大きいことをアピールした。しかしメイン・ストリートでは、そこまでの節減効果は保証できないし、流通チャネルに金を払ってエコノミック・バイヤーの関心を引いても割に合わないだろう。戦略を切り替えて、低コストの間接的なコミュニケーション——広告、マーチャンダイジング、ダイレクトメールなど——にしだいに重点を置き、エンド・ユーザーに直接、自社製品の強みを訴えかける必要がある。

このように、コストの低い間接的なルートを通じてカスタマー・インティマシーを得ることが、メイン・ストリート市場で成功するためのコア・コンピタンスになる。一見すると、矛盾しているように思えるかもしれない。「間接的な接触では、インティマシー（親密さ）など築けないのではあるまいか」と。だがじつは、芸術家が何世紀も前から利用し、一般消費者向けパッケージ商品のマーケティングでも実践されている有効な手法がある。「共同幻想」だ。

コモディティ商品を割高な価格で売って成功しているさまざまな企業を眺めれば、共同幻想のメカニズムはすぐに理解できるだろう。ソフトドリンク、歯磨き粉、朝食用シリアル食品、体臭防止剤、万年筆、ランニング・シューズ、煙草など、幅広い分野に思い当たる例があるに違いない。

これらの商品の広告キャンペーンで、実用的な価値が大きく取りあげられることはまずない（そもそも、実用面では他商品とまったく差がないケースもある）。代わりに、文学的な香りのするありったけの効果――美しい景色、魅力的なキャラクター、ちょっとした興味深い筋立て、インパクトの強い画像など――を盛り込んで、それらの要素に共感するニッチ顧客を引きつけている。

その商品を購入した顧客は、もちろん、コモディティとしての本来の利用価値にあずかるわけだが、同時に先刻ふと味わった共感を再確認し、自分が価値を感じるものはこれだ、自分が属している社会階級はここなのだと、自身や世界に対して語りかけるすべを手に入れることになる。

もっとも、この仕組みは前々からよく知られているはずだ。問題は、ハイテク業界にどう活用できるかだ。メイン・ストリートより前の段階では、活用方法はないに等しい。信頼性、互換性、使いやすさ、投資収益率など、実用上の不安要素が多すぎて、顧客にはまだ幻想を楽しむゆとりがない。しかし、メイン・ストリートまで達すると、標準規格が決まり、ホールプロダクトが本格的にコモディティ化されるので、おのずとチャンスが生まれてくる。

具体的にどう進めていけばいいのか、確かなところはまだ明らかではない。共同幻想は、一般消費者向けパッケージ商品のマーケティングで多用されすぎて、以前ほど効果がなくなってしまった。レベルの高い購入者は、もはや広告を信用せず、販売側のもくろみに乗ってくれない。しかし、購入の是非を決めるときには、自分がその製品を使いこなせるかどうかを想像するはずで、その際には、ベンダーから参考となる手がかりをもらいたいと考えるだろう。

ハイテク機能自体は漠然としているものが多いため、実際に使っているところを思い浮かべやすくしてやることが、エンド・ユーザーの心をつかむカギになる。たとえば、マッキントッシュの「アイコン」その他や、電子メールソフトの「受信箱」などのメタファーが好例だ。これまた一種の共同幻想であり、ハイテク製品を普及させるうえでは不可欠といっていい。

以上をまとめると、「間接的なコミュニケーションを通じて共同幻想を生み出し、エンド・ユーザーとのカスタマー・インティマシーを築くことが、ハイテク業界でイノベーションを顧客に売り込む場合の豊かな土壌になる」ということだ。このテクニックに長けた企業は、優れたマーケティング素材のおかげで、メイン・ストリートで当面（おそらく、その後も）競争上の優位性を握ることができる。

ハイテク業界では長らく製品ベースの競争がつづいてきただけに、こんな興味深い疑問がわくにちがいない。「そうしたマーケティング素材のなかでは、比較対照のライバルを誰に設定すればいいのか」

現実の競合相手であるサル、知名度の劣る会社の名前を出してわざわざ宣伝してやる必要などない。かといって、ゴリラやほかのチンパンジーの名前を引き合いに出したら、せっかく囲い込んだ顧客にライバル他社の存在を思い出させて、自分の首を絞めるはめになる。これもばかばかしい。

基本的に言えば、メイン・ストリートで名指しすべきライバルは、あなた自身だ。マーケティングにおいては、自社の従来製品を比較の対象にする。比較表に重みが出るうえ、現行製品がいかに進歩しているかを示すことができる。その後、外部からライバル製品が入ってきたとしても、あくまで自社のアーキテクチャの枠組み内で、現在と過去を比較しなければいけない。

「競争心過剰」に注意を払う

以上、テクノロジー・ライフサイクルごとに、競争優位を得るための戦略について述べてきたが、このあたりで締めくくるとしよう。

すでにおわかりのように、決定的な成功要因——トレーシーとウィアセーマが使っている用語でいえば、「カギとなる価値基準」——は、ボウリング・レーンからトルネード、さらにはメイン・ストリートへと進むにつれて、めまぐるしく変化する。そのせいで、マーケット内でもベンダー社内でも、コミュニケーションに支障が生じやすい。第9章と第10章では、そういった問題を取りあげていく。

だがその前に、競争力に関してもう一つ触れておきたい側面がある。事態が間違った方向へ迷い込んだときに表面化する、「競争心過剰」とでも呼ぶのがふさわしい傾向だ。

中世の西洋文学には、一人の麗しい女性を手に入れようと、騎士たちが命を賭けて決闘する物語がたくさんある。これぞ本物の戦いだ。一読すると、その女性への愛を究極のかたちで表現しているように感じられる。

だが、物語を深く味わうほど、じつは騎士たちが、その女性よりも、はるかにおたがいに対して大きな関心を持っていることがわかる。ページをめくるたび、双方の武器、馬、戦い方、せりふなどが書き連ねられて、肝心の女性については、最後に「その後、幸せに暮らしました」と結末が描かれているにすぎない。

要するに彼女はたんなる口実にすぎず、騎士たちは、何よりも大好きな行為——敵を叩きのめすこと——をしたかったわけだ。

悲しいかな、私たちも、マーケティングの努力をするうえで同じ轍《てつ》を踏みやすい。口先では「お客様本位」と言いながら、じつのところはライバルを倒すことばかり考えて行動してしまう。広告にしても、顧客にどれだけ役に立つかより、他社に比べていかに優れているかを中心にする。

また、ターゲット顧客のニーズよりも、ライバル企業の現行製品（あるいは発売予定の製品）を意識して、新製品を計画する。ターゲット顧客の要望に合わせてパートナーを選ぶのではなく、よそに先に奪われてなるものかとばかり、めぼしい相手に提携を申し出る。その結果、私たちはいま、顧客よりも競合他社について詳しい。業界用語にも発想にも、その事実がにじみ出ている。

なぜこれほど自滅的に振る舞ってしまうのか。いったいどうして、ライバルの打倒が、顧客に奉仕するという目的より優先されてしまうのか。その原因は、たいていの場合、「負けるのが怖い」からだ。恐怖心がエスカレートして、ほかの目標すべてを上回り、やがて「競争心過剰」の状態に陥る。

もっとも、ある種の経営スタイルは、これを引き起こすことをあえて狙っているし、とにかく売りまくるのが肝心なトルネード期には、劇的な好結果を生むこともある。しかし、そういった特殊な例を除けば、競争心過剰は企業を脱線させる忌むべきものだ。これを回避する方法は、業務部門によって異なる。

【営業スタッフの競争心過剰】

営業部門では、何としてでもすべての契約を勝ち取ろうとする気持ちが、競争心過剰を招く。いま交渉中の契約のほかは何も目に入らなくなってしまい、そのせいで、社内のあらゆる資源が危険にさらされ、空中分解していく。これでは成功は望めない。

本来は、戦略上のターゲット顧客と、たまたま行き当たった潜在顧客とを区別して、後者を獲得するための資源は控え、そのぶん前者の獲得に力を入れるべきだ。そもそも、狙いを定めて投資し、特定の顧客層のあいだで市場シェアを増やすところにこそ、マーケティング戦略の最大の意義がある。

にもかかわらず、競争心過剰の営業スタッフは、正しい戦略を推し進めようとしない。どの戦いにも勇んで出かけ、マーケティングが悪いから必要な武器がそろわないと文句を垂れる。しかし、どんな企業であれ、あらゆる競争に向けて営業スタッフに武器を支給するほどの余裕はない。そのうえ、敵が指定した武器を使い、敵の縄張りのなかで戦うのでは、痛手を負って当然だろう。

事態を打開する唯一の方法は、マーケティングの姿勢をただし、自分で縄張りを線引きできる新規の市場機会に注力することだ。競争心過剰な営業スタッフには、初めのうち、選択の余地を与えずに、ターゲットをあらかじめ細かく指定してやるとよい。標的とするマーケットのなかでホールプロダクトの優位性を確立できるように、十分にマーケティング・プランを練りあげたあと、営業スタッフに伝えるのだ。

ライバルの主導ではなく、みずからの主導による懸案が山積みになってくれば、営業スタッフも戦略的なターゲット顧客を優先しようという気になるはずだ。だがそうなるまでは、営業スタッフから不満や怒りをぶつけられても、我慢しなければいけない。

【エンジニアの競争心過剰】

エンジニアリング部門では、ライバル製品の機能を意地でも上回ろうとする気持ちが競争心過剰を招き、自分たちのターゲット顧客がそんな機能を必要としているのかどうかを忘れてしまう。これもまた、成功につながるはずがない。顧客の満足度を上げることに投資するのが正しいアプローチだ。もしかすると、非常に根気のいる作業になるかもしれない（たとえば、市場に出回っているファックスモデム全製品に対応できるよう、自社のインターネット・ソフトウェア向けのドライバを追加していく、など）。あるいは、本質的に気の進まない作業になるかもしれない（コストや複雑さを軽減するため、既存の機能を削る、など）。

そのような煩雑な作業をやりたくないばかりに、競争心過剰なエンジニアは、競争心過剰な営業スタッフと同盟を組む。営業の連中が常日ごろ、「うちの製品が売れないのは、他社製品より機能が劣るせいだ」とぼやいているからだ。双方が意気投合して、新製品の開発や販売に取りかかる。ところがこれまた顧客の支持を得られず、仕方がないので、今度はマーケティング・スタッフに責任をなすりつける。マーケティング部門は、そんな新製品など開発を頼んだ覚えがないから、当然、意図が食い違っている。

このようなケースの改善策は、研究開発とマーケティングの足並みをそろえることだ。自分たちはいまライフサイクルのどこにいるのか、優先事項は何なのか、部署の垣根を越えて相互の見解を一致させる。エンジニアはシステム分析が得意だから、エンジニアの視点に沿った場所に目を向けて、そこに市場機会が存在すれば、まさしく意見を交換した甲斐があったということになる。こうした部署間の協力は、きわめて高い生産性につながる可能性を秘めている。

【マーケティング・スタッフの競争心過剰】

マーケティング部門も、下手をすると競争心過剰に陥って、提携、流通、価格設定、ポジショニングなどを誤りかねない。元凶はいつも、「自己優先」の姿勢がいつの間にか「自己独占」に変わってしまうことだ。価格交渉やマージン交渉に失敗するのが典型的な例だ。パートナーがとうてい受け入れがたいような条件を押しつけようとしてしまう。よく言えば強硬策だ。

ところが、オープンシステム市場では、この種の強硬策は災いと化す。必要なパートナーや提携企業が手を引いてしまったら、エゴに溺れたベンダーは、独力でバーティカルな統合を試みるほかないが、これは間違いなく失敗に終わる。なにしろマーケット側は、オープンな環境下で最良の製品を選びたがっているわけで、一社独自のソリューションには魅力を感じない。

もちろん、ほかの提携相手を探す道もある。先のしくじりで懲りていれば、もとの路線に戻れるだろう。しかし、あいかわらず競争心過剰から強硬策に出るようならば、やがてマーケットから愛想を尽かされ、縁を切られてしまう。たとえゴリラであろうと。

本書の前のほうで、トルネードをコントロールしようと試みた失敗例を挙げておいた。ソニーのベータ方式ビデオ、ＩＢＭのマイクロチャネル、アドビのポストスクリプト・レベル3がたどった運命を思い出してもらいたい。いずれも、マーケットに嫌われたあげく、消滅したり、旧規格に逆戻りしたりした。大失態の代償はあまりにも高くついたわけだが、これらはすべて、競争心過剰のマーケティングが原因だった。

まとめ――ライフサイクルにおける成功要因

競争上の優位性の問題は、経営陣がとくに大きな関心を寄せるテーマであり、超成長市場のなかでは戦略を誤りやすいので、あらためてまとめておこう。全体にわたって肝心な点は、次のとおり、ライフサイクルに応じて、各段階で成功要因が異なることだ。

ボウリング・レーン期　製品リーダーシップ、カスタマー・インティマシー

トルネード期　製品リーダーシップ、オペレーショナル・エクセレンス

メイン・ストリート期　オペレーショナル・エクセレンス、カスタマー・インティマシー

●ボウリング・レーン期には、技術上の長所を前面に出して、既存のソリューションとの差別化を図る（製品リーダーシップ）。また、特定のセグメントに照準を合わせて、同様の他社製品と差別化する（カスタマー・インティマシー）。

●トルネード期には、あなたがゴリラ、サル、チンパンジーのどれなのかによって、競争上の戦略が変わる。

▼ゴリラは、オペレーショナル・エクセレンスを活かして、製品を大量に出荷し、できるかぎり多くの新規顧客を獲得するとともに、ユニットあたりの製造原価を下げる。この成果を、マージンを増やす方向に向けてもいいし、顧客に還元して市場シェアを拡大する方向に使ってもいい。同時に、新製品を続々と出して製品リーダーシップをみせつけ、顧客を手放さないようにしたり、ライバル企業をあわてさせたりする。

▼サルは、低価格を武器にする。サルにとってのオペレーショナル・エクセレンスとは、付帯的なコストをぎりぎりまで削減することにある。製品リーダーシップは追求しない。テクノロジー面でサルに必要な強みは、あくまで迅速かつ正確なリバース・エンジニアリングだ。

▼チンパンジーは、自社なりの製品リーダーシップを発揮してゴリラと戦う。ただし、それだけでは長期的な競争優位を維持できない。マーケット側が、ゴリラの製品を事実上の標準規格と

してひいきするからだ。長きにわたる優位性を得るためには、ボウリング・レーン戦略に立ち返る必要がある。トルネード期でありながら、特定のセグメント向けのホールプロダクトをつくって、カスタマー・インティマシーを高め、ニッチ市場におけるリーダーシップをいくつも手に入れていく。

●メイン・ストリート期には、継続的に競争優位を保つ手段が二種類ある。低価格のコモディティ製品を販売する方法と、ニッチ向けに割高なブランド製品を提供する方法だ。サルには前者が、チンパンジーには後者がふさわしい。ゴリラなら、両方手がけることも可能であり、ぜひそうすべきだろう。

●競争心過剰な行為は、競争心がないのと同じくらいたちが悪い。本来の戦略目標は、ゲームに勝つことであり、ライバルを打ち負かすことではない。この二つが一つに重なるのは、トルネード期だけだ。

ここまで取りあげたさまざまな問題点はすべて、競争上の優位性に応じてパワーが分配されることに原因がある。前章では、パートナーシップにからむパワーの分配を取りあげた。次の章では、マーケット内でパワーの「位置」がどう影響を及ぼし合うのかをみていこう。つまり、「ポジショニング」の重要性がテーマになる。

第9章

間違いだらけのポジショニング

マーケットにおける六つのポジション

ポジショニングは、ビジネス戦略のなかでも非常に誤解が多い。その原因はさまざまで、深い理由もあれば、つまらない理由もある。

私が思うに、最も抜本的な病根は、「ポジショニングは自社のみの問題である」という考え方だろう。そうではなく、「二つの相関システムのなかで、自分たちはどこに位置するか」だととらえなければならない。「二つのシステム」は、私たちが現れる以前から存在し、私たちなしでも何ら問題なく機能する。具体的に言えば、左記のようになる。

①顧客が利用できる、購入の選択肢のシステム
②マーケットをかたちづくる、企業の相互作用のシステム

①のシステムに関してどのようにポジショニングすべきかは、すでに数多くの書籍にしるされているので、ここでは②に絞って話を進めていこう。

②のシステムとは、もちろん、①のシステムを掌中に収めるための手段だ。つまり、マーケットを形成する企業群のなかに身を置かなければ、獲得したい顧客に手が届くはずがない。融資を受けるにしろ、流通チャネルとつながるにしろ、パートナーや提携企業と協力してホールプロダクトをつくるにしろ、まずは、複数からなるマーケット・メーカー（市場の枠組みを決めている企業）との関係を構築しなければならない。では、どのようにかかわれば成功につながるのか。

まず最初に、マーケット・メーカーが特殊な精鋭集団というわけではないという点を理解してもらいたい。それはたんに、市場ですでに成功を収めている企業をさす。目下のところ、そういう企業は、供給連鎖や価値連鎖のなかでたがいに結びつき合いつつ、ホールプロダクトを顧客に送り届け、利益を得ている。だから、私たちがこれからどんな行動を起こすにせよ、必ず多少なりともからんでくる。

私たちは、マーケットのなかで既存の連鎖を拡張したり、新たな連鎖を生み出したりするわけだが、どちらの場合も、おのずと他の企業がかかわってきて、協力関係を結ばざるをえない。また、既存の連鎖に戦いを挑んだり、新しい連鎖で役割の交代を狙ったりする場合は、いやおうなしに他企業を敵に回す格好になる。

どんな企業であれ、単独でマーケットを形成し、機能させることなど不可能だ。だから、市場に参入する際はもちろん、継続的に成功していくうえでも、少なくとも一部のマーケット・メーカーと手を結ぶ必要がある。端的に言えば、これは一種のパワー構造である。ポジショニングの最初の目標とは、この構造のどこかに自分の立ち位置を確保することだ。

一般的なマーケットのパワー構造における立ち位置は、おおざっぱにまとめると下図のように四分割される。製品とマーケット、既存と新規、という二つの軸にもとづくこの四分割図は、ふつう、戦略的な市場参入や投資の判断をおこなうときに使われる。しかし、そういった意思決定に影響する要因は、ポジショニングにも大きな影響を及ぼすので、自由市場におけるパワー構造を理解するときにも役立つものだ。

【保守主義者】

左下の区画では、既存のマーケットが、既存の企業のおなじみの製品によって占められている。ここにひしめく企業は、市場シェアに応じて序列

マーケット・メーカーの視点からみた市場構造

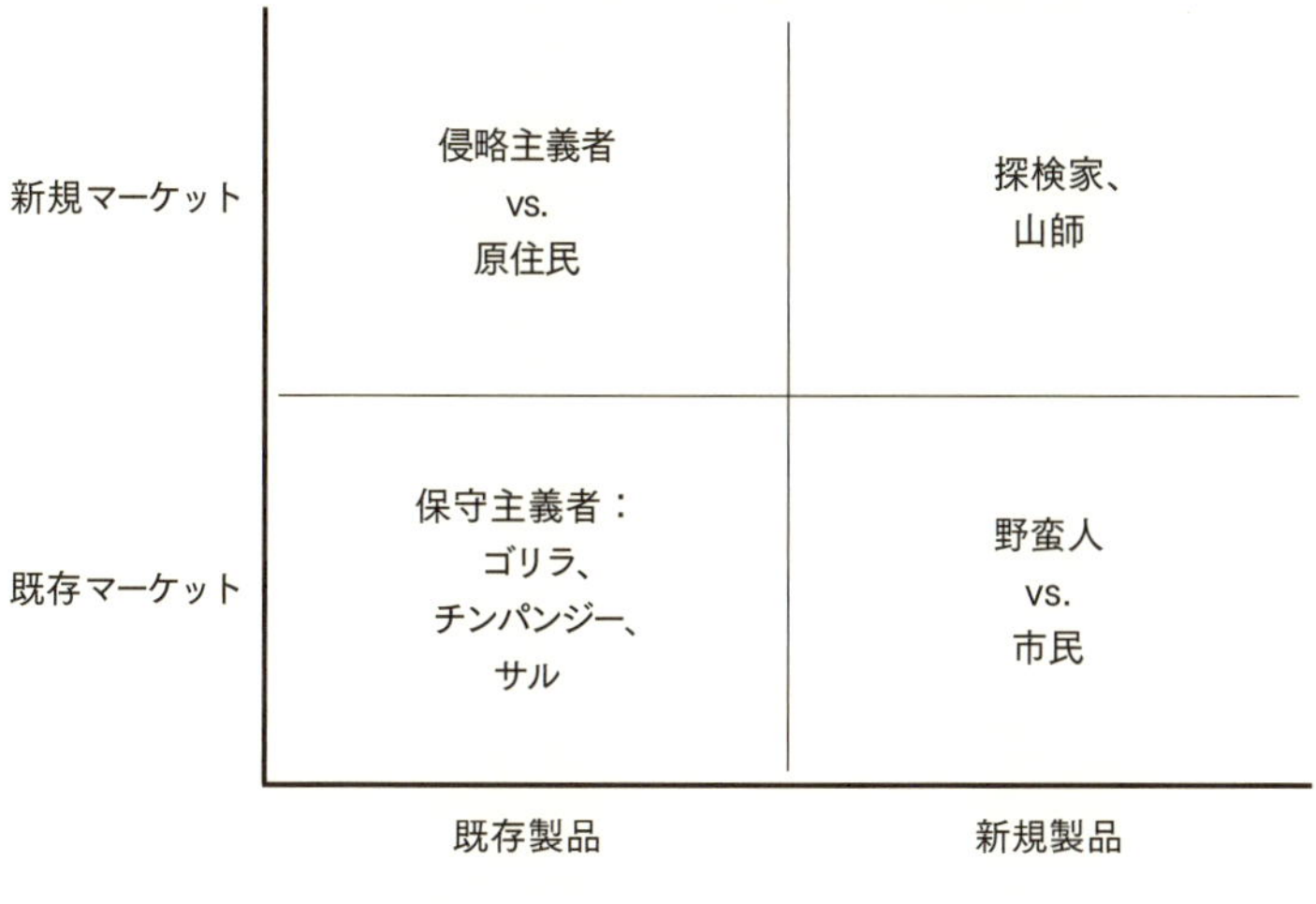

化される。前章で述べたとおり、上位から順にゴリラ、チンパンジー、サルだ。この区画はトルネード期間中に誕生し、メイン・ストリート期が終わるまで、マーケット全体の中心的役割を果たす。いつの時点でも巨額の富がうごめいているこの区画での力関係はきわめて重要であり、変化が起きていないかつねに注目を集める。市場内のクチコミで名前が挙がるのも、もっぱら、ここに属する企業なので、どんな発言があったか、どんな新顔が参入したかなどが、マーケットの動向に大きな影響を与える。

これらの企業はすでに供給連鎖や価値連鎖を確立しているから、新規参入するベンダーは、味方ではなくライバルとみなされる。そのうえで、すぐさま規模に応じて分類され、分類にふさわしい扱いを受けることになる。

マーケットに好意的に迎えられる新規参入組があるとすれば、クローン製品によって従来より安い価格帯を実現するサルだろう。ローエンドの流通チャネルは、いままで以上に安い代替品をつねに求めているからだ。低価格製品を宣伝して店に客を呼び寄せ、できればそのあと、同じ陳列棚にあるゴリラやチンパンジーのもっと高い製品を売りつけたいと考えている。どのみち、サルの製品に割り当てられる棚スペースはわずかだし、新規参入のサルは既存のサルと置き換わるだけで重要な意味をほとんど持たないため、ゴリラやチンパンジーは何ら脅威を感じない。

ここの区画でもっと大きな混乱が起こるのは、隣接するマーケットのゴリラが侵入してきて、もとからいたゴリラに挑戦状を叩きつけるケースだ。その場合、保守主義者のポジショニングをとる企業すべてがリスクにさらされる。

新しいゴリラが勝利した場合は、古いゴリラが退場するわけではなく、全員の序列が一つずつ繰り下がるかたちになる。この際、小さなチンパンジーがサルに変身しきれず脱落することが多い。たとえば、ECAD（回路設計用CAD）ソフトウェア市場でケイデンス社がメンター社に挑んだとき、デイジー社やバリッド社などがポジションを落とし、やがて姿を消した（バリッド社はケイデンス社に吸収された）。

だから、ほとんどの既存企業にしてみれば、新しいゴリラが勝利しないほうがありがたい。新しいゴリラが敗れた場合は、チンパンジーにならずに全面撤退する可能性が高い。たとえばコンパックは、パソコン向けプリンタでヒューレット・パッカードに挑戦して敗北すると、完全撤退を決めた。はらはらしていたチンパンジー各社――キヤノン、レックスマーク、エプソンなど――は、胸をなでおろした。もしコンパックが居残りを決め込んでいたら、チンパンジーの陳列棚は従来より狭くなっただろう。

要するに、保守主義者の区画における競争はゼロサム・ゲームだ。マーケットが支えられるポジションの数は一定であり、どこかの企業が参入したり序列を上げたりすれば、ほかのどこかが犠牲にならざるをえない。たいてい、変化は悪い結果をもたらすので、その名のとおり、メンバーは保守主義に徹したがる。

【探検家と山師】

右上の区画は、初期市場への新規参入を意味する。先ほどの保守主義者からみれば、ここに属する企業は害にも益にもならない。「まあたいがい、キャズムで挫折するだろう」と考えながら、しかし、「ひょっとすると、金鉱を掘り当てるかも」という思いも心の片隅に抱きつつ、好奇と興味の入りまじった目で見守ることになる。

この区画の企業には、二つのタイプが存在する。技術的な探求心に突き動かされている「探検家」と、一攫千金をもくろむ「山師」だ。当面、どちらにもパワーはないが、万が一、山師が金塊を見つけ、鉱脈の見取り図をたずさえて下山した場合は、状況が一変する。

本書の執筆時点では、ビジョニアがこの区画にいる。同社は、煙草のカートン箱ほどの小型スキャナーを開発した。キーボードとパソコン本体のあいだに収まるサイズだ。パソコンで処理中の仕事に、紙の書類を組み合わせたくなったとき、この機器で書類を読み込めば、画面上にビットマップ画像として表示される。あとは、その画像をファックス・アイコンへドラッグするだけで、誰かにファックスで送付できる。電子メールに添付したり、ワープロ文書に挿入したりもできるほか、OCR（光学式文字認識）ソフトによって文字データに変換し、修正を加えることも可能だ。紙と画面を橋渡ししてくれる、じつに魅力的な道具といっていい。

このビジョニアの製品は、コンパクトな形状という点で「新規製品」であり、一般的なパソコン・ユーザーを対象としているので、「新規マーケット」への参入とみなせる。よって同社は、金塊を町に持ち帰ってきた「山師」に分類できる。ほかのスキャナー・メーカーは、いまのところ、静観を決め込んでいる。初期市場で何か異変が起こった場合、メインストリーム市場はいつも、ひとまず観察を続ける。「あの金塊らしきものには、本当に金が含まれているのだろうか」と、分析結果が出るのを待っているわけだ。

もし、ごく初めのサンプルが「本物」と鑑定されたら、保守派の企業は腰を上げる。その点で、ビジョニアの立場はきわめて危うい。初期市場における通常の例とは違い、参入障壁がほとんどないからだ。スキャナーのハードウェア技術はすでに広く普及しているし、このホールプロダクトのほかの部分も、ソフトウェアを除けばすぐにでも調達できる。つまり、同社のソフトウェアは金脈への道筋を示す地図に相当する。残る問題は、このソフトウェアの動作を見た競合他社が、そっくりの地図をつくって、ビジョニアより先に金鉱までたどり着けるかどうか（そもそも、それを試みるかどうか）だ。ビジョニアは、早く金鉱を囲い込み、他社の可能性をきっぱりと断たなくてはいけない。

この例でわかるように、初期市場の区画では、知られざる手つかずの富の源泉を支配できるか否かというただ一点が、パワーの掌握につながる。ここに君臨する企業は、マーケットを熟知したテクノロジー・リーダーだが、ただし次の二つの疑問がつきまとう。

①本物の洞察力を持っているのか。
②もし持っているとしたら、保守主義者が飛び入りしてくる前に、ポジションを確保できるか。

一般論を言えば、保守主義者の持ち場から離れていればいるほど、探険家や山師の身は安全だ。たとえばロータスのノーツは、当時人気を集めていたどんな製品とも違っていたため、長い熟成期間を持つことができた。しかし、「ノーツの父」レイ・オジーの先見の明が本物だったと証明されたいま、次なる焦点は、ロータス（すでにＩＢＭが吸収ずみ）は、自社の縄張りをマイクロソフトやノベルから守ることができるかどうかにある。

分は悪いが、現在までのところは道を踏みはずしていない。一つ問題があるとすれば、ノーツのアプリケーションがあいかわらず複雑すぎる点だろう。トルネードの上昇気流に乗り、さらなる高みに上るためには、ホールプロダクトのコモディティ化にもっと力を注ぐべきだ。とはいえ、これはいたって明快な課題だから、ノーツはわりあい安定したポジションにあると言える。

これに対し、残る二つの区画におけるポジションは、本質的に不安定だ。「既存製品が新規マーケットへ参入する」「新規製品が既存マーケットへ参入する」のどちらかであり、いずれにせよ、新旧のパワー構造が摩擦を生じる。

どちらのケースも、保守派企業が当初から直接関与する。保守派は、おおげさに言えば資本帝国主義に根ざしているだけに、新しいマーケットへ領土拡大するのを当然の宿命と考える。そのせいで侵略主義者と原住民の争いが生じる。一方で、保守派以外の企業がよその領地に侵入する場合は、無謀を承知の襲撃に近く、野蛮人と市民の攻防に似た様相を呈する。

【侵略主義者 vs. 原住民】

まず、新規マーケットにおける侵略行為に目を向けよう。ここでの力関係は、どの保守主義者が最初に新世界を侵略し、マーケットのリーダーシップと市場シェアを確保したかで決まってくる。

たとえばリレーショナル・データベース市場では、現在、インフォミックスが中央ヨーロッパで急成長している。同社は、シーメンスと長らく密接な関係を結んでおり、それをもとにドイツで基盤を固め、さらに中央ヨーロッパへ進出した。しかし日本では、インフォミックスが先鞭をつけたにもかかわらず、まともな市場シェアを確保できず、新日本製鐵とのつながりを利用したオラクルに追い抜かれてしまった。

保守主義者に属する企業は、新規マーケットでシェアを伸ばすと、既存の序列の内部でも上昇傾向を示す。たとえば、IBM、コンパック、アップルといった保守派のいるパソコン業界で、一九九四年、パッカード・ベルが業界第四位に躍り出て、衆目を驚かせた。同社はそれまで、いたって特徴のないクローンを販売するベンダーとして知られ、サルか、せいぜい小柄なチンパンジーのはずだったが、快進撃はなおもつづき、翌年前半になると、出荷台数で業界第一位に立った。「なんたることだ。こいつはどこから現れたのか」と、保守派は色めきたった。じつは、他のベンダーが、コストコ社やプライス・クラブ社といった大手ディスカウント・チェーンへの供給を避けたのに対し、パッカード・ベルは積極的に供給をおこない、オペレーショナル・エクセレンスに焦点を当てて、驚くべき最低価格を実現するとともに高品質を維持していた。これにより、おもに、家庭用や小規模オフィスにパソコンを初めて購入するレイト・マジョリティーの心をつかみ、新規マーケットにおけるポジションを確立することができたのだ。

保守派の企業は、既存マーケットで力関係を支配しているだけに、新規マーケットへも参入しやすいが、ときおり原住民から非常に強い抵抗を食らう。たとえば、ペンティアム・プロセッサの数理演算のバグが明らかになったとき、インテルの対応をめぐって、インターネット上でたいへんな非難の嵐が巻き起こった。インターネットにいる「原住民」が、インテルの横暴な態度に真っ向から抗戦したといえる。あまりのすさまじさに音を上げて、頑固で有名なＣＥＯアンディ・グローブでさえ、さすがに自社の非を認めた。

【野蛮人vs.市民】

よい方向か悪い方向かは別にして、侵略主義の区画から生じた力関係は、保守主義者の序列を少しずつ変えていく。ふつうは、さほど唐突な変化ではないが、第四の区画（新規製品が既存のマーケットに参入し、いわば野蛮人と市民が抗争する区画）では、そう穏やかには事が進まない。

たとえば、一九八〇年代初頭、ミニコンピュータが革命を起こし、メインフレームのベンダーに襲いかかった。一九八〇年代中盤には、パソコンが、ミニコンピュータのオフィス・オートメーションの分野を襲撃。一九九〇年代に入ると、クライアント・サーバー・アプリケーションが、従来型のアプリケーションを急襲した。どのケースでも、新規製品が既存マーケットの中心を攻撃し、保守派企業を敗走させて、あらゆる力関係を混乱に陥れた。新たなトルネードが、破壊的なパワーを発揮したのだ。

わかりやすい例として、パソコンがオフィス・オートメーションをどれほど急激に変えてしまったか、考えてみてほしい。パソコンが登場する以前に幅を利かせていた、スミス・コロナ、オリンピア、レミントン、オリベッティ、ＩＢＭセレクトリックなど各社のタイプライターは、いまや遠い記憶の彼方へ押しやられてしまった。かつてはオフィス機器の代名詞だったにもかかわらず、現在ではせいぜい、宅配便ラベルやカーボンコピー用紙に印字するときぐらいにしか使われていない。

ある製品カテゴリーが別のカテゴリーへそっくり移行したとき、どれほど大量の金が動くか、想像してみてほしい。しかも、オフィス・オートメーションの変革はまだ終わっていない。今日では、ファックス機とコピー機が危うい時期にさしかかっている。

新たなトルネードが発生するたびに、価値連鎖と供給連鎖が再構成され、膨大な富が移動する。昨今は、ビジネスにおいて史上最大規模のパワーの移行が進んでおり、いまどこにポジショニングするかが、まさに企業の死活問題につながる。

しかし、革命だからといって保守派企業に勝ち目はないなどと決めつけてはいけない。一九八〇年代末、インテルは、いまや語り草になっている「オペレーション・クラッシュ」という幻惑作戦を使い、モトローラの「68000」シリーズの挑戦を退けたが、そのあとも、多種多様なRISCマイクロプロセッサから集中砲火を浴びた。こうした「野蛮人」の襲来にもかかわらず、インテルはマーケット・リーダーの座を守り抜いた。その秘訣は何だったのか。

土台となるホールプロダクトが健全で、かつ、新世代の製品を次々に投入して挑戦者の製品の優位性を打ち消していけるのなら、保守派企業が現状を維持することは可能なのだ。息も絶え絶えの敵たちを尻目に、インテルは毎年、多額の黒字を記録した。それだけの底力がある同社は、パラダイム・シフトの流れを活かして、脅威を排除できた。

マーケット・メンバー同士のポジショニング

ごく簡単にまとめると、マーケットのインフラ内には複数のポジションが存在し、保守派企業、すなわち、既存マーケットで地位を確立ずみの企業とのあいだで、それぞれ関係性が異なっている。現在の富および将来の可能性に加え、既存勢力に迎合するのか対抗するのかといった違いによって、あらゆるポジションがおのずと決まる。

新規参入企業が出現すると、マーケットはただちに、その企業がどこの区画に属するかを決定し、つづいて、区画内でいままで説明した役割のどれかを当てはめる。ポジションが定まると、マーケットにいるすべての企業が、この新規参入企業にどう対応すべきかを把握できるので、各社間の関係がふたたび予測可能になって安定する。

さて、マーケットのインフラのなかにどんなポジションがあるかがつかめたところで、次は、あらためてポジショニングについて検討にかかろう。まず第一に、ポジショニングの目的は何か。第二に、その目的を達成するため、どのようにコミュニケーションを図れるか。

マーケットのインフラ内でポジショニングをおこなう目的は、もちろん、自分にふさわしい位置を確認することにほかならない。価値連鎖を生み出したり強化したりする能力、取って代わりたい競合他社の現在におけるポジションなどが、位置決めの要因になる。

もともとマーケットには、新参企業をライバル視する性質と、温かく迎える性質とが併存していて、従来のビジネス処理をもっと効率的にこなす方法があれば採り入れたいと、つねに探している。と同時に、新たな収益の源泉も求めている。このどちらかを提供できそうな新参企業なら、前向きな関心を寄せる。もしそうでなければ、マーケットにとってどれほどの脅威なのかという視点からしか目を向けない。

要するに、あなたがどれだけのマネーフローに影響を与えるかによって、ポジションが確定する。マーケットのほかのメンバーは、あなたがシステム全体のどこに適合するかを判断してポジションを与え、その後、あなたの発言やそれを裏付ける実際の行動をみて、判断の適切さを確認する。とかく懐疑的になりやすい昨今、信用はきわめて貴重な財産だ。一度失うと取り戻せないから、できないことをできると言ってはいけない。

以上の原則を実際に当てはめて、まず、自分がどの区画にふさわしいかを見定めてほしい。あなたの現在や将来の可能性を正しく理解してもらうためには、保守主義者のメンバー（ゴリラ、チンパンジー、サル）になるのがいいのか、あるいは、侵略主義者、原住民、野蛮人、市民、探検家、山師のいずれが似つかわしいのか。それに応じて演じる役割が違い、力関係も今後の提携も競合相手も、まったく異なってくる。だから、マーケットの誰もがあなたの立場を知りたがる。

もしどの分類にも当てはまらないなら、どんな特殊なポジションなのかを明確に示さなければいけない。さもないと、他企業に「どうせ長くは生き残れない会社だから無視しよう」と思われて、埋もれたまま終わってしまう（マーケットでは、周囲の支えなしには生きられない。他社に無視されれば、必然的に遠からず潰れる）。

自社がどの類型に当てはまるかをいったん確認しておけば、驚くほどコミュニケーションが楽になるはずだ。マーケットにおける関係は、時代遅れのメロドラマに似ている。おたがい役柄は決まっていて、せりふも繰り返し練習ずみで、たいしたバリエーションもない。「家賃を払ってください！」「払いたくても払えません！」などといった具合に、よくあるやりとりが交わされるにすぎない。そこで、いつか見たB級映画を思い出しつつ、以下の簡単な登場人物紹介のなかから、自分にふさわしいと思う役柄を選んでもらいたい（以下、キャストは出演順）。

【ゴリラ】

あなたが演じるのは独裁者。選択の余地がある点はただ一つ、慈悲深いか冷酷か。

慈悲深いゴリラの場合、「標準規格を定めて、マーケット全体に繁栄をもたらした」とみんなに感謝され、莫大な利益の一部を再投資に回しつづけながら、何世代にもわたって安泰でいられるだろう。冷酷なゴリラの役どころを選ぶ場合は、パートナー企業に変わらぬ忠誠を誓わせる一方、ときにまったく気まぐれな行動を起こして、いくつかの企業から恐れられ、憎まれ、怒りを向けられる。だが、少なくともしばらくのあいだは、他社に途方もない富をもたらす。最大の敵でさえ、苦々しく思いつつも、あなたの順風満帆ぶりを認めざるをえない。

あなたはどちらのタイプを演じることもでき、どのみち安定性は保証されている。ただし、「パワーを握る手綱が緩んでいるのではないか」と周囲に疑われることだけは避けなければならない。

ゴリラがついでに演じるといい役柄は、侵略主義者と市民だ。前者なら、パワーがありあまっていることを誇示できるし、後者なら、既存のプレーヤーを次のパラダイムに飲み込まれないように守ってやれるという頼もしさを示せる。反対に、ゴリラ以外の役を演じないでじっとしていると、さまざまな裏切りや謀略の標的になりかねない。

【チンパンジー】

最も安定を欠く役柄。つねに何か行動をとっている必要がある。前回のトルネードではゴリラの候補だったが、選に漏れたためチンパンジーを演じる運びになった。したがって、常時ゴリラを脅かす存在だが、逆にサルにいつ攻撃されてもおかしくない立場でもある。ただ、既存マーケットに本格的なパワーの地盤を持っているから、この役割を放棄するなどというもったいない真似はできない。したがって、次のような戦略をとるべきだ。

①マーケット全体を覆っているあなたのパワーを、ある程度の領域内まで絞り込んで、ゴリラの攻撃さえものともしないホールプロダクトをつくりあげ、全員に向けてこう伝える。

Ⓐ既存マーケットでいま以上に勢力範囲を広げるつもりはない。

Ⓑここの領域に関しては、死守する。

②現在のゴリラの支配下から脱出することをめざし、侵略主義者あるいは山師として、新たな領土の開拓を試みる。あなたを支持する仲間たちも、あなたが次のトルネードでゴリラになれそうだと思えば、引きつづき加勢してくれるだろう。いまのゴリラはあなたの息の根を止めたがっているのだから、くれぐれもゴリラが簡単には追ってこられない分野を狙わなければいけない。

③他の競合企業を次々に巻き込んで現在のゴリラと対決させ、ゴリラを手一杯の状態にさせておく。

もし、チンパンジーの役割についてもっと参考材料がほしければ、すべての仕事をひと休みして、シェイクスピアの歴史劇をよく研究するといい。どの作品も、次のゴリラになりたがっているチンパンジーのたくらみを主題にしている。

【サル】

易しい役柄だが、偉ぶってサル以外のふりをするのは禁物だ。あなたに注目している観客は、おもに、流通チャネルと購入代理業者だろう。どちらも、尊大なゴリラやチンパンジーにはあまり共感できず、どちらかというと、ごくわずかなパーセンテージのマージンに関心を持っている。あなたは、PRやイメージ広告にマーケティング費を無駄づかいしてはいけない。そんなおおげさな宣伝活動は、エンド・ユーザー顧客や投資家と関係を築く必要があるゴリラやチンパンジーの手法だ。あなたは下っ端に徹しなければいけない。

あなたの目標は、気楽に付き合える低価格製品ベンダーになることだ。もっとも、この立場は本来、長続きするものではないし、あなた自身もつねに不たしかな足場に立っている。その点を初めから認識しておいて、戦いが起こりそうになったら、すぐさま近くのいちばん高い木の上へ避難するにかぎる。やがて敵が退屈して立ち去ったら木を降りて、サルこそが最もしぶとく生き延びるはずと信じて、ビジネスを再開する。

【探検家】

マーケットで繰り広げられるドラマの端役。ひょっとして貴重な情報を掘り当てて、みんなの興味を引くかもしれないが、そうでなければ、いてもいなくてもいい存在だ。目先の利益を追い求めてはいいない。

ただし、この役があなたの本職（たとえば、セマテック、CADフレームワーク・イニシアチブ、オープン・ソフトウェア・ファウンデーションのような業界の非営利団体など）だとすると、周囲からはやや厄介者扱いされるはずだ。こういった組織が推奨する標準規格にどの程度まともに従わなくてはいけないのか、困惑する向きが多い。よけいな規格に付き合わされて、開発サイクルが無駄になってしまうケースも少なくない。

一方、あなたがゴリラかチンパンジーで、ついでに探検者を演じるのであれば、はるかに興味深い役どころといえる。ゆとりある資金を元手にして北西航路の発見をめざすような冒険に乗り出せば、もしかすると金鉱を掘り当てて、山師の役に鞍替えできるかもしれない。

【山師】

ハイテク市場がほかのマーケットとは違うことを示す、非常に特徴的な役柄。「金鉱をみつけたぞ！」と叫び、仲間をつのってキャズムを越え、採掘に出かける。金鉱が眠る場所を知っているのはあなただけだから、リーダーを務めることになる。つまり、ターゲット・アプリケーションやホールプロダクトを定義できるのは、あなたしかいない。価値連鎖のなかで少なくとも一つ、重要な要素をあなたが独占的に管理しているため、仲間内で一目を置かれることになる。

人々をうまく先導するのは、並大抵のわざではない。あなたは、信望を集めるカリスマ的なリーダーであるべきだ。未来予想図を鮮やかに描いてみせ、ふつうなら現状維持に走る慎重な連中を、新たな冒険に駆り立てなければいけない。過去の実績で説得するわけにいかないので、華麗に理路整然と一貫性のある主張をして、「ふうむ。本当らしい」と人々を納得させる必要がある。また、あなたが先頭に立ってキャズムを越える際、ターゲット顧客の切なるニーズに照準を合わせ、その一点を確実に射抜くホールプロダクトをつくりあげれば、周囲からの信頼はいっそう高まる。

【侵略主義者】

この役柄は、既存製品を新たな領域へ送り込んでマーケットを拡大できる保守派企業なら、誰が演じてもかまわない。地理的な拡大（新しいコンピューティング・プラットフォームへ真っ先に製品を移植するなど）の場合もあるし、深度的な拡大（バーティカル市場にさらに深く浸透させるなど）の場合もあるだろう。ただし、その拡大したい場所で、既存のインフラ（＝原住民）と、あなたがもたらそうとしている新しいテクノロジーとが、何らかのかたちで衝突しないかどうか、前もって確かめておかなければいけない。

ケースによって違うものの、原住民が持つ真のパワーは、流通やコミュニケーションのチャネルを通じて顧客と密接に結びつくことができる点にある。そういう土地で成功するには、侵略主義者のおごりを捨て、現地の文化に従いつつ、ときにはおたがいの利益をめざしてパートナーシップを組む必要もある。もしそれを実現できれば、新規マーケットで強固なポジションを確保でき、非常に手ごわい競合他社からも身を守れるだろう。

侵略主義による成長は、保守派企業が生き延びていくうえでカギになる。自分と同じ領域にいるほかのマーケット・メーカーが、既存市場の周辺に到達しはじめたら、そろそろ、市場の外はどんな土地なのかを（あなたも含めて）知る必要が出てくる。いまいる場所にとどまっていると、拡大志向の他社が新世界の富を持って帰ってきた場合、序列が下がってしまう恐れがある。

【原住民】

侵略主義者とは正反対の役どころ。新しいテクノロジーは持っていない代わりに、周囲とのつながりをがっちりと確立している。おかげで、やってきた侵略主義者に対し、歓迎するか抵抗するかを自分の損得に応じて選択できる。もっとも、受動的な対応をしたり、何もしなかったりすると、侵略者に負けてしまう。

歓迎するにしろ抵抗するにしろ、演じ方は同じだ。現地の市場インフラにしっかりと根を下ろした一員というポジショニングをとり、その視点から侵略者の動きを読みとる。大切なのは、侵略者の能力や重要性を真っ先に把握かつ評価して、その知識を活かしながら、「事情通のスポークスマン」とでもいうべき立場を確保し、原住民のなかで目立つ存在になることだ。有力な侵略者を後ろ盾に無名の存在を脱し、一気にマーケットの影響力を握ることのできる画期的なチャンスかもしれないのだから。

たとえば、IBMが「AD／サイクル」なる総合的なアーキテクチャをたずさえて、CASE（コンピュータ支援ソフトウェア・エンジニアリング）のマーケットへ参入したとき、ほとんど無名のバックマン社をパートナーに大抜擢した。それによって、バックマンはリポジトリー・ベースのアプリケーション開発に関し、一夜にして優位に立つことができた。同社が、原住民のスポークスマンというポジショニングをとったからだ。結果的には、IBMはビジョンを現実化できず、連座したバックマンも被害を受けたが、この種の戦略が有効であることは疑うべくもない。原住民として素晴らしい対応だった。

【野蛮人】

マーケットで最も攻撃的な役柄。一度襲いかかったら後には引けない。さいわい、保守派の地盤へ侵入する際には、事前にほかのどこかの市場分野で勢いをつけるはずだから、宣戦布告の時期を自由にコントロールできる。いやむしろ、宣戦布告はいっさいしないほうが成功するだろう。既存マーケットの隅っこでひそかに戦いはじめ、少しずつ領土を侵すわけだ。

とはいえ、いずれ保守派企業は事態に気づき、警戒態勢をとる。そうなったら、あなたは侵略者の大群（新たなトルネードのマーケット・メーカーたち）を結集して、攻めはじめた土地に総攻撃をかける。保守派企業は、ほかに行くところがないので、ぜったいに退却しない。したがって、あなたは長期的な戦いであることを覚悟したうえで、慎重に兵を動かさなくてはいけない。

「ウィンドウズNT」を武器にして、サーバー・コンピューティングの世界へ殴り込みをかけたマイクロソフトは、まさにこのような野蛮人の代表例だ。最初に選んだターゲットはLANであり、ノベル社と真っ向勝負する格好になった。ヒューレット・パッカードひきいるUNIX野蛮人集団が、IBMのメインフレームを包囲したのと同じ図式だ。しかし、マイクロソフトといえども、この戦略には慎重を要する。次の項でみるように、地元の「市民」たちが、強力な武器を自在に扱いながら抵抗するからだ。

【市民】

冷酷きわまりない、それでいて外見は眼鏡をかけてもじゃもじゃ頭というリーダーを先頭に、恐ろしい野蛮人の群れが、あなたのコア・マーケットを襲撃している。そう気づいたとき、「市民」であるあなたはどうしたらいいのだろうか。まずは警報機を鳴らし、野蛮人たちを広い場所へおびき出して、隅からひそかに侵攻しようとしている相手の戦略をくじくべきだろう。つづいて、ほかのマーケット・メーカーに緊急招集をかけて、防戦の態勢を整えるのだ。

あなたの戦略の重要ポイントは、真っ向から反撃するよりむしろ、ホールプロダクトの完成をめぐって長期消耗戦に持ち込むことだ。「保守派連合のスポークスマン」というポジションをとり、野蛮人の新しいテクノロジーの価値を認めつつも、まだソリューションがないから、われわれのマーケットで成功するのは無理だろう、と懸念を表明する。ユーティリティ・ソフトウェア、標準の規格や手順など、成熟した製品の動作環境には欠かせない要素がまだ存在しないではないか、と不完全さを指摘しよう。

あなたとしては、たくさんの障害物を並べて、野蛮人に一つずつ飛び越えさせ、時間と資源を浪費させて、戦闘意欲が消沈していくのを待つ。それと並行して、ゴリラの本国にいるチンパンジーらをけしかけて、「ゴリラはいま、こっちに夢中だから、切り込むチャンスだぞ」と、日ごろの鬱憤《うっぷん》に火をつける。

こうしたいろいろな努力で時間を稼ぐあいだに、あなたは最終的な対抗策を準備する。相手を上回る新たなテクノロジーを完成させて、野蛮人の手がとうてい届かない高次元へ進化してしまうのだ。ＩＢＭが現在、このアプローチを使って、低価格のハイエンド・プロセッサを搭載した新しいメインフレームをマーケットに投じている。

さて、Ｂ級映画『ハイテク・バレーの決闘』のあらすじにもとづく案内ツアーは、このへんで十分だろう。登場人物の紹介が少しばかり風刺がかっていたかもしれないが、それは重大な点を示唆している。マーケット・メーカーは、このようなきわめて類型的な役割分担をベースに、おたがいの存在をとらえているのだ。

確たる存在としてマーケットに認識してもらうためには、誰もが知っている筋書きの、おなじみの役柄を演じる必要がある。それこそが、マーケットのインフラのなかでポジショニングをおこなう意義だといっていい。

ポジショニングの多くが失敗する原因は、二つある。よく見受けられるのが、本来より背伸びして、無理な役回りを演じようとするケースだ。ありのままの現状を受け入れず、あくまでリーダーになりたがる。その手の企業は、「身のほど知らず」と、マーケットに拒絶されてしまう。

もう一つ、やや珍しいものの、むしろ厄介なのが、力強いマーケット・メーカーになれる可能性を秘めた優良企業でありながら、自社の意図を適切にマーケットに伝えられないケースだ。こちらは、すべての労力を製品の説明に費やしてしまう。マーケット・メーカー各社は、元来、ほかの企業の製品になど興味を持っていない。関心の対象は、自社製品のマーケットだけだ。ポジショニングとは、あなた自身の話ではない。マーケットのほかの企業が利益を得るうえで、あなたがどう影響を及ぼすかが問題なのだ。

自分自身のポジショニングを表明したはずなのに、自己表現としてまったく役に立たないというのは、人間としてなかなか納得しづらいだろう。だが、みずからの目標達成のためにマーケットのメカニズムを味方につけたければ、無理にでも納得するほかない。超成長市場のなかでポジションを確保しようと戦う気構えなら、この程度は数々の難題のほんの一つにすぎない。

全体としてみれば、いちばん難しいのは、ライフサイクルの各段階のニーズに合わせて次々に戦略を変えつづけていくことだ。多くの場合、それまで成功していた戦略を一八〇度転換しなければいけない。となると、ひとところに落ち着くことなど不可能であり、自分なりの流儀をきわめていくわけにはいかない。

そんな気ぜわしい状況下で、どうすれば経営を安定させられるのだろうか。たび重なる戦略転換にもめげず、進む方向を見失わないためにはどうすればいいのか。それが、本書の最終章のテーマだ。

第10章 実行のための社内体制強化法

マーケットが要求する役割を演じる

とうとう本書の最終章にたどり着いた。これまでの軌跡を振り返ってみよう。

第一部では、まず、テクノロジー・ライフサイクルの全体像を把握した（第2章）。ライフサイクルの変遷には六つの段階があり、基本的には、段階が一つ進むたびにマーケットの流れが一八〇度向きを変えるので、それに合わせてビジネス戦略も急激に変化させなければいけない。

六段階のうち、本書ではとくに三つを大きく取りあげた。ボウリング・レーン（第3章）、トルネード（第4章）、そしてメイン・ストリート（第5章）。一つずつ掘り下げながら、企業の外でどんな力が市場を突き動かしているのかを分析したあと、その知識を社内に活かして、どのように戦略の優先順位を決定すべきかを論じた。

口を酸っぱくして強調しているとおり、この優先順位は、だんだん移り変わるどころか、繰り返し完全に逆転する。したがって、自分がいまライフサイクルのどこにいるのか正しくとらえることが重要で、現在の地点にふさわしいツールを活用していかなければならない（第6章）。

続いて第二部では、めまぐるしく変わるライフサイクルの推進力が、流通チャネルやマーケットにおけるパワー管理に、どのような影響を与えるかを検討した。第7章では提携企業との相互作用について、第8章では競合他社との相互作用について述べた。また、その二つの相互作用がからみ合う問題として、前章では「ポジショニング」に目を向け、マーケット・メーカー、パートナー、ライバル他社が組み合わさってできたシステム全体のなかで、みずからの立ち位置をどう決めればいいかを詳述した。

どの段階でも大切なのは、マーケットが要求する役割を演じなければいけないということだ。ある役割から次の役割へスムーズに移行し、機能しなくなった古いやり方は捨て、ついこの前まで禁じ手だった戦略を採用する。

さて、残る問題はただ一つ。どうすれば、思いどおり役割を実行に移すことができるのか。

この世はすべて「舞台」である

人間はレゴのブロックとは違う。まったく別のかたちに簡単に変われるものではないし、変わる必要に迫られたとしても、こころよく応じる気持ちにはなりにくい。組織がしょっちゅう変化し、方向転換していては、効率よく機能するのは難しいだろう。にもかかわらず、まさしくそれが、超成長マーケットにおいて長期的な成功を収めるための必要条件なのだ。

このような必要条件のもとで企業を運営管理していくには、さまざまな変化の下敷きとして、安定した土台を一つ用意しておかなければいけない。ありがたいことに、お手本になる組織が存在する。役柄をまたたく間に完璧に切り替えるのが得意な人々の集まり——それは「劇団」だ。比喩として使うと、少しユーモア混じりになってしまうきらいがあるものの、意外に「当たらずとも遠からず」の点が多い。

まずは、変化について考えてみよう。ある劇団が、火曜日に『オセロ』を上演したとする。ハーマンという名前の役者が、イアーゴーの役をみごとに演じきった。ところが金曜日のミュージカル『王様と私』では、ハーマンは裏方に回った。じつは音痴だからだ。さて、これで何か不都合があるだろうか。劇団の方向性なり、ハーマンの役柄なりに困惑する観客がいるだろうか。いるはずがない。この劇団はいとも簡単に別のかたちに変身し、その後も繰り返し千変万化を楽しむ。

劇団に安定をもたらしているのは、台本、演出、人物設定、配役といった概念だ。どの概念も、超成長マーケットで効率的な組織を構築するに当たって参考になる。

まずは「台本」を考えてみよう。ビジネス環境では「シナリオ」と呼ばれることが多い。たとえば本書は、三編のシナリオで成りたっている。「ボウリング・レーン」「トルネード」「メイン・ストリート」だ。出演者は非常にユニークな顔ぶれで、ゴリラ、チンパンジー、サル、山師、侵略主義者、野蛮人など。ほほえましい比喩としてここまで使ってきた用語だが、企業の役割について、私が言わんとすることはわかってもらえたと思う。

ちなみに、この比喩をもっと大まじめにとらえた場合、どこまで意義深い考察ができるだろうか。深入りのしすぎは要注意だ。人生は文学ではない。あらかじめ定められた運命など存在しない。台本と役回りを把握し、進むべき道をみいだす一助にするまではいいが、実際には予定どおりにいかず、むしろアドリブが中心になる。比喩を比喩として軽くとらえてこそ、役立てることができる。厳密に考えようとしすぎると失敗するだろう。

以上の注意点を頭に入れたうえで、劇団のたとえに戻るとしよう。即興が得意なこの劇団にからめながら、配役や演出に対するアプローチが、経営リーダーシップの問題の解決に役立つことを確かめてみたい。正直なところ、かつて流行った「マネジャーはオーケストラの指揮者である」というメタファーと、さほど大きな隔たりはない。人材が持つ能力を融合し、グループの可能性を最大限に引き出そうとする点は、どちらにも共通している。ただ、重要な違いがある。

- 即興の演技は、出演者が自発的におこなう。その場の状況が徐々に明らかになるのに合わせて、アドリブを演じるのだ。これに対し、オーケストラの指揮者は、トップダウン方式の経営管理を、親しみやすく表現した比喩にすぎない。
- したがって、即興を演出する役回りは固定されていない。オーケストラの指揮者とは違って、特定の個人に割り当てられた任務ではなく、実際の筋書きがいまどう展開しているかを真っ先に察知した者が役割を担う。
- また、オーケストラのメンバーは、めいめい決まった楽器を演奏するが、即興劇団のキャスト一人ひとりの役割は、あわただしく変化する。プロの役者ではないし、せりふもたどたどしい。そういう条件下で最善の結果を出し、どんどん先へ進んでいくことが目標だ。

このほかにも、あとで説明するように、サイズを拡大することができないといった比較もできるが、ここでは超成長のマーケットにおける経営との関係に焦点を当てることにする。

超成長期の組織運営

超成長期に組織運営をおこなう場合、主導的な役割を果たすグループは、新しい製品カテゴリーを開発する過程で生まれたチームだ。部署の枠組みを越えて人材が集結し、なかでも製品のマーケティング・マネジャーが中心となる。このマネジャーがあらゆる力を一元管理しながら、まず製品を初期市場に投入し、その後キャズムを越える。そして、チームのメンバーがもともと属している通常の部署（研究開発部、マーケティング部、製造部、販売部、財務部など）の管理者たちが、後ろ盾となってチームを支える。

チームの最初の任務は、マーケットに即したシナリオをつくることだ。つまり、マーケットで現在活動中の顔ぶれ、変わりつつあるニーズ、自分たちの新しい製品カテゴリーの参入場所などを考え合わせ、マーケットがどう進むかについて「台本」を作成する。過去の経験をベースに、できるかぎり手を尽くして市場調査をおこない、書籍にしるされているモデルを参考にするなどして、プランを肉付けしていく。メンバー各自が所属部署を代表するかたちで協力し合い、プランの想定内容をチェックして問題点を事前に洗い出す。このあたりの作業は、いわば演劇のリハーサルに近い。舞台がいよいよ幕を開けると、たちまち、この芝居は即興劇にならざるをえないことが明らかになる。何一つ台本どおりに進まない。予測の多くが間違っている。しかしチームは劇をつづけるほかなく、神の思し召しがあれば、やがて初期市場が芽生える。チームは、しばらく安定した状態のまま、市場を少しずつはぐくむ。トルネード警報が近づくような事態にでもならないかぎり、チームの結束が揺らぐことはない。

ところが、この安定期のさなか、テクノロジー・ライフサイクルの前半をたどるにつれて、外部の面々が舞台の中央に立ちはじめる。初期市場では、研究開発エンジニア、フィールド・エンジニア、エバンジェリスト（新規テクノロジーの熱心な擁護者）、カリスマ的な営業スタッフらが、もっぱらスポットライトを浴びる。

そうこうするうち、キャズムにぶつかる。チームは一時休憩に入り、マーケティング部や財務部の人々のまわりに集まる。

第二幕では、バーティカル市場マネジャー、提携マネジャー、ニッチ市場担当の営業チームが、劇の進行役を演じる。その一方で、製造、購買、品質管理、人事などの部署関係者が、舞台裏で忙しく動きまわる。

しかし、トルネードの前触れがちらほら現れたとたん、状況は一変する。カスタマー・インティマシーに代わって、オペレーショナル・エクセレンスが最優先になるのだ。製造や販売などのライン部門がフル稼働する番だ。それぞれの部署が独立して適切なペースを追求し、効率を最大限に上げる。トルネードの需要に応えるため、業務が急激に拡大し、いままで「裏方」だった部署が表舞台に立つ。

この時点で、当初の推進チームは解散しようとする。非公式に部署の枠を越えたやり方では、いま必要になっている大量の資源の配備にはふさわしくないようだし、チームのメンバーも、これほど巨額の金に影響する経営判断を下さなければいけないとなると未熟すぎるからだ。

どちらももっともな心配事だが、ここでチームを解散するのは時期尚早だ。解散するよりも、これまでの積極果敢な姿勢を少し控えて、「製品マーケティング委員会」の色合いを強め、さまざまなライン部門のあいだの継続的なコミュニケーションを確保して問題解決に当たるほうがいい。各部署にまかせきりでは、めいめいが最善を尽くすばかりで、全体としての最適化がまったく図れないからだ。

やがてマーケットがメイン・ストリートへ移行し、ふたたびカスタマー・インティマシーに最も力を入れるようになるまで、当初の推進チームを解散してはいけない。もしこの移行が完了したら、超成長の猛威は収まるので、あらためてメイン・ストリートのモデルに従って社内体制を再編成するといい。

そこから先、重要になるのは、「プラスワン」戦略でマージンを稼ぐための製品マーケティングおよびマーケティング・コミュニケーションと、基本原価コストを削減するための製品管理だ。しかし、どちらにも特別な組織は必要ない。

超成長期のマネージメント

超成長というドラマのなかでは、どの局面においても特殊なスキルや専門性が要求される。即興

各段階における最重要課題

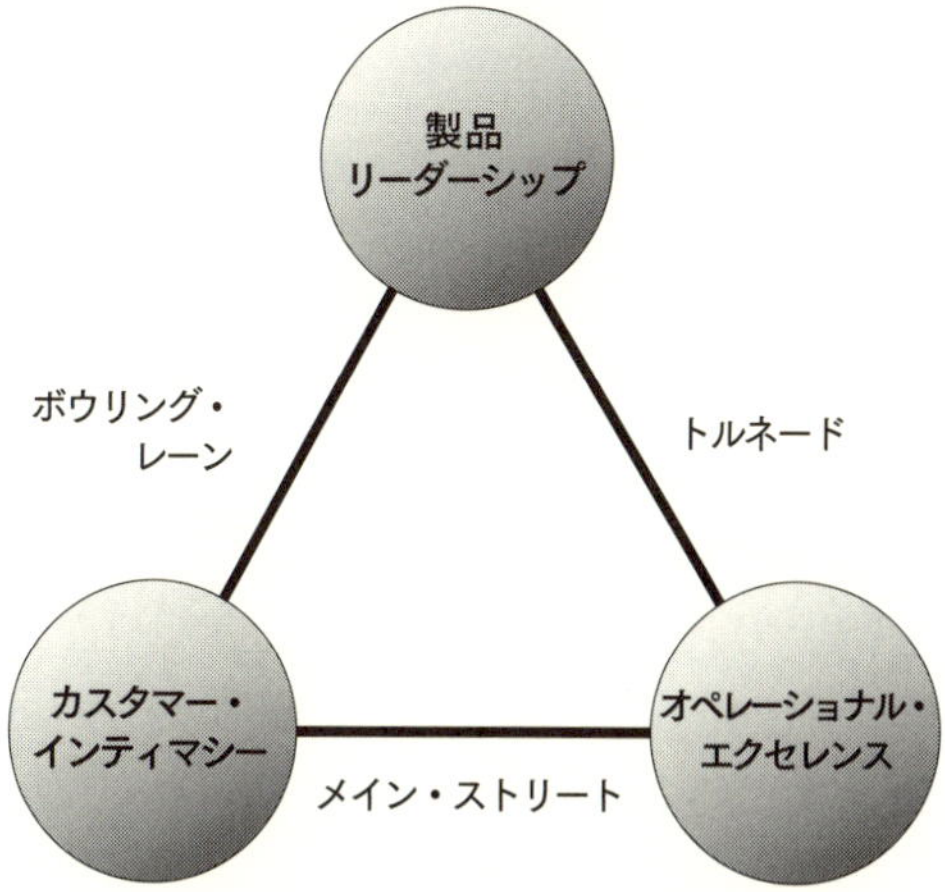

劇団には柔軟性があるので、適宜しかるべきスキルを持つ役者が入れ替わり立ち替わり登場できる。

しかし舞台裏では、高いレベルでのリーダーシップやマネージメントが必要だ。小さな劇団を支えるために、社内全体、提携各社、投資家などを含む、より大きな組織構造を誰かがとりまとめなければいけない。

この役割をうまくこなすには、超成長期ならではの体制づくりが重要になる。メインストリーム市場の三つの発展段階すべてを、一人の責任者が効率よく管理するのは無理がある。詳しい結論は本章の最後に回すが、ひとまず各段階における理想的な候補者の条件を検討してみよう。

手始めに、ライフサイクルのうちメインストリームに相当する三段階について、大事な価値基準をおさらいしておきたい。価値基準は全部で三つあるものの、各段階ごとに二つずつを優先せよ、と説明したはずだ。整理すると上図のようになる。

この三角図をもとにすれば、ライフサイクルの段階ごとにどのような管理能力が必須なのかが浮かび上がってくる。

ボウリング・レーン期のマネージメント

ボウリング・レーン戦略の目標は、製品がいずれマーケットに広く普及するように、ひとまずメインストリーム市場の顧客の一部をターゲットにして、不連続的なイノベーションを採用してもらうことだ。そのためには、強いニーズが存在するバーティカルな市場セグメントに焦点を当てる。とくにエコノミック・バイヤーが納得するように気をつかい、投資収益率の高いホールプロダクトを完成させるのだ。

なにしろ不連続的なイノベーションを推進しているわけだから、このマーケットにおける製品リーダーシップはおのずと達成できている。さらなる差別化要因としてカスタマー・インティマシーを組み合わせる必要がある。そこで、しっかりとそのセグメントに特化したホールプロダクトを仕上げれば、顧客との親密度を高められるというわけだ。

そういったホールプロダクトをつくるには、顧客の業務を深く理解しなければならない。となると、何かを犠牲にせざるをえず、オペレーショナル・エクセレンスはあきらめることになる。ボウリング・レーン期には、プロセス管理や管理システムを導入するほどの時間のゆとりはないし、販売量が少ないうえ、ニーズが毎回異なって繰り返しがきかないので、オペレーショナル・エクセレンスに投資しても割に合わない。この時期には、自分たちの都合よりも顧客のニーズを優先し、頻繁に顧客先へ出向いて、社内の生産プロセスより顧客の業務プロセスに照準を絞るべきだろう。

ボウリング・レーンで最も必要とされる知識は、バーティカルな市場セグメントにおける専門技能だ。ホールプロダクトが水準以上の投資効果を達成しなければならず、そのためには顧客の業務のメカニズムを熟知した者が設計に当たらなければならない。顧客は、こちらが提供するシステムに深く依存してビジネスをおこなうのだから、提供側企業としては、顧客のビジネスの仕組みを熟知すべきなのは当然だが、その心得を忘れていて恥をかくケースがあとを絶たない。

ボウリング・レーンの場合、これはたんに恥ずかしいという程度ではすまされず、深刻な悩みに発展する。経営チームは、自社内に蓄えてある専門技能を検討して、どのボウリング・ピンを狙うかを決める、技能がなければピンを倒しようがない。

標的にするセグメントを決めたあと、マーケットから次に求められる技能は、いわゆる「アプリケーション・エンジニアリング」だ。つまり、ひとまず特定の用途に合ったソリューションをまとめあげ、一部の顧客グループに使いはじめてもらってから、徐々に追加サービスを統合して、信頼性の高い、量産が可能なホールプロダクトを完成させる。

このとき必要な開発力は、整然としたルールと柔軟な発想を組み合わせるという、地道で独特な能力であって、初期市場で注目を浴びた素晴らしい頭脳や、華々しいイノベーションとはかけ離れている。ボウリング・レーン期のカスタマー・インティマシーは、特定のビジョナリーと結びついて後押ししてもらうことではなく、セグメント全体に共通する問題点を把握して、適切に対処することだ。

この時期における開発作業中、経営陣は、「プロセス志向」よりも「イベント志向」を心がけなければいけない。ボウリング・レーンで大切なのは、効率ではなく時間だ。なにしろトルネードへ向かう途中であり、トルネードが発生する前に、なるべく数多くのマーケットを押さえておくほど、発生時に好位置からスタートできる。個々の機会を大切にしたい気持ちはやまやまだろうが、時間に追われているという緊迫感が必要だ。この時期には、一つのためにそのほかを犠牲にするわけにいかない。数の多さが勝負になる。

また、ボウリング・レーンは、新しい人材を引き入れる時期でもあり、採用に関する優れた能力が欠かせない。ここで雇う人材が今後の新規雇用の基準になるうえ、当初からいる既存のスタッフの新たな査定基準にもなる。

メインストリーム市場に取り組む前の企業は、行き当たりばったりに深い考えもなくスタッフを採用する場合が多く、従業員の質にかなりばらつきが出てきてしまう。レベルの低い者に人材採用をまかせて、「自分の地位が危うくならないように低レベルの人間を雇おう」などとならないよう、くれぐれも注意してほしい。本来、いまレベルの低い者は、新しい人材に刺激されて発憤するか社を去るか、いずれかを選択すべきだ。

最後に、財務上の観点からみると、ボウリング・レーン期には、標的セグメント内の売上高が、成功の指標になる。マーケット全体での売上高の合計よりも重要だ。合計でみるとビジョナリーからの売上げで底上げされる可能性があるが、ビジョナリーがらみは、現在推し進めようとしている戦略に逆行している。

また、標的内の売上高を集計する際、泥縄式の修正で水増ししようとする者が出てきやすいので、用心しなければいけない。すなわち、矢が当たったあとで、さもそこが初めから標的だったようなふりをするわけだ。経営陣は、このごまかしの防止法をよく研究しておく必要がある。通常は、「標的セグメントに含まれる企業名をあらかじめ公式にリストアップしておく」「特定のターゲット企業を射止めたらチーム全体にボーナスを支給する」といった手が有効とされている。

以上を総合すれば、どんな人物を管理体制の柱にすえればいいかの輪郭がつかめるだろう。リーダーは、顧客や現場スタッフとじかに接する時間を重んじる、最前線で陣頭指揮をとるタイプが望ましい。報告書を読むだけだったり、経営陣からの点数稼ぎに夢中だったりしてはまずい。「チームリーダー」の性質を帯びている必要がある。年配でなくてもいいが、目標達成に向けて高い意識と集中心を持ちあわせていなければならない。

品質管理の面でも鼻が利くべきだが、あくまでプロセスではなく顧客満足度を基準にすえること。カリスマ性を備え、顧客にも同僚にも好かれる人間であればなおいい。そして何よりも、最終目標の実現に頑固にこだわり、その方法には非常に柔軟でなければいけない。

これと比較して、トルネード期に必要なマネージメントをみてみよう。

トルネード期のマネージメント

トルネード戦略の目標は、インフラ転換期の短い突風が吹いているあいだに、できるだけ多くの「半永久的な顧客」を獲得することだ。そのためには、エンド・ユーザーやエコノミック・バイヤーは無視して、代わりに、インフラ責任者と、そういう人々につながる流通チャネルとに全力を注ぐ。リスクを最小限にとどめつつ、迅速に新しいパラダイムへ移行させることができるかどうかが、すべてのカギを握っている。

新規のパラダイムであれば、製品リーダーシップははなから実現している。いやむしろ、トルネード期全体にわたって当てはまる事実だが、激しい競争のなか、あらゆるベンダーが矢継ぎ早に新製品を投入しつづけなければいけないため、どちらかというとローエンドの製品が増えていく。

ボウリング・レーン期と違う特徴は、ホールプロダクトを個別のニーズに合わせるよりも、汎用製品に仕上げるほうが重要になるという点だ。セグメントに特化したビジネス・ソリューションではなく、グローバルな汎用インフラが求められる。そういった需要に応えるうち、ベンダーは、いやおうなしに大衆市場を意識の中心に置く。となると、「ひたすら出荷する」という至上命令をこなすために、オペレーショナル・エクセレンスを重視せざるをえなくなる。

この時期、特定の顧客に合わせ、手間暇かけてソリューションをカスタマイズするなどは、自滅行為に等しい。トルネードの突風に逆らって進み、わざわざリスクを冒すようなものだ。したがって、カスタマー・インティマシーは後回しにするほかない。目標は、追加サービスを統合してホールプロダクトを一体化し、標準化し、最終的にはコモディティ化することにある。

トルネード期には、内部や外部のシステムに関する専門技能が必要とされる。外部については、古いパラダイムと新しいパラダイムをうまく嚙み合わせ、適切な性能特性を実現してやる。顧客としては、とにかくシステムをまともに機能させる以外ない。しかし、さまざまな技術的な問題が立ちはだかるので、専門技能を活かしてすばやく問題を解消し、システムを機能させることのできるベンダーが、さらなる顧客をつかまえる。

一方、自社内については、押し寄せる膨大な仕事量をこなせるように、独自のシステムを急いで構築しなければいけない。システム・エンジニアリングの高い専門技能に加え、強力な販売管理も必要になる。トルネード期は大量に売らなければいけないため、しっかりマネージングしないと、営業部隊は、縄張りばかり広げようとして、自分の都合のよさそうなマーケットにあちこち手を出してしまう。トルネードが終わるときマーケット・リーダーに立っていたいなら、ここぞというマーケットへ集中的に売り込むように、販売管理を徹底しなければならない。

こうして「単位面積あたりの収穫量」を増やすほかにも、プロセス志向のマネージング・スタイルが必要な課題がたくさんある。トルネードにおいてはつねに、一つの売買より大量の売買が優先であり、かつ、大量の売買を個別に扱うのではなく、一連のプロセスとして処理する必要がある。

これを適切にこなすには、まず一回目が肝心だ。なにしろ、同様の処理を一〇〇回、一〇〇〇回と繰り返さなければいけないのだ。また、トルネードで取扱量が増加するに従い、いちいち検査して品質管理することは不可能になるので、めいめいが即座に自己修正できるように明確な基準を定めておくべきだ。

ボウリング・レーン期のやり方を捨て去れないでいると、問題が発生するたびにみんなが時間を食ってしまう。トルネード期には、あわただしさに気をとられて、ついイベント志向になりがちだが、注目すべきなのはプロセスだ。

急速な業務拡大の時期だけに、おおぜいの人材を採用することになる。ここで重要になるのが、新入りの従業員に正しいスタートを切らせる指導力だ。自社の企業文化を形成する基本的な価値観を伝え、トルネード中、いちいち許可や監督を求めなくても数多くの意思決定を自主的にこなせるよう、ガイドラインをきめ細かく教えること。そのためには、マニュアルやビデオや大人数の研修だけでは不十分だ。個人指導でじかに叩き込むしかない。新入従業員の数を考えると、これまたプロセス志向で効率よく片付けていくことになるが、それを当人に悟られてはまずいので、なかなか難しい。

さて最後に、財務上の観点ではキャッシュフロー管理がきわめて重要になる。トルネード期には、売掛金勘定が膨らんで運転資金が逼迫《ひっぱく》しやすい。トルネードを経験した企業のほとんどが、少なくとも一回は、業績が絶好調なのに給与の支払いが滞りそうになるという、危機的状況を経験するものだ。ここでも、プロセス志向の処理がおおいに重要となる。

以上から、トルネード期の管理体制は、ボウリング・レーン期とはまるきり対照的だとわかるだろう。ボウリング・レーン期には、袖まくりをして現場に立つようなリーダーがよかったが、トルネード期は、あわただしい現場を離れた位置から眺め、木よりも森を見る、消防活動よりも防火に努めるようなタイプのリーダーが好ましい。

となると、以前にトルネードを経験したベテラン、つまり、切迫した空気のなかでも業務プロセスの重要性を忘れず、必要なプロセスを実践できる人物がふさわしい。カリスマ性より冷静さが、人あたりのよさより厳しさが求められる。細かな事柄よりもまず優先順位を維持し、社内の誰もが正気を失いかけているとき、沈着な態度でプロセスをこなせる人間が、この時期のマネージングを指揮すべきだ。

そういった適任者は、たとえトルネードが逆巻くなかでも、会社が吹き飛ばされないようにしっかり踏ん張ってくれる。さらに、引きつづきメイン・ストリート期にも同様のやり方が許されるなら、やはり会社を力強く守ってくれるだろう。

メイン・ストリート期の経営管理

メイン・ストリート期には、普及したてのインフラがつねに持つ二種類の市場開拓の可能性を追求していくのが目標となる。

一つは、コモディティ化したコア製品をさらに普及させ、マーケットのすそ野を広げること、もう一つは、副次的なアプリケーションを追加して、マーケットの中心部を深く掘ることだ。

戦略としては、土台となるホールプロダクトのコモディティ化を引きつづき推し進めるとともに、ニッチな価値基準に対処するため「プラスワン」を加える。前者は、あいかわらずインフラ責任者に売り込む戦略だが、マージンはしだいに低下する。そこで、エンド・ユーザーの特定のニーズに焦点を当てた後者の「プラスワン」戦略が、この時期のカギになる。

コモディティ製品の販売をつづけるからには、やはり、オペレーショナル・エクセレンスが大切と言える。しかしトルネード期と違うのは、価格対性能比の上昇をめざして研究開発に投資しても、もはや相応の見返りを得られないことだ。

そこで、ライフサイクルのなかで初めて、製品リーダーシップは重要な成功要因ではなくなり、代わりに、カスタマー・インティマシーの優先度がふたたび増してくる。とはいうものの、ボウリング・レーン期の親密さとは似ても似つかない。ボウリング期には、特定のセグメントにおけるエコノミック・バイヤーの視点に立って、投資効果を深く理解することが大切だったが、メイン・ストリートではエンド・ユーザーの観点に立って、生産性の向上や個人的な満足感を追求しなければいけない。エンド・ユーザーに奉仕することが、高いマージンを得られる「プラスワン」マーケティングにつながるからだ。

もはや、どんなアプローチをとったところでホームランは期待できないので、メイン・ストリート期には、いろいろな「プラスワン」を市場に投入しつづけるしかない。したがって、一回ずつの市場機会よりもプロセスを重んじる「プロセス志向のアプローチ」が引きつづきふさわしい。ただ、トルネード期は、大量供給をめざして社内のプロセスに注目したのに対し、今度は、エンド・ユーザーの行動様式や流通チャネルのニーズを深く理解すべく、外部のプロセスに関心を向ける。

この時期とくに求められる能力は、一般消費者向けパッケージ製品をめぐる巧みなマーケティングだが、とるべきアプローチそのものに関しては、「コンビニエンス・エンジニアリング」とでも名付けるのがふさわしいように思う。

すなわち、「プラスワン」戦略の場合、ほとんど追加コストなしに付加価値を提供しなければならないため、「既存のパラダイムのわずらわしい要素をなくす」、あるいは「従来使いにくかった製品機能を使いやすくする」といった便利さ（コンビニエンス）重視のアプローチがふさわしい。

どちらも、製品リーダーシップに多額の研究開発費を投じる必要はない。その代わり、エンド・ユーザーの行動様式の分析、人間工学的な設計の研究、個人的な満足度についての心理学上の知識などを深めていく必要がある。同時に、流通チャネルに関しては、「プラスワン」製品を陳列棚に並べる際、コストをかけず、目立つように、しかし混乱を招かないように工夫するという、また別のかたちのコンビニエンス・エンジニアリングが求められることになる。

「プラスワン」で提供する付加価値は、たいていエンド・ユーザーの主観的な価値観に訴えかけるものだから、専門技能としては、マーケティング・コミュニケーションがとりわけ大切だ。いままでの局面であれば、テクニックの一種ととらえられるような技能が付加価値を定義し、企業とエンド・ユーザーを結ぶ主要な戦略になる。

商品としての価値は、製品そのものの機能ではなく、エンド・ユーザーの使用感に依存しはじめる。「プラスワン」戦略では、使用感のよしあしにつながる要素を敏感にとらえ、改善できるかどうかが成否のカギを握る。また、流通チャネルの面では、マーケティング・コミュニケーションが唯一最大の決め手になる。これにより、急速にコモディティ化しかけている製品に高いマージンを付与できる。

以上のさまざまな条件を考えると、この時期には社内で大規模な人事異動をおこなわざるをえない。なにしろ、ダウンサイジングによって、コストを削減しつづけなければいけないからだ。ボウリング・レーン期にはバーティカルな市場開発を、トルネード期には供給連鎖の管理を、チーム単位でおこなうべきだったのに対して、メイン・ストリート期には、ブランド管理や流通チャネル管理を個々におこなわなければならない。つまりは戦略の転換だ。したがって、人材を再配置したり入れ替えたりして、適切に新しい任務を与えることが肝要だ。柔軟なチーム組織なら、「配置替えとは、一種のスタッフ育成である」と割り切れる大きな強みがあるだろう。

メイン・ストリート期の目標は、金のなる木を育てることだから、このようなプロセス全体を通じて、マージン管理が財務上の最優先テーマだ。研究開発への投資は、やめるわけではないものの、広く浅くという格好になる。

その一方で、コモディティ製品の価格を下げつづけるため、製造や物流のコスト管理にも力を入れなければいけない。「プラスワン」の顧客を獲得するのにマーケティング費用がかさみはじめるだろうが、コストに見合うマージンが本当に増えているかを定期的に点検すること。いうまでもなく、チームに与える報奨金は、総売上高や成長率ではなく、純利益に応じて決めなければならない。

メイン・ストリート期にふさわしいマネージャーは、トルネード期とは対照的に、顧客の満足度を上げ、スタッフを育成するなど、人間関係を重視するタイプだ。

ボウリング・レーン期の場合は、バーティカル市場のタスク分析に力を入れ、エコノミック・バイヤーが投資効果を客観的な数字で実感できるようにしてやる必要があったが、メイン・ストリート期には、幅広いエンド・ユーザーを意識しつつ、主観的な価値基準を重視できなければならない。

それには、かなり強い克己心が必要になる。顧客と効果的なコミュニケーションを交わすためには、こちらの本心はぐっと抑えて、顧客が聞きたがっているせりふを言ってやらなければいけないからだ。スタッフの育成に関しても、一方的に型にはめようとせず、本人たちの視点に立って進め

ボウリング・レーン	トルネード	メイン・ストリート
エコノミック・バイヤー	インフラ責任者	エンド・ユーザー
バーティカルな市場	ホリゾンタルな市場	二次的な市場
製品リーダーシップ ＋ カスタマー・ インティマシー （オペレーショナル・ エクセレンスは度外視）	製品リーダーシップ ＋ オペレーショナル・ エクセレンス （カスタマー・ インティマシーは度外視）	オペレーショナル・ エクセレンス ＋ カスタマー・ インティマシー （製品リーダーシップは 度外視）
イベント志向（外部／内部）	プロセス志向（内部）	プロセス志向（外部）
重視すべき点 ● 業務の知識 ● アプリケーション・エンジニアリング ● 人材雇用 ● ターゲットからの収益	重視すべき点 ● システム・エンジニアリング ● 販売管理 ● 新規採用者へのオリエンテーション ● キャッシュフロー	重視すべき点 ● コンビニエンス・エンジニアリング ● マーケティング・コミュニケーション ● スタッフ育成 ● マージン管理

なければならない。

　さらに、メイン・ストリート期のリーダーは、多種多様な利害関係者のニーズをつねに満たせるように留意しつつプロジェクトを遂行しないといけないから、プロセス志向でもあるべきだ。

超成長期のリーダーシップ

　これまでみてきたマネージング・スタイルの違いをまとめると、超成長期のあいだにリーダーが直面する課題は、上表のようになる。

　これら三段階のすべてでリーダー役をこなせる人物などまずいない。そこで、ひとまず個人レベルで上記の諸課題を考えてから、全社レベルに応用するとしよう。

　マイケル・トレーシーとフレッド・

ウィアセーマのアドバイスを思い出してほしい。彼らは、「優秀な土台を固めるためには、一つの価値基準に力点を置かなければならない」と説いていた。この助言に全社レベルで従うのが難しいとしても、個人レベルには当てはめやすいはずだ。

さて、三つの価値基準（製品リーダーシップ、オペレーショナル・エクセレンス、カスタマー・インティマシー）のうち、あなたがいちばん奮起したくなるのはどれだろうか。もしも製品リーダーシップであれば、メイン・ストリート期には不向きと言える。ボウリング・レーン期やトルネード期に活躍できるだろう。前者なら特定業務に合わせたソリューションを、後者なら汎用システムを、おもに手がけることになる。

同様に、もしオペレーショナル・エクセレンスが得意分野であれば、ボウリング・レーン期は他人に譲り、大量の取引が生じるトルネード期かメイン・ストリート期が来るまで、本領発揮を待たねばならない。前者は、あわただしい状態のさなかにプロセスを次々と処理していきたい人に向いており、後者は、混乱が収まったあと人間関係の側面に力を注ぎたい人に向いている。

カスタマー・インティマシーが得意だとすれば、「顧客は無視せよ」が合い言葉のトルネード期には舞台裏に下がり、ボウリング・レーンや、そのあとのメイン・ストリートで奔走するのがいいだろう。前者は、システム分析を通じて、製品のテクノロジーとビジネスの目標とのギャップを埋めることに意欲を燃やす人にふさわしい。後者は、エンド・ユーザーの使用感を想像しながら、主観的なイメージを創造できる人に合っている。

以上の診断には、自分だけでなく、同僚や第三者の意見もぜひ聞いてほしい。洞察に満ちた意見交換をしたり、個人的に新しい気づきを得たりでき、ひいては真の意味でのチーム・ビルディングにつながるだろう。

しかし最終的には、パワーをめぐる議論に立ち返らなければならない。どうすれば、複数の人間のあいだでリーダーシップを自由に受け渡せるのか。その際、幹部を異動したり解雇したりせず、組織を分裂の危機にさらすこともないようにするには、どうすればいいのか。

そう考えてみると、望ましいリーダーの条件と照らし合わせて人選するのも大切だが、それぞれの段階に合わせてパワーを移行するためには、組織が一貫したポリシーで団結していなければならないとわかる。しかし一つのプロジェクトやグループといった狭い範囲ではなく、全社規模の場合でも、団結することは可能なのだろうか。

「合意型経営」と「権限分散化」

じつを言うと、私はここ数年にわたって、ヒューレット・パッカード——もっと具体的に言えば、同社でパソコン用プリンタを製造しているコンシューマー製品事業部——で、そのような一貫したポリシーがうまく機能する様子を目の当たりにしている。

同事業部では、レーザー・プリンタとインクジェット・プリンタがそれぞれ何度もトルネードを経験しており、そのたびに、驚くほど多様な人材が入れ替わり表に出てきて、当人ならではの貢献をし、また組織全体の網の目のなかへ戻っていった。ヒューレット・パッカードの企業文化においては、パワーや影響力が、かなりスムーズに——間違いなく、私の知るほかのどんなグローバル企業よりも円滑に受け渡しされる。しかも興味深いことに、この円滑さは、あえて意図したものではない。「合意型経営」と「権限分散化」に同社が強くこだわった結果の副産物らしい。

合意型経営の長所は一般に、「あまり積極的でないチームメンバーからも意見を取り込んで、より完全でバランスのとれたかたちで現在や過去を見直して業務の質を高めるとともに、重要なイニシアティブに関し、広く確実に合意や支持を得られる」点とされている。逆に、批判派からは、「すぐ消えてしまう事業機会にすばやく対応できず、型破りなアイデアは、なかなか合意を得られない」と言われる。

これを超成長市場に当てはめると、ボウリング・レーンとトルネードでは強みを発揮するが、メイン・ストリートでは弱みになるわけだ。ただしハイテク業界の場合、トルネードがたびたび起こるうえ、メイン・ストリートが他業界より短期で終わるので、差し引きはプラスになる。

何よりも、合意型経営には見逃されやすいもう一つの特長がある。ひっきりなしに開かれる会議のなか、経営体制の序列に関係なく、リーダーシップ、パワー、影響力が、自在かつ微妙にシフトできる点だ。当事者の肩書きではなく技能が、全体の意思決定を左右するのだ。といっても、肩書きが上の人間の権威が傷つくわけではない。だから、ボウリング・レーンの時期には、製品や顧客に詳しい担当者が前面に出るし、トルネード中はシステムにくわしい人間が旗振り役になり、グループ全体としては、いつのまにか超成長マーケットの段階に合わせて戦略を変化させ、順調に前進していくことができる。

これを、伝統的な管理型経営と比較してみてほしい。困ったことが起こると該当する責任者一人にすべてが集中し、途中に介在する人々は全員、多少の追加情報を提供する、助言を添える、あるいは伝達だけで何もしない。意思決定はある特定のポジションのみでおこなわれる。

だがそれでは、たとえば、オペレーショナル・エクセレンスの専門家がカスタマー・インティマシーの意思決定を下し、カスタマー・インティマシーの専門家が製品リーダーシップの意思決定をする、などというずれが生じかねない。マーケットのニーズと担当責任者の能力が一致すれば、非常にうまく機能するし、規模をたやすく拡大できるだけに、安定したメイン・ストリート市場に長く居すわるグローバル企業には最適なシステムだが、ハイテク業界をはじめ、超成長マーケットにかかわる業種には向いていない。

では、合意型経営をグローバルな規模にまで拡大するにはどうすればいいのか。方法は一つしかない。系統立てて権限分散化をおこなうことだ。ヒューレット・パッカードには長年、部門の売上高が一億ドルを超えたら二つの部門に分割するという経営ルールがあった。企業規模がはるかに大きくなった現在でさえ、その精神は受け継がれており、インクジェット・プリンタの事業部は六つの独立した部署に、レーザー・プリンタの事業部は四つに分かれている。

分散化を旨とする組織が、中央集権的な組織に比べて、どんな競争上の優位性を持つかは、球体の表面積と体積の関係になぞらえてみると理解しやすいだろう。球の表面に出ているのが、顧客とじかにつながりのある従業員、球の内部に隠れているのが、総従業員だと仮定する。

もし、球体の体積（つまり、総従業員数）を二倍に増やしたとしても、表面積は七〇パーセントしか増加しない。余剰の人員は、内部でほかの従業員といっしょに働くことになる。しかし、もし球を二つに分割したあとで体積を二倍にすると、表面積も二倍になる。つまり、先ほどの場合に比べて三〇パーセントも多くの従業員が、マーケットに直接働きかけることができるのだ。球を分割するほど、体積に対する表面積の割合は大きくなる。じつに単純な話だ。

超成長市場のように変化の速い環境では、社の外部で直接的な関係を持つ従業員の比率を上げることで、マーケットの情報をタイムリーに仕入れることができ、企業として成功の確率を高められる。もちろん、分散化のせいで内部機能が重複したり、規模の経済に悪影響が及んだりする恐れはあるが、急速に変化するマーケットの場合は始動と完了を繰り返し、そうした悪影響が出てくる前にたえずかたちを変えることになる。

しかし、権限の分散化が合意型経営に役立つという事実は、あまり認識されていないようだ。前にも述べたとおり、ヒューレット・パッカードは一九八〇年代末、マトリックス・マネジメント方式を採り入れて中央集権的な体制になりすぎたが、創業者のウィリアム・ヒューレットとデビッド・パッカードがみずから介入して、もとどおり権限を分散化させた。両氏は、マトリックス方式を推し進めると、「HPウェイ」と呼ばれる同社の企業文化が危機にさらされ、合意型経営が厄介者扱いされてしまうことをいち早く察知したに違いない。たしかに、コンセンサスにもとづいて意思決定を下すのは時間がかかる。中央集権型の官僚主義に照らしたら悪夢だろう。

ヒューレットとパッカードの二人が築き、ディック・ハックボーンやリュー・プラットなどの歴代CEOが継承してきた「HPウェイ」は、従業員を断固として信頼するという揺るぎない理念が核になっている。創業初期の有名な逸話がある。

週末に働いていた従業員が資材をほしがったものの、資材室に鍵がかかっていたため、ヒューレットは斧を持ってきてドアを打ち破った。従業員の意思決定を本当に信頼しているのなら、資材が必要と判断した従業員にはすかさず資材を与えるべきだ、と彼は身をもって示したかったのだろう。事実、同社のミッション・ステートメントには、「われわれは従業員を信じる」と、堂々と書いてある。こんなふうに明文化している企業が、ほかにあるだろうか。

合意型と分散化による経営を十分に機能させるには、このような絶対的な信頼が不可欠だ。それなのに、企業文化としてこの点を真剣にとらえている会社はけっして多くない。表向きはとらえていても、胸中ではたえず逆を考えて、従業員にだまされないためにはどうすればいいか、と心配している。そしてその心配がいよいよ頭をもたげると、監視、命令、管理、中央集権といったメカニズムを組み込みはじめる。しかし、この世には不誠実や詐欺や悪意が満ちている。盲目的な信頼が失敗につながりやすいのも事実だ。いったい、どうやって先へ進めばいいのか。

ここで大きくものを言うのが、経営陣のリーダーシップと模範だ。まずは、人材採用のプロセスをただすことだ。社が必要とする従業員の人物像をあらためて考えてみるといい。マイクロソフトは頭脳を、オラクルは頭脳と野心を求めて従業員を雇い入れる。インテルは闘争的な性格の持ち主を好み、このことが戦いをいとわない企業文化の形成につながっている。一方、ヒューレット・パッカードは、信頼に足る人物を雇う。尊大で無礼な態度が社内全体にはびこる例はよくあるが、ヒューレット・パッカードではありえない。要するに価値観の問題、何を優先するかの問題だ。

むすび——信頼とパワーの関係

最終的には、信頼を重んじるだけでは不十分だ。たとえ善意にあふれる人々が合意にもとづいて進んでも（あるいは、合意にもとづいたからこそ）、道を誤る場合もある。軌道修正ができるように、情報システムやフィードバックのメカニズムを整えておくべきだ。

問題は、そういう情報システムに、自分と従業員のどちらを優先させるかだ。経営者の役割は、指令とコントロールにある。あなたが最もタイムリーな情報とフィードバックを得られるような仕組みをつくっても、後ろ指をさす人はいないだろう。また、あなたが情報を一手に握りたがるのは、結局は従業員を信頼していないからではないか、などと勘違いする人もいないはずだ。

ビジネスであれ、親子間であれ、夫婦間であれ、信頼というものは複雑で難しい。ここまで論じてきたほかの要素と同様、究極的にはパワーに関係している。

信頼の摩訶不思議なところは、パワーを賢く放棄すると何倍にもなって戻ってくるという点にある。自分自身の限界を感じたとき、信頼が生む結果こそが、あなたを助ける唯一の「規模の経済」なのだ。

超成長マーケットの力は、ほかのどんなビジネス上の難題よりも速いスピードで、あなたを限界に追い込むだろう。

だからこそ、あえて「信頼」をむすびとして、本書を締めくくることにしたい。

この度はお買上げ
誠に有り難うございます。
本書に関するご感想を
メールでお寄せください。
お待ちしております。

info@umitotsuki.co.jp

＊本書は1995年に刊行された『Inside the Tornado』（邦訳『トルネード経営』東洋経済新報社、1997年）の最新版（2004年）を新たに翻訳したものです。

トルネード　キャズムを越え、「超成長」を手に入れる
マーケティング戦略

2011年2月25日　初版第1刷発行
2016年1月4日　　第3刷発行

著者　ジェフリー・ムーア
訳者　中山《なかやま》 宥《ゆう》
装幀　重原 隆
図版　玉城あかね
編集　大屋紳二
印刷　萩原印刷株式会社
用紙　中庄株式会社
発行所　有限会社海と月社
〒180-0003
東京都武蔵野市吉祥寺南町2-25-14-105
電話0422-26-9031　FAX0422-26-9032
http://www.umitotsuki.co.jp

定価はカバーに表示してあります。
乱丁本・落丁本はお取り替えいたします。

ISBN978-4-903212-23-4

ポジショニング戦略［新版］

アル・ライズ／ジャック・トラウト　川上純子［訳］◎1800円（税別）

消費者の頭の中を制する者が勝利する―― 宣伝洪水の中でも「売れる商品」にする「発想法」と「実践法」とは？　実例多数。コトラー激賞。全マーケティング戦略の基本書。

独自性の発見

ジャック・トラウト／スティーブ・リヴキン　吉田利子［訳］◎1800円（税別）

モノと情報があふれる現代社会で、消費者の心をつかむ唯一の方法とは？　独自の存在として長期繁栄するための具体策がわかる、『ポジショニング戦略』と並ぶ不朽の名著。

フォーカス！　利益を出しつづける会社にする究極の方法

アル・ライズ　川上純子［訳］◎2000円（税別）

「企業の長期繁栄に不可欠なのはフォーカス＝絞り込みだ」。全米No.1マーケターによる、フォーカスの「効用」と「実践法」を網羅した渾身作。15年以上読み継がれる不朽の名著。

WOM《ワム》マーケティング入門

アンディ・セルノヴィッツ　花塚恵［訳］◎1800円（税別）

WOM＝クチコミの第一人者がおくる、誰もがクチコミで買う時代の新しいマーケティング・バイブル。すぐできる、簡単、低予算、でも効果は絶大。使えるロングセラー！

女性のこころをつかむマーケティング

ブリジット・ブレナン　谷川漣［訳］◎1800円（税別）

マーケター・経営者が知らない、男性とはまるで違う女性消費者の心理とは？　最新の脳科学、心理学、社会学に基づく戦略＆テクニック。「すばらしいガイド」とコトラーも推薦！

すべては「売る」ために　利益を徹底追求するマーケティング

セルジオ・ジーマン　依田卓巳［訳］◎1800円（税別）

ペプシコやコカ・コーラなどで偉業を成した稀代のマーケターによる「利益を生む戦略」の考え方、組み立て方。実例や具体策も多数。19カ国に翻訳出版された世界的名著。

あのサービスが選ばれる理由

ハリー・ベックウィス　花塚恵［訳］◎1600円（税別）

「目に見えない商品」を売るには、特別なルールがある。『アメリカCEOのビジネス書100』でも絶賛の全米ベストセラー。売上に貢献するサービス・マーケティングのバイブル。